CATALOGUE
DES LIVRES
DE LA BIBLIOTHEQUE

De feu M. le Baron d'Holbach.

A PARIS,

Chez De Bure l'aîné, Libraire de la Bibliothèque
du Roi & de l'Académie Royale des Inscriptions
& Belles-Lettres, hôtel Ferrand, rue Serpente, N°. 6.

M. DCC. LXXXIX.

Le tems de la vente fera indiqué par des
Affiches.

AVERTISSEMENT.

Peu de Bibliothèques font aussi bien composées que celle-ci, & réunissent un aussi bon choix de Livres dans tous les genres. On trouvera dans les classes de Théologie & de Jurisprudence, des ouvrages très-intéressans : celle des Sciences & Arts contient les Ecrivains les plus célèbres qui ont traité de la Philosophie, de la Morale, de la Métallurgie, de la Minéralogie & de la Chimie : celle des Belles-Lettres, les Auteurs Classiques, grecs & latins, des plus belles & des meilleures éditions : celle de l'Histoire, une belle suite de Voyages, les Historiens anciens & modernes les plus estimés, de très-beaux Livres d'Antiquités, & à la fin un Catalogue particulier des Livres

Allemands. La modeftie de la famille
de M. le Baron d'Holbach, me force
à garder le filence fur les excellentes
qualités de cet homme refpectable, &
fur fes connoiffances Littéraires dans
tous les genres. Ceux qui cultivent les
Sciences & qui s'intéreffent aux progrès de l'efprit humain, chériront tou-
jours fa mémoire, ainfi que fes parens,
fes amis, & tous ceux qui ont eu le
bonheur de le connoître.

CATALOGUE

CATALOGUE

DES LIVRES

DE FEU M. LE BARON D'HOLBACH.

THÉOLOGIE.

Textes & Versions de l'Ecriture-Sainte, &c.

1 BIBLIA Hebraica sine punctis, ad Leusdénianam editionem adornata. *Amstelodami, Halma,* 1701, *in-*12, v. m.

2 Biblia Hebraica, secund. ult. edition. Jos. Athiæ, à Jos. Leusden. *Amstelodami, Boom,* 1705, 2 *t. rel. en* 1 *vol. in-*8. v. éc.

3 Joach. Langii clavis Hebræi codicis. *Halæ Sax.* 1721, *in-*8. *br.*—Wilh. Schickardi Horologium Ebræum. *Tubingæ, Cotta,* 1714, *in-*8. br.

4 Janua Hebreæ linguæ veteris Testamenti, studio M. Christ. Reineccii. *Lipsiæ,* 1741, *in-*8, v. m.

A

5 Vetus Teftamentum, Græce. *Amſtelodami,* *J. à Someren,* 1683, *in-8.* v. b.

6 Novum Teftamentum, Græce, ſtudio Steph. Curcellæi. *Amſtelodami, ex offic. Elzeviriana,* 1658, 2 *vol. in-12,* m. r. l. r.

7 Novum Teftamentum, Græce, cum variantibus lectionibus. *Amſtelodami, Wetſtein,* 1735, *in-8.* v. m.

8 Novum Teftamentum, Græce. *Oxonii, e Typ. Clarendon.* (*Baskerville,*) 1763, *in-8.* v. f.

9. Manuale Græcarum vocum novi Teftamenti, auct. Georg. Paſore. *Lugd. Bat. ex Offic. Elzeviriana,* 1640, *in-12,* m. r.

10 Græci novi Teftamenti codicis clavis grammatica. *Halæ Sax.* 1720, *in-8.* br.

11 Biblia ſacra latina. 1479, *in-fol.* Goth. v. b.

12 Biblia ſacra Vulgatæ editionis, vulgo dicta des *Evêques. Coloniæ Agrippinæ, Gualteri,* 1630, *in-12,* m. noir.

13 Biblia ſacra latina. *Coloniæ Agrip. Egmond,* 1659, *in-8.* v. f.

14 Biblia ſacra Vulgatæ editionis. *Coloniæ Agrippinæ, Balt. ab Egmond,* 1670, 6 *vol. in-18,* m. n.

15 Biblia ſacra latina. *Coloniæ Agrip. Balt. ab Egmond,* 1682, *in-8.* v. ec.

16 Biblia ſacra cum univerſis Franc. Vatabli annotationibus. *Pariſiis,* 1745, 2 *vol. in-fol.* Ch. Mag. v. b.

17 La ſainte Bible, en Latin & en François, trad. par M. de Sacy. *Paris, Deſprez,* 1696, 16 *vol. in-12,* v. f.

18 La sainte Bible , trad. en François , par M. le Maître de Sacy. *Paris , Desprez ,* 1722 , *3 vol. in-*12 , v. f.

19 La sainte Bible. *La Haye , Gosse ,* 1731 , *in-*12 , m. r.

20 La sainte Bible , trad. par le Gros. *Cologne ,* 1739 , *in-*12 , v. m.

21 Traduction des Pseaumes de David , faite sur l'Hébreu, par Laugeois. *Paris , le Mercier ,* 1762 , *2 tom. rel. en* 1 *vol. in-*12 , v. m.

22 Le nouveau Testament de N. S. J. C. trad. en François. *Mons , Migeot ,* 1667 , *in-*12 , m. r.

23 Le Nouveau Testament de N. S. J. C. trad. en Franç. avec le Grec & le Latin de la Vulgate. *Mons , Migeot ,* 1673 , *2 vol. in-*8. v. b.

24 Le Nouveau Testament en François, avec des réflexions morales, par le P. Quesnel. *Paris , Pralard ,* 1696, *8 vol. in-*12 , m. r. l. r.

25 Le Nouveau Testament trad. avec des notes, par Beausobre & Lenfant. *Amsterdam , Humbert ,* 1741 , *2 vol. in-*4. v. m. — Remarques sur le Nouv. Test. de Beausobre. *La Haye ,* 1742 , *in-*4. v. m.

26 Biblia en lengua Española , traduzida palabra por palabra de la verdad hebraïca , por muy excellentes letrados, corregida en casa de Jos. Athias. *En Amsterdam ,* 5421 , *Christi ,* 1661 , *in-*8. m. n.

27 The Holy Bible. *London , Baskett ,* 1756, *in-*8. v. b.

Harmonies & Concordes évangéliques, &c.

28 Harmonia evangelica , aucto. Jo. Clerico.

Amſtelodami, Huguetàn, 1700, *in-fol.* v. m.

29 Hiſtoire évangélique, par Dom Paul Pezron. *Paris, Boudot*, 1696, 2 *vol. in-*12. v. b.

30 Codex pſeudepigraphus veteris Teſtamenti, collectus & caſtigatús a Jo. Alb. Fabricio. *Hamburgi, Felginer*, 1722, 2 *vol. in-*8. v. f. — Codex apocryphus novi Teſtamenti, a Jo. Alb. Fabricio. *Hamb. Schillerus*, 1719, 2 *vol. in-*8. v. f.

Hiſtoires & Figures de la Bible.

31 Evangelicæ hiſtoriæ imagines, auct. H. Natali. *Antuerpiæ*, 1593, *in-fol.* m. r.

32 L'Hiſtoire du Vieux & du Nouveau Teſtament, avec des explications édifiantes, par Royaumont. *Bruxelles, Frick*, 1691, 1 *tom. rel. en* 2 *vol. in-*12, *fig.* m. viol. doub. de tàb. l. r.

33 Hiſtoire du Vieux & du Nouveau Teſtament, par David Martin, enrichie de plus de 400 figures. *Amſterdam, Mortier*, 1700, 2 *vol. in-fol. Gr. Pap.* m. bl. Premiere édition avant les clouds.

34 Tableaux du Vieux & Nouveau Teſtament. *Amſterdam, Altens, in-*4, *fig.* v. m.

35 Figures de la Bible de Saurin. *La Haye*, 1728, *in-fol.* v. m.

36 Phyſique ſacrée ou Hiſtoire Naturelle de la Bible, trad. du latin de Jean-Jacques Scheuchzer, avec les figures de Jean-André Pfeffel. *Amſterdam, Mortier*, 1732, 8 *tom. rel. en* 4 *vol. in-fol.* v. f.

Interpretes & Commentateurs de l'Ecriture-Sainte.

37 Hiſtoire critique du Vieux Teſtament, par

Richard Simon. *Rotterdam*, *Leers*, 1685, 5 *vol.* *in*-4. v. b.

38 Sentimens de quelques Théologiens d'Hollande fur l'Hiftoire critique du Vieux Teftament, par Richard Simon. *Amfterdam*, *Desbordes*, 1685, *in*-12. m. r.

39 Eduardi Pocockii notæ mifcellaneæ philologico Biblicæ. *Lipfiæ*, 1705, *in*-4. v. m.

40 Explications de plufieurs textes difficiles de l'Ecriture, par D. Jacq. Martin. *Paris*, *Emery*, 1730, 2 *vol.* *in*-4, *fig.* v. b.

41 Synopfis doctrinæ facræ, feu infigniora & præcipua ex veteri Teftamento loca, quæ, circa fidei & moralis chriftianæ dogmata verfantur. *Lut. Parif. Guillyn*, 1763, *in*-8. v. m.

42 Effai d'un Commentaire fur les Prophetes, par D. P. Pezron. *Paris*, *Boudot*, 1693, *in*-12. v. f.

Traités des Rites Judaiques, &c.

43 Jo. Frid. Wucherer hiftoria Creationis, quatenus illa capite primo Genefeos continetur, obfervationibus phyficis illuftrata. *Jênæ*, *Crokerus*, 1719, *in*-4. v. m.

44 Conjectures fur les Mémoires originaux, dont il paroît que Moyfe s'eft fervi pour compofer le livre de la Genèfe, par Aftruc. *Bruxelles*, *Frick*, 1753, *in*-12. v. m.

45 The divine legation of Mofes demonftrated, by Will. Warburton. *London*, *Millar*, 1766, 5 *vol.* *in*-8. v. m.

46 A reply to Mr. Warburton's appendix, in his fecond volume of the divine legation

of Mofes. *London , Haukins ,* 1742, *in-8.* v. m.

47 The pofthumous works of Th. Chubb, containing obfervations on divine legation of Mofes. *London, Baldwin ,* 1748 , 2 *vol. in-8.* v. m.

48 La République des Hébreux & les Anti- quités Judaïques, par Bafnage. *Amflerdam , Mortier ,* 1705, 5 *vol. in-8. fig.* v. b.

49 Samuelis Bocharti Opera omnia , ex re- cenfione Jo. Leufden & Pet. Villemandy. *Lugd. Bat. Boutefteyn ,* 1712, 3 *vol. in- fol.* v. b.

50 The litteral accomplishment of fcripture propheties, by Will. Whifton. *London, Senex ,* 1724, *in-8.* v. m.

51 L'ufage & les fins de la prophétie, par T. Sherlock , trad. par le Moine. *Amfierdam , Wetflein ,* 1729 , *in* 8. v. m.

Concordances & Dictionnaires de l'Ecriture- Sainte.

52 Concordantiæ Bibliorum Latinorum Vul- gatæ editionis, à Fr. Luca. *Coloniæ Agrip- pinæ , Balth. ab Egmont ,* 1684, *in-8.* v. b.

53 Dictionnaire hiftorique & critique de la Bible , par Dom Auguft. Calmet. *Paris , Emery ,* 1730, 4 *vol. in-fol. fig.* v. b.

54 Dictionnaire de la Bible. *Paris, Mufier ,* 1759, 2 *vol. in-8.* v. m.

Liturgies & Conciles.

55 Pontificale Romanum. *Bruxellis , Frick ,* 1735, 3 *vol. in-8. fig.* m. r.

56 L'Office de la Quinzaine de Pâques en Latin & en François, à l'ufage de Rome & de Paris. *Paris, Coignard*, 1748, *in-8. m. r.*

57 Fafciculus rerum expetendarum & fugiendarum, in quo continentur: Concilium Bafilienfe, &c. collectore Orthuino Gratio, edente Ed. Brown. *Londini, Chifwell,* 1690, 2 *vol. in-fol.* v. b.

58 Le Bureau du Concile de Trente, par Innocent Gentillet. *Par. Denis Preud'homme,* 1586, *in-8.* v. b.

59 Révifion du Concile de Trente. 1600, *in-8.* v. b.

Saints Peres.

60 Jo. Dallæi de ufu Patrum libri duo. *Genevæ, Chouet,* 1686, *in-4.* vel.

61 Traité de la Morale des Peres de l'Eglife, par Barbeyrac. *Amfterdam, de Coup,* 1728, *in-4.* v. m.

62 SS. Patrum qui temporibus apoftolicis floruerunt, Opera, Gr. & Lat. ex recenfione Jo. Bapt. Cotelerii, curis Jo. Clerici edita, *Amftelodami, Wetftein,* 1724, 2 *vol. in-fol.* baf.

63 Spicilegium Sanctorum Patrum, Gr. & Lat. collegit ac recenfuit Jo. Ern. Grabe. *Oxoniæ, e Th. Sheldon.* 1714, 2 *vol. in-8.* v. m.

64 Lettres & Monumens de trois Peres apoftoliques, S. Clément, S. Ignace & S. Polycarpe, trad. par Ab. Ruchet. *Leide, Luzac,* 1738, 2 *tom. rel. en* 1 *vol. in-12.* v. b.

65 Ecclefiæ Græcæ Monumenta, Gr. & Lat.

ex recensione Jo. Bapt. Cotelerii. *Parisiis, Muguet*, 1677, 3 *vol. in-*4. v. b.

66 Anecdota Græca, Sacra & Prophana , Gr. & Lat. notis illustrata à Jo. Ch. Wolfio. *Hamburgi, Felginer*, 1722 , 4 *vol. in-*8. v. f.

67 Dionysii Areopagitæ Opera, Gr. & Lat. cum notis Balth. Corderii. *Antverpiæ, ex Offic. Plantiniana*, 1634, *in-fol.* bas.

68 Philonis Judæi Opera omnia, Gr. & Lat. ex recensione & cum notis Th. Mangey. *Londini, Innys*, 1742, 2 *vol. in-fol.* v. f.

69 Les Œuvres de Philon Juif, trad. par Fred. Morel. *Paris, Bessin*, 1619, *in-*8. vel.

70 Justini Philosophi & Martyris apologiæ duæ & dialogus cum Tryphone Judæo, Gr. & Lat. cum notis Styani Thirlbii. *Londini, Sare*, 1722, *in-fol.* v. b.

71 Sancti Justini Apologia secunda pro Christianis, Gr. & Lat. edita ab H. Hutchin. *Oxoniæ, e Th. Sheld.* 1703, *in-*8. v. f.

72 Tatiani Oratio ad Græcos , & Hermiæ irrisio Philosophorum , Gr. & Lat. cum notis variorum, Will. Worth recensuit. *Oxonii, e Th. Sheldon.* 1700 , *in-*8. v. b.

73 Sancti Irenæi Opera, Gr. & Lat. ex recensione Jo. Ern. Grabe. *Oxonii, e Th. Sheldon.* 1702 , *in-fol.* v. b.

74 Sancti Irenæi fragmenta anecdota, Gr. & Lat. recensuit Christ. Mat. Pfaffius. *Hagæ Comit. Scheurleer*, 1715, *in-*8. v. m.

75 Dissertationes in Irenæum , auctore Henr. Dodwello. *Oxoniæ , e Th. Sheldoniano ,* 1689, *in-*8. vel.

76 Sancti Clementis Alexandrini Opera , Gr.

& Lat. ex recenſione Jo. Potteri. *Oxonii, e Th. Sheld.* 1715, 2 *vol. in-fol.* v. m.

77 Les Œuvres de S. Clément d'Alexandrie, trad. du Grec. *Paris, Pralard,* 1696, *in-8.* m. r.

78 Sancti Clementis Rom. ad Corinthios Epiſtolæ duæ, Gr. & Lat. H. Wotton recenſuit. *Cantabrigiæ, Crownfield,* 1718, *in-8.* v. m.

79 Tertulliani Opera, cum notis Nic. Rigaltii. *Lut. Parif.* 1664, *in-fol.* v. b. Ch. Mag.

80 M. Minucii Felicis Octavius, ex recenſione Jo. Daviſii. *Cantabrigiæ, Crownfield,* 1712, *in-8.* v. m.

81 Origenis Opera omnia, Gr. & Lat. ſtud. Dom. Caroli & Vincentii de la Rue Benedict. *Pariſiis, Vincent,* 1733, 4 *vol. in-fol.* v. m.

82 Traité d'Origene contre Celſe, trad. par Ei. Bouhereau. *Amſterdam, Desbordes,* 1700, *in-4.* v. m.

83 Sancti Cæc. Cypriani opera ex recenſione H. Dodwelli. *Amſtel. de Lorme,* 1700, *in-fol.* v. b.

84 Les Œuvres de S. Cyprien, traduites par Lombert. *Rouen, Ferrand,* 1716, *in-4.* v. m.

85 Diſſert. Cyprianicæ, ab H. Dodwello. *Oxoniæ, e Th. Sheldon.* 1684, *in-8.* v. b.

86 Arnobii diſputationum adverſus gentes libri VII. M. Minucii Felicis Octavius, cum animadverſionibus Def. Heraldi. *Pariſiis, Orry,* 1605, *in-8.* v. m.

87 L. C. Lactantii Opera quæ extant cum notis variorum, opera Servati Gallæi. *Lugd. Bat. Hackius,* 1660, *in-8.* v. b.

88 L. C. Firm. Lactantius de mortibus per-
secutorum, cum notis variorum, recensuit
Pet. Bauldri. *Traj. ad Rhen. Halma*, 1692,
in-8. v. b.

89 Lactantii Firmiani Epitome divinarum insti-
tutionum. Joan. Davisius emendavit. *Cantabrigiæ, Crownfield*, 1718, *in*-8. v. m.

90 Eusebii Pamphili præparatio ac demonstratio Evangelica, Gr. & Lat. Fr. Vigerus
recensuit & notis illustravit. *Parisiis, Sonnius*, 1628, 2 *vol. in-fol.* v. f.

91 Eusebii Pamphili præparatio ac demonstratio Evangelica, Gr. & Lat. studio Franç.
Vigeri. *Coloniæ, Weidmannus*, 1688, 2
vol. in-fol. v. f.

92 Sancti Epiphanii Opera, Gr. & Lat. cum
notis Dionysii Petavii. *Parisiis, Sonnius*,
1622, 2 *vol. in-fol.* v. b.

93 Les Lettres de S. Jérôme, trad. par Dom
Guill. Roussel. *Paris, Roulland*, 1704,
3 *vol. in*-8. v. b.

94 Synesii Opera, Gr. & Lat. curante Dio-
nys. Petavio. *Lutetiæ, Nivelle*, 1612, *in-
fol.* v. b.

95 D. Aurelii Augustini Libri XIII Confes-
sionum, opera H. Sommalii. *Lugduni,
Dan. Elzevirius*, 1675, *in*-12. v. f.

96 La Cité de Dieu de S. Augustin, trad. en
François, par Pierre Lombert. *Paris, Pralard*, 1675, 2 *vol. in*-8. v. b.

97 Les deux Livres de S. Augustin, de la véri-
table Religion, & des mœurs de l'Eglise
Catholique, trad. par du Bois. *Paris, veuve
Coignard*, 1690, *in* 8. v. f.

98 Deux Traités de S. Auguftin. Les Livres
de l'Ordre & les Livres du Libre-Arbitre,
trad. en François. *Paris, Coignard,* 1701,
in-8. v. f.

99 Les deux Livres de S. Auguftin de la Pré-
deftination des Saints & du don de la Per-
févérance. *Paris, Defprez,* 1676, *in*-12.
m. n.

100 D. Joannis Caffiani Eremitæ Opera, ftudio Henr. Cuyckii. *Antverpiæ, Plantin,*
1578, *in*-8. v. b.

101 Mag. Aur. Caffiodori Opera omnia, opera
& ftudio J. Garetii. *Venetiis, Groppi,*
1719, *in-fol.* v. m.

102 Pet. Abælardi & Heloifæ conjugis Opera,
ex recenfione And. du Chefne. *Pariftis,*
Buon, 1616, *in*-4. v. f.

Théologiens, Traités des Anges, &c.

103 Traité des Anges, bons & mauvais. *Dijon,*
Bidault, 1770, 3 *vol. in*-12, rel. en cart.

104 Hiftoire du Diable, contenant un détail
des circonftances où il s'eft trouvé depuis
fon banniffement du Ciel, &c. *Amfterdam,*
1730, 2 *tom.* rel. en 1 *vol. in*-12. v. b.

105 Hiftoire & Analyfe du livre de l'Action
de Dieu; Opufcules de M. Bourfier. 1753,
3 *vol. in*-12. v. m.

106 Traité de la Liberté, dans lequel on exa-
mine la nature de la Liberté, & où l'on
juftifie Janfenius fur cette matiere, par Pe-
titpied. *Utrecht,* 1753, 2 *vol. in*-12. v. m.

107 Les Imaginaires, ou Lettres fur l'Héréfie

imaginaire , par Nicole. *Liege , Beyers ,* 1667 , 2 *vol. in-*12. vel.

108 Journal de l'Abbé d'Orfanne, contenant ce qui s'eſt paſſé à Rome & en France dans l'affaire de la Conſtitution. *Rome ,* 1753 , 6 *vol. in-*12. v. m.

109 De ſingulari Chriſti Jeſu D. N. Salva‑toris pulchritudine aſſertio , aut. Pet. Piiartio. *Pariſiis , Boullanger ,* 1651 , *in-*12. parch.

110 A practical diſcourſe concerning death, by Wil. Sherlock. *London , Rogers ,* 1690, *in-*8. v, b.

111 La Maniere de ſe bien préparer à la mort, par de Chertablon. *Anvers , Gallet ,* 1700, *in* 4. *fig.* v. b.

112 Le Syſtême des Théologiens anciens & modernes , ſur l'état des ames ſéparées des corps. *Londres ,* 1739 , *in-*8. v. f.

113 A Diſcourſe of the immortality of the ſoul and a futur ſtate, by W. Sherlock. *London, Brown ,* 1713 , *in-*8. v. b.

114 De Stata mortuorum & reſurgentium liber , auct. Th. Burnetio. *Londini ,* 1726 , *in-*8. v. b.

115 A Diſcourſe concerning the happineſſ of good men , and the punishment of the wicked , in the next world , by Will. Sherlock. *Glaſgow, Foulis ,* 1764 , 2 *tom. rel. en* 1 *vol. in* 8. v. porph.

116 The Eternity of hell torments conſidered, by Will. Whiſton. *London, Whiſton ,* 1752, *in-*8. v. m.

117 Diſſertations ſur diverſes matieres de re‑

ligion & de théologie, par l'Abbé de Tilladet. *La Haye, Duri*, 1714, 2 *vol. in-*12. baſ.

118 Dictionarium Theologicum portatile. *Auguſt. Vindelicor. Weith*, 1760, *in* 8. baſ.

119 Abrégé du Dictionnaire des Cas de Conſcience, de Pontas, par Collet. *Liege, de Boubers*, 1768, 4 *vol. in-*8. baſ.

120 Les Provinciales, par Bl. Paſcal, avec les notes de G. Wendrock. 1712, 3 *vol. in-*12. v. b.

121 Traité des Reſtitutions des Grands. 1665, *pet. in-*12. m. r.

122 Traité contre l'Impureté, par J. F. Oſtervald. *Amſt. Jordan*, 1712, *in-*8. v. f.

Sermonaires, &c.

123 Oliverii Maillardi Sermones de adventu. *Pariſiis, Pigouchet*, 1526. — Ejuſdem Sermones Dominicales. *Pariſiis, Pigouchet*, 1500, *in-*8. v. b.

124 Sermons du P. Louis Bourdaloue, publiés par le P. Bretonneau. *Paris, Rigaud*, 1707, 16 *vol. in-*8. v. b.

125 Sermons de Maſſillon. *Par. veuve Eſtienne*, 1745, 14 *vol. in-*12. v. m.

126 Sermons ſur diverſes textes de l'Ecriture-Sainte, par Jacq. Saurin. *La Haye, Huſſon*, 1730, 12 *vol. in-*8. v. m.

127 Sermons upon ſeveral occaſions, by Will. Sherlock. *London, Brown*, 1713, 2 *vol. in-*8. v. b.

128 Sermons on different ſubjects, by Sam.

Clarke. *London, Botham*, 1730, 10 *vol.*
*in-*8. v. b.

129 Sermons on several occasions, by Sam.
Clarke. *London, Knapton,* 1734, *in-*8. v. m.

130 The Works of John Tillotfon. *London,*
Tonfon, 1748, 12 *vol. in-*12. v. b.

131 Sermons preached by Jofeph Butler. *Lon-*
-don, *Knapton*, 1749, *in-*8. v. m.

132 Twenty Sermons upon focial duties and
their oppofite vices. *London*, *Rivington*,
1750, *in-*8. v. m.

133 Several difcourfes preached at the Temple
Church, by Th. Sherlock. *London, Whifton,*
1754, 4 *vol. in-*8. v. b.

134 A Series of difcourfes on the principles
and evidences of natural religion, and the
chriftian revelation, by Sam. Bourn. *Lon-*
don, *Griffiths*, 1760, 2 *vol. in-*8. v. m.

135 The Sermons of Mr. Yorick. (Laur.
Sterne.) *London, Dodfley*, 1761, 2 *tom.*
rel. en 1 *vol. in-*12. v. m.

136 Thomæ a Kempis de Imitatione Chrifti
Libri IV. *Glafguæ, Foulis*, 1751, *in-*12.
m. cit. dent. doub. de tab.

137 Revelationes Sanctæ Brigittæ. *Monachii,*
Wagnerus, 1680, *in-fol.* v. b.

138 Les Œuvres de Sainte Thérèfe, trad. par
Arnauld d'Andilly. *Paris, Thierry*, 1687,
*in-*4. m. r. l. r.

139 Les Œuvres de Sainte Thérèfe, trad. par
Arnauld d'Andilly. *Paris*, *Roulland*, 1702,
2 *vol. in-*8. v. f.

140 Œuvres Spirituelles & Paftorales de M.
L. Carrelet, Curé de la première paroiffe

de Dijon. *Dijon , Fr. Desventes* , 1767 , 4 *vol. in*-12. v. m.

THÉOLOGIE POLÉMIQUE.

141 Hieron. Oforii de Religione libri très. *Coloniæ, Cholinus* , 1585 , *in*-12. v. f.

142 Pet. Dan. Huetii demonftratio Evangelica. *Parifiis , Hortemels* , 1690 , *in-fol.* v. b.

143 Jefu Chrifti Evangelii que veritas falutifera, auct. Jac. Guffetio. *Amftelodami , Borfiius,* 1712 , *in-fol.* v. m.

144 Traité de la vérité de la Religion Chrét. trad. de Grotius, par P. le Jeune. *Amfter-dam , Ledet* , 1728, *in*-12. v. m.

145 Traité de la vérité de la Religion Chré-tienne, par Abbadie. *La Haye, Neaulme* , 1741 , 4 *vol. in*-12. v. m.

146. Eloge & penfées de Pafcal. *Paris* , 1778, *in*-8. v. f.

147 Traité de l'excellence de la Religion. *Amfterdam, l'Honoré,* 1732, 2 *vol. in*-12. v. m.

148 La Religion Chrétienne prouvée par les faits , par Houtteville. *Amft. du Sauzet* , 1744 , 4 *vol. in*-12. v. m.

149 Examen des faits qui fervent de fonde-ment à la Religion Chrétienne , par l'Abbé François. *Paris , Lacombe* , 1767 , 3 *vol. in*-12. v. m.

150 La véritable Religion, unique dans fon efpèce , & univerfelle dans fes principes, &c. *Francfort , Fleifcher* , 1751 , 2 *vol. in*-12. v. m.

151 Traité de la vérité de la Religion Chré-

tienne, trad. d'Alph. Turretin, par J. Ver-
net. *Paris*, *Garnier*, 1753, 2 *vol. in*-12,
v. m.

152 Presumptive arguments for the truth and
divine authority of the Christian Religion,
by James Duchal. *London*, *Millar*, 1753,
in-8. v. m.

153. Apologie de la Religion Chrétienne, par
M. Bergier. *Paris*, *Humblot*, 1769, 2 *vol.*
in-12. v. m.

154 Les Mysteres du Christianisme approfondis
radicalement & reconnus physiquement vrais.
Londres, *Galabin*, 1771, 2 *vol. in*-8. v. f.

155 Differtations fur l'exiftence de Dieu, par
Jaquelot. *La Haye*, *Foulque*, 1697, *in*-
4. v. m.

156 Conformité de la Foi avec la raifon, ou
défenfe de la Religion, par Jaquelot. *Amft.*
Defbordes, 1705, *in*-12. v. b.

157 Differtations fur le Meffie, par Jaquelot.
Amfterdam, *Arkftée*, 1752, *in*-12. v. m.

158 Traité de l'Exiftence de Dieu, par M.
de Fenelon. *Paris*, *Delaulne*, 1718, *in*-
12. v. m. Avec beaucoup de notes ma-
nufcrites.

159 Traité de l'Exiftence de Dieu, par Clarke,
trad. par Ricotier. *Amfterdam*, *Bernard*,
1727, 3 *vol. in*-12. v. m.

160 A Difcourfe concerning the refurrection
of Jefus Chrift, by H. Ditton. *London*,
Darby, 1712, *in*-8. v. b.

161 Obfervations on the hiftory and evidences
of the refurrection of Jefus Chrift, by Gilb.
Weft. *London*, *Dodfley*, 1749, *in*-8. v. m.

162 A Difcourfe on the miracles of our Saviour, by Th. Woolfton. *London*, 1727, 2 *vol. in*-8. v. b.

163 The Vifdom of God manifefted in the works of the creation, by John Ray. *Lond. Innys*, 1714, *in*-8. v. m.

164 L'Exiftence & la fageffe de Dieu, manifeftées dans les œuvres de la création, par Ray. *Utrecht*, *Broedelet*, 1714, *in*-12. v. b.

165 L'Exiftence de Dieu démontrée par les merveilles de la nature, par Nieuwentyt. *Paris*, *Vincent*, 1725; *in*-4. v. m.

166 Théologie de l'Eau, trad. par J. Alb. Fabricius. *Par. Chaubert*, 1743, *in*-8. v. m.

167 Théologie des Infectes, trad. de Leffer, par P. Lyonnet. *La Haye*, *Swart*, 1742, 2 *vol. in*-8. *fig.* v. m.

168 Théologie phyfique, par Guil. Derham, trad. par Jacques Lufneu. *Rotterdam*, *Beman*, 1730, *in*-8. v. b.

169 Théologie aftronomique, par G. Derham. *La Haye*, *de Merville*, 1729, *in*-8. v. b.

170 Alciphron, ou le petit philofophe. *La Haye*, *Gibert*, 1734, 2 *vol. in*-12. v. m.

171 De l'Incrédulité, par le Clerc. *Amfterdam*, *Covens*, 1733, *in*-12. v. m.

172 Les trois Vérités, par P. le Charron. *Bourdeaux*, *Millanges*, 1595, *in*-8. parch.

173 Le Franc Archer de la vraie Eglife, contre les abus & énormités de la Fauffe, par Ant. Fufy. 1619, *in*-8. v. b.

174 Défenfe de la Religion, tant naturelle que révélée, contre les infideles & les in-

crédules. *La Haye*, *Paupie*, 1738, 4 *vol.*
in-12. v. f.

175 Phil. a Limborch de veritate Religionis
Chriftianæ amicâ collatio cum erudito Judæo. *Bafileæ*, *Imhoff*, 1740, *in*-8. v. m.

176 A View of the principal deiftical wri-
ters that have appeared in England in the
laft and prefent century, by John Leland.
London, *Dodfley*, 1764, 2 *vol. in*-8. v. m.

177 Traité de l'athéifme & de la fuperftition,
par J. Fr. Buddeus, trad. par L. Philon,
& mis au jour par J. Chret. Fifcher. *Amft.*
Mortier, 1740, *in*-8. v. m.

178 Stultitia & irrationabilitas Atheifmi de-
monftrata. *Berolini*, *Rudiger*, 1696, *in*-
8. vel.

179 Arcana Atheifmi revelata, philofophice &
paradoxe refutata, per Fr. Cuperum. *Roterodami*, *Næranus*, 1676, *in*-4. vel.

180 Traité de la véritable Religion, contre
les Athées, les Déiftes, &c. par la Chambre.
Paris, *Guerin*, 1737, 5 *vol. in*-12. v. m.

181 Preuves de la Religion de Jefus-Chrift,
contre les Spinofiftes & les Déiftes, &c. par
le François: *Paris*, *veuve Eftienne*, 1751,
4 *vol. in*-12. v. m.

182 Le Déifme réfuté par lui-même, par M.
l'Abbé Bergier. *Paris*, *Humblot*, 1766,
in-12. v. m.

183 Le fens littéral de l'Ecriture-Sainte, dé-
fendu contre les principales objections des
Anti-Scripturaires & des Incrédules modernes, par Stackhoufe. *La Haye*, *Gal-
lois*, 1741, 3 *vol. in*-12. v. m.

184 Examen du Matérialisme, par M. Bergier. *Paris*, *Humblot*, 1771, 2 *vol. in-*12. v. m.

185 Examen du Matérialisme, par Denesle. *Paris*, *Vincent*, 1754, 2 *vol. in-*12. v. m.

186 Réflexions sur le Système de la Nature, par M. Holland. *Londres*, 1772, *in-*8. v. porph.

187 Le Témoignage du sens intime & de l'expérience, opposé à la foi des fatalistes modernes, par l'Abbé de Lignac. *Auxerre*, *Fournier*, 1760, 3 *vol. in-*12. v. m.

188 Offrande aux Autels & à la Patrie, par Ant. Jacq. Roustan. *Amsterdam*, *Rey*, 1764, *in-*8. v. m.

189 A Defence of Christianity from the prophecies of the old Testament, by Edward, bishop of Coventry. *London*, *Knapton*, 1728, *in-*8. v. m.

190 A Discourse of the grounds and raisons of the Christian Religion, by Collins. *Lond.* 1724, and 1727, 2 *vol. in-*8. v. b.

191 An Essay upon the truth of the Christian Religion, by Arthur Ashley Sykes. *London*, *Knapton*, 1725, *in-*8. v. b.

192 Christianity as old as the Creation: or, the gospel, a republication of the Religion of nature. *Lond.* 1731, *in-*8. v. m.

193 The authenticity of the gospel-history justified, by Archib. Campbell. *Edinburg*, *Hamilton*, 1759, 2 *vol. in-*8. v. b.

194 The Independant Whig: or, a defense of primitive Christianity, and of our ecclesiastical establishement, by Thom. Gordon. *Lond.* *Peele*, 1743, 4 *vol. in-*12. v. m.

195 The Certainty of the Chriſtian Revelation , by Fr. Gaſtrell. *London , Bennet ,*
1699 , *in-*8. v. b.

196 The philoſophical principles of natural
and revealed Religion , by the Chevalier
Ramſay. *Glaſgow , Foulis ,* 1748 , 2 *tom.*
rel. en 1 *vol. in-*4. v. m.

197 The Moral Philoſopher. in a dialogue
between Philalethes a Chriſtian Deiſt , and
Theophanes a Chriſtian Jew. *Lond.* 1737,
3 *vol. in-*8. v. b.

198 Judging for ourſelves ; or free-thinking,
the great duty of Religion. *London ,* 1739,
*in-*8. br.

199 Philoſophical principles of natural Religion , by G. Cheyne. *London , Strahan ,*
1705 , *in-*8. v. b.

200 The Religion of nature delineated , by
Wollaſton. *London , Knapton ,* 1750 , *in-*8.
v. m.

201 Ebauche de la Religion Naturelle, par
Wollaſton. *La Haye , Swart ,* 1756 , 3
*vol. in-*12. v. f.

202 The Principles of natural and revealed
Religion , by Will. Warburton. *Dublin ,*
Eving , 1753 , *in-*8. v. m.

203 The Analogy of Religion natural and
revealed , by Joſ. Butler. *Glaſgow , Foulis ,*
1764 , 2 *vol. in-*12. v. m.

THÉOLOGIE HÉTÉRODOXE.

204 La Religion Proteſtante , une voie ſûre
au ſalut, par Chillingworth. *Amſterdam ,*

Mortier, 1730, 2 *vol. in*-12. v. m.

205 A Collection of tracts moral and theological, by John Balguy. *London*, *Pemberton*, 1734, *in*-8. v. m.

206 Métamorphoses de la Religion Romaine, par J. Aymon. *La Haye*, *Troyel*, 1700, *in*-12. v. f.

207 The Pillards of priestcraft and orthodoxy Shaken. *London*, *Cadell*, 1768, 4 *vol. in*-12. v. m.

208 Le Mystere d'Iniquité, c'est-à-dire l'Histoire de la Papauté, par Ph. de Mornay. 1612, *in*-8. v. b.

209 Papa confutatus. *Londini*, *Dawson*, 1580, *in*-4. parch.

210 La Chasse de la Bête Romaine, où il est recherché & prouvé, que le Pape est l'Antechrist, par George Thomson. *La Rochelle*, *Albert*, 1612, *in*-8. v. f.

211 Flagellum pontificis & episcoporum Latialium, auct. J. Bastwick. *Londini*, *Griffinus*, 1641, *in*-12. v. b.

212 A Letter from Rome, shewing an exact conformity betwen Popery and Paganism, by Cony. Middleton. *London*, *Manby*, 1742, *in* 8. v. m.

213 Traité sur les Miracles, par Jacques Serces. *Amst. Humbert*, 1729, *in*-12. v. m.

214 A Dissertation on Miracles, by G. Campbell. *Edinburgh*, *Kincaid*, 1762, *in*-8. br.

215 De Miraculis quæ Pythagoræ, Apollonio Thyanensi, Francisco Assisio, Dominico, & Ignatio Loyolæ tribuuntur libellus.

Auct. Phileleuthero Helvetio. . *Edimburgi*
Fox, 1755. — M. Frid. Sam. Zickleri de
Ægyptiis bestiarum cultoribus diatribe. *Ienæ*,
Schill, 1756, *in*-8. v. m.

216 Dispute de la Messe, par David Derodon,
& P. du Moulin. *Genève, Albert.*, 1641 &
1662, 2 *vol. in*-8. v. f. & vél.

217 Histoire de l'Eucharistie, par Mat. Lar-
roque. *Amsterdam, Dan. Elzevier*, 1671,
in-8. v. éc.

218 Les Entretiens des Voyageurs sur la mer. *La*
Haye, Kloot, 1740, 4 *vol. in*-12. *fig.* v. f.

219 Commentaire Philosophique sur ces pa-
roles de Jesus-Christ, contrains-les d'en-
trer, par Bayle. *Rotterdam, Fritsch*, 1713,
2 *vol. in*-12. v. b.

220 Réponse aux questions d'un Provincial,
par Bayle. *Rotterdam, Leers*, 1704, 7
vol. in-12. v. b.

221 Le Christianisme raisonnable, par Locke.
Amst. Chatelain, 1731, 2 *vol. in*-12. v. m.

222 De Trinitatis erroribus libri septem, per
Mich. Serveto. 1531. — Dialogorum de
Trinitate libri duo, per Mich. Serveto.
1532, 2 *vol. in*-8. m. r. Editio renovata.

223 Jo. Volkelii de vera Religione libri quin-
que. *in* 4. v. b.

224 Cathechesis ecclesiarum Polonicarum, a Jo.
Crellio Franco. *Irenopoli*, 1659, *in*-8. v. f.

225 Lux in tenebris, hoc est prophetiæ donum
quo Deus ecclesiam evangelicam (in regno
Bohemiæ) sub tempus horrendæ ejus perse-
cutionis ornare ac paterne solari, dignatus
est. 1657, *in* 4. *fig.* v. b.

226 Apologie de la véritable théologie chrétienne, ainsi qu'elle est soutenue & prêchée
par le peuple, appellé par mépris les Trem-
bleurs, par Rob. Barclay. *Londres, Sowle,*
1702, *in*-8. v. b.

227 Præ-Adamitæ, auctore Isaaco la Peyrere.
1655, *in*-12. parch.

228 G. Postelli Abrahami Patriarchæ liber Je-
zirah. *Parisiis,* 1552. — Eversio falsorum
Aristotelis dogmatum, auctore eodem.
Parisiis, Nivellius, 1552, *in*-18, v. m.

229 Les très-merveilleuses Victoires des femmes
du Nouveau-Monde, par Guil. Postel. *Jouxte
la copie, Paris, J. Ruelle,* 1553, *in*-12. m. r.

230 Le Ciel réformé. Essai de traduction du
livre intitulé *Spaccio della Bestia trionfante,*
1750, *in*-8. m. r.

231 Amphitheatrum æternæ Providentiæ,
auctore Jul. Cæs. Vanino. *Lugduni, de
Hursy,* 1615, *in*-8. v. m. — Ejusdem de
admirandis naturæ Arcanis libri IV. *Lutetiæ, Perier,* 1616, *in*-8. v. m.

232 Apologia pro Julio Cæsare Vanino. *Cosmopoli,* 1712, *in*-8. v. m.

233 La Foi dévoilée par la raison, par Pa-
risot. *Paris,* 1681, *in*-8. v. f.

234 Etat de l'homme dans le péché originel.
1741, *in*-12. m. r.

235 Had. Beverlandi de fornicatione cavenda
admonitio. *Juxta exemplar Londinense,*
1698, *in*-8. v. f.

236 Bened. de Spinozæ tractatus Theologico-
Politicus, & alia Opera. *Hamburgi, Kun-
rath,* 1670, 3 *vol. in*-4. v. b.

237 Reg. a Manfvelt, adverfus anonymum Theologico-Politicum liber. *Amftelodami*, *Wolfgang*, 1674, *in*-4. vél.

238 Réfutation des erreurs de Ben. de Spinofa, par de Fenelon, le P. Lami & Boulainvilliers. *Bruxelles*, *Foppens*, 1731, 2 *vol. in*-12. m. r.

239 Chriftianity not myfterious, by J. Toland. *London*, *Buckley*, 1696, *in*-8, v. b. — Amyntor, by John Toland. *London*, 1699, *in*-8. v. b. — Anfwer to the objections of J. Toland in his Amyntor, by Richardfon. *London*, 1719, *in*-8. v. b.

240 Joannis Tolandi Pantheifticon. *Cofmopoli*, 1720, *in*-8. v. f.

241 Adeifidæmon, five Titus Livius à fuperftitione vindicatus, auctore Jo. Tolando. *Hagæcomitis*, 1709, *in*-8. v. b.

242 Mélanges de Remarques fur deux differtations de Toland, par El. Benoift. *Delft*, *Beman*, 1712, *in*-8. v. b.

243 Le Platonifme dévoilé, par Souverain. *Cologne*, *Marteau*, 1700, *in*-8. v. f.

244 A Philofophical inquiry concerning Human liberty, by Collins. *London*, 1717, *in*-8. v. m.

245 Mifcellaneous thoughts of an univerfal freethinker. *London*, *in* 8. v. b.

246 Examen du difcours fur la liberté de penfer. *Londres*, 1766, 2 *vol. in*-8. m. r.

247 Free thoughts on Religion, the church, and national happineff, by B. M. *London*, 1720, *in*-8. v. b.

248 Penfées fur la Religion, par G. Beve-

ridge. *Amsterdam , Weislein*, 1731, 2 vol. *in-*12. v. m.

249 Lettres sur la Religion essentielle à l'homme. *Londres*, 1756, 3 vol. *in-*12. v. m.

250 Cato's Letters; or, essays on liberty civil and Religious. *London , Wilkins ,* 1737, 4 vol. *in-*12. br.

251 An Enquiry into the natural right of mankind to debate freely concerning Religion. *London, Davis*, 1737, *in-*8. v. m.

Théologie des Juifs, &c.

252 Catechismus Judæorum, Hebraice & Lat. stud. Lud. de Compiegne de Veil. *Londini , Godbid*, 1679, *in-*8. v. b.

253 Tela ignea Satanæ ; hoc est , arcani , & horribiles Judæorum adversus Christum Deum libri Anecdoti. *Altdorfii Noricorum* , 1681, *in-*4. vél.

254 Jo. Christ. Wagenseilii Sota, hoc est liber Mischnicus de uxore adulterii suspecta. *Altdorfii Noricorum* , 1674, *in-*8. vel.

255 Ger. Jo. Vossii de theologia Gentili , sive de origine & progressu Idololatriæ libri IX. *Amsterdami , Blaeu*, 1668, 2 vol. *in-fol.* v. b.

256 De Religione Gentilium , errorumque apud eos causis, auctore Edoardo Barone Herbert de Cherbury. *Amstelodami , Blaeu*, 1663, *in-*4. v. f.

257 L'Alcoran de Mahomet , trad. par du Ryer. *La Haye, Moetjens*, 1685, *in-*12. v. f.

258 L'Alcoran de Mahomet , trad. par du

Ryer. *Amsterdam*, *Arkstée*, 1770, 2 *vol. in-12. v. m.*

259 The Koran of Mohammed, translated into English, with explanatory notes, by G. Sale. *London*, *Hawes*, 1764, 2 *vol. in-8. v. m.*

260 La Religion des Mahométans, trad. de Reland. *La Haye*, *Vaillant*, 1721, *in-12. fig. v. m.*

JURISPRUDENCE.

Droit Canonique.

261 INSTITUTION au Droit Ecclésiastique, par Fleury. *Paris*, *Martin*, 1740, 2 vol. *in-12. v. m.*

262 L'esprit ou les principes du Droit Canonique. *Paris*, *Desaint*, 1760, 3 vol. *in-12. v. m.*

263 Dictionnaire de Droit Canonique, par Durand de Maillane. *Paris*, *Bauche*, 1761, 2 vol. *in-4. v. ec.*

264 Dictionnaire Ecclésiastique & Canonique. *Paris*, *Dehansy*, 1765, 2 vol. *in-8. v. m.*

265 Corpus Juris Canonici, cum notis Pet. & Franc. Pithœorum. *Parisiis*, *Thierry*, 1687, 2 vol. *in-fol. v. b.*

266 De la Primauté du Pape. *Londres*, 1769, *in-4. v. m.*

267 De Potestate Papæ : an & quatenus in Reges & Principes seculares jus & imperium

habeat : Guil. Barclaii liber. *Muſſiponti*, *Dubois*, 1609, *in*-8. v. f.

268 Traité de l'autorité du Pape, par de Burigny. *La Haye*, *de Rogiſſart*, 1720, 4 vol. *in*-12. v. b.

269 Pape controrolé, où ſe prouve que de toute ancienneté la Juriſdiction Eccléſiaſtique a appartenu aux Rois & aux Magiſtrats. *Leide*, *Bodoverden*, 1603, *in*-12, v. b.

270 Avertiſſement aux Princes Chretiens de modérer la trop grande puiſſance de la Cour Romaine. 1616. ═ Traité de la juſte & canonique Abſolution de Henri IV. *Paris*, 1595. ═ Pour la ſûreté de la vie & de l'état des Rois. 1626, *in*-8. v. b.

271 Juſt. Febronii de ſtatu Eccleſiæ & legitima poteſtate Romani Pontificis liber. *Bullioni*, *Evrardus*, 1765, *in*-4. v. m.

272 De l'Etat de l'Egliſe & de la puiſſance légitime du Pontife romain. *Wurtzbourg*, *Muller*, 1766, 2 vol. *in*-12. v. m.

273 Les Canons des Conciles de Tolède, Meaux, &c. par leſquels la doctrine de dépoſer & tuer les Rois & Princes eſt condamnée. 1615, *in*-8. v. f.

274 Taxe de la Chancellerie romaine, & la Banque du Pape, où l'abſolution des crimes les plus énormes ſe donne pour de l'argent. *Londres*, 1701, *in*-12. v. b.

275 La Théorie des Bénéfices. 1767, 2 vol. *in*-12. v. m.

276 Georg. Calixti de conjugio Clericorum

tractatus. *Helmeſtadii*, *Mullerus*, 1631, *in-4.* v. b.

277 Diſputationes de ſancto matrimonii ſacramento, libri tres, auct. Th. Sanchez, *Antuerpiæ*, *Nutius*, 1607, 3 tom. rel. en 2 vol. *in-fol.* v. b.

278 Traité des Eunuques, par Dalincan, 1707, *in-*12. v. m.

279 Tractatio de Polygamia, auctore Th. Beza. *Daventriæ*, *Colombus*, 1651. == Ejuſdem tractatio de repudiis & divortiis. *Daventriæ*, *Colombus*, 1651, *in-*12. v. b.

280 Hiſtoire du Droit public Eccléſiaſtique François, par de Burigny. *Londres*, *Harding*, 1740, 2 vol. *in-*12. v. m.

281 Les Loix Eccléſiaſtiques de France, par L. de Héricourt. *Paris*, 1756, *in-fol.* v. m.

282 Pet. de Marca diſſertationum de concordia ſacerdotii & imperii, ſeu de libertatibus Eccleſiæ Gallicanæ, libri octo, *Pariſiis*, *Muguet*, 1704, *in-fol.* v. m.

Droit Civil, *Droit de la Nature & des Gens*, *& Droit Public*.

283 De l'Eſprit des Loix, par de Monteſquieu. *Genève*, *Barillot*, 1749, 2 tom. rel. en 1 vol. *in-*4. v. f.

284 Défenſe de l'Eſprit des Loix. *Genève*, *Barillot*, 1750, *in-*12. v. m.

285 De la Légiſlation, ou Principes des Loix, par l'Abbé de Mably. *Amſterdam*, 1776, 2 tom. rel. en 1 vol. *in-*12. v. m.

286 Eſſai ſur l'hiſtoire du Droit Naturel. *Londres*, 1757, 2 vol. *in-*12. v. m.

287 Les Fondemens de la Jurisprudence naturelle, par Pestel. *Utrecht, Schoonhoven,* 1774, *in*-8. v. f.

288 Le Droit de la Nature & des Gens, trad. de Puffendorf, par J. Barbeyrac. *Amsterdam, de Coup,* 1712, 2 vol. *in*-4. v. m.

289 Ph. Reinh. Vitriarii Institutiones Juris Naturæ & Gentium. *Lugd. Bat. Luchtmans,* 1734, *in*-8. v. m.

290 Les Loix de la Nature expliquées par Rich. Cumberland. trad. par Barbeyrac. *Leide, Haak,* 1757, *in*-4. v. m.

291 Principes du Droit de la Nature & des Gens, extrait de Wolff, par Formey. *Amsterdam, Rey,* 1758, 3 vol. *in*-12. v. m.

292 Principes du Droit Naturel & Politique, par Burlamaqui. *Genève, Philibert,* 1764, 2 vol. *in*-12. v. porph.

293 Principes du Droit de la Nature & des Gens, par J. J. Burlamaqui. *Yverdon,* 1766, 4 vol. *in*-8. v. m.

294 Le Droit des Gens, par de Vattel. *Londres,* 1758, 2 vol. *in*-4. v. m.

295 Hug. Grotii de Jure Belli ac Pacis, libri tres, cum notis Jo. Barbeyracii. *Amstelodami, Waesberge,* 1735, 2 vol. *in*-8. v. m.

296 Le Droit de la Guerre & de la Paix, trad. de Grotius, par Barbeyrac. *Amsterdam, De Coup,* 1724, 2 tom. en 1 vol. *in*-4. br. en cart.

297 Les Devoirs de l'Homme & du Citoyen, trad. de Puffendorf, par Barbeyrac. *Trevoux,* 1747, 2 vol. *in*-12. v. m.

298 De l'Homme, ou des Principes & des Loix, par J. P. Marat. *Amſterdam, Rey*, 1775, 2 vol. *in*-12. v. f.

299 Eſſai ſur les Principes du Droit & de la Morale, par d'Aube. *Paris, Brunet*, 1743, *in*-4. v. m.

300 Vitriarii Inſtitutiones Juris publici. *Francofurti*, 1743, 5 vol. *in*-4. v. m.

301 Le Droit Public de l'Europe, fondé ſur les traités, par l'Abbé de Mably. *Genève*, 1764, 2 vol. *in*-12. v. m.

Ancien Droit des Grecs & des Romains.

302 Diſcours ſur le Barreau d'Athenes & ſur celui de Rome, par le Moine d'Orgival. *Paris, Prault*, 1755, 2 vol. *in*-12. v. m.

303 Leges Atticæ, Samuel Petitus collegit, Pet. Weſſelingius recenſuit. *Lugd. Bat Kallewier*, 1742, *in fol.* v. m.

304 Jani Vinc. Gravinæ originum Juris civilis, libri tres. *Napoli, Moſca*, 1713, 2 vol. *in*-4. vel.

305 Principes du Droit civil romain, par M. Olivier. *Paris, Mérigot*, 1776, 2 vol. *in*-8. v. m.

306 Eſprit des Loix romaines, trad. de J. Vinc. Gravina, par Requier. *Paris, Saillant*, 1766, 3 vol. *in*-12. v. m.

307 Codex Theodoſianus cum commentariis Jac. Gothofredi. *Lugduni, Huguetan*, 1665, 6 tom. rel. en 3 vol. *in-fol.* v. b.

308 Corpus Juris civilis, cùm notis Dionyſ.

Gothofredi, ex recensione Sim. Van Leeu-
wen. *Amstelodami, Elzevier*, 1663, 2 tom.
rel. en 1 vol. *in-fol.* vel.

309 Corpus Juris civilis. *Amstelodami, apud
Elzevirios*, 1664, 2 vol. *in-8.* m. bl.

310 Arn. Vinnii in quatuor libros institutio-
num imperialium commentarius. *Amstelodami, Waesberge*, 1703, *in-4.* vel.

311 Corn. van Bynkershoek observationum
Juris romani libri IV. *Lugd. Bat. van Kerc-
khem*, 1749, 6 vol. *in-4.* v. m.

312 Les Loix civiles dans leur ordre naturel,
par J. Domat. *Paris*, 1767, *in-fol.* v. m.

313 Traité des Loix civiles, par M. P. de T.
La Haye, Gosse, 1774, *in-8.* v. f.

314 Théorie des Loix civiles, (par M. Linguet.) *Londres*, 1767, 2 vol. *in-12.* v. m.

315 De la Réforme des Loix civiles, par M.
d'Olivier. *Paris, Mérigot*, 1786, 2 vol.
in-8. rel. en cart.

316 Cautelæ circa præcognita Jurisprudentiæ.
Halæ Magd. 1710, *in-4.* v. m.

Droit François.

317 Institution au Droit François, par Argou.
Paris, Mariette, 1746, 2 vol. *in-12.* v. f.

318 Droit public de France, par l'Abbé Fleury,
publié avec des notes, par J. B. Daragon.
Paris, Veuve Pierres, 1769, 2 vol. *in-*
12. v. m.

319 Le Droit public de France, éclairci par
les monumens de l'antiquité, par Bouquet.
Paris, Desaint, 1756, *in-4.* v. m.

320 Maximes du Droit public François. *Amſterdam , Rey , 1775 , 6 vol. in-12.* br.

321 Code de la Religion & des mœurs , ou
Recueil des principales ordonnances concernant la Religion & les mœurs , par
l'Abbé Meuſy. *Paris , Humblot , 1770 , 2
vol. in-12. v. m.*

322 Commentaires ſur les Ordonnances civile
& criminelle de 1667 & 1670 , par M.
Jouſſe. *Paris , De Bure , 1767 , 3 vol.
in-12. v. m.*

323 Ordonnance concernant la Marine. *Paris ,
de l'Imprimerie royale , 1765 , in-4. v, m.*

324 Traité de la Police , par de la Marre ,
avec la continuation par le Clerc du Brillet.
Paris , 1722 , 4 vol. in-fol. v. b.

325 Sylvæ nuptialis libri ſex , Jo. Nevizano
auctore. *Lugduni , de Harſy , 1572 , in-
8. v. b.*

326 Collection de Juriſprudence , par Deni-
ſart. *Paris , Veuve Deſaint , 1771 , 4 vol.
in-4. v. m.*

327 Procès fameux , tant anciens que modernes, par M. Des Eſſarts. *Paris , 1786 ,*
8 tom. rel. en 4 vol. *in-12.* en cart.

328 Procès contre M. de la Chalotais , &c.
1770 , 4 tom. rel. en 2 vol. *in-12. v. m.*

Droit Etranger.

329 Introductio in jus publicum Imperii Ro-
mano-Germanici , a Gab. Schwedero. *Tubingæ , Metzlerus , 1722 , in-8.* rel. en cart.

330 Burch. Gott. Struvii corpus juris publici
Imperii

Imperii Romano Germanici. *Jenæ, Bielckius*, 1738, *in-4.* br.

331 Burch. Got. Struvii jurisprudentia feudalis. *Jenæ, Bielckius*, 1727, *in-8.* vel.

332 Tractatus politico-juridicus de ligno & lapide, feu jurisprudentia foreftalis, congeffit Phil. Helfricus Krebf. *Coloniæ, Noethen*, 1756, *in-4.* v. porph.

333 Code Frederic. 1751, 3 vol. *in-8.* v. m.

334 Hiftorical law-tracts. *Edinburgh, Kincaid*, 1761, *in-8.* br.

335 Commentaries on the laws of England, by Will. Blackftone. *Oxford*, 1773, 4 vol. *in-8.* v. f.

336 Commentaire fur le Code criminel d'Angleterre, par Blackftone, trad. par l'Abbé Coyer. *Paris, Knapen*, 1776, *in-8.* v. m.

337 Principles of penal law. *London, White*, 1771, *in-8.* v. f.

338 Memorial for George James Duke of Hamilton againft Archibald Steward. 1767, *in-4.* rel en carton.

339 A New code of laws for the Ruffian empire : compofed by Catherine II, empreff of all the Ruffias, tranflated by Mich. Tatifcheff. *London, Jefferys*, 1768, *in-4.* v. m.

340 Gotfr. Leugnich jus publicum regni Poloniæ. *Gedani, Wedel*, 1765, 2 vol. *in-8.* vel.

341 Code des loix des Gentoux. *Paris, Stoupe*, 1778, *in-4.* br.

SCIENCES ET ARTS.

PHILOSOPHIE.

Philosophes Anciens.

342 THE History of philosophy, by Th. Stanley. *London, Millar,* 1743, *in-*4. v. m.

343 Jac. Bruckeri Historia critica Philosophiæ. *Lipsiæ, Hæred. Weidmanni,* 1767, 6 *vol. in-*4. v. m.

344 Jac. Bruckeri Institutiones historiæ Philosophicæ *Lipsiæ, Breitkopfius,* 1756, *in-*8. v. m.

345 Miscellanea Historiæ Philosophicæ, à Jacobo Bruckero. *August. Vindel.* 1748, *in-*8. v. m.

346 Histoire critique de la Philosophie, par Deslandes. *Londres, Nourse,* 1742, 4 *vol. in-*12. v. m.

347 Histoire de la Philosophie Payenne, par de Burigny. *La Haye, Gosse,* 1724, 2 *vol. in-*12. v. éc.

348 Lexicon Philosophicum secundis curis Stephani Chauvini. *Leovardiæ, Fr. Halma,* 1713, *in-fol.* v. b.

349 Confucius Sinarum Philosophus, sive scientia Sinensis latine exposita, opera Prosp. Intorcettæ. *Parisiis, Hortemels,* 1687, *in-fol.* v. m.

350 Hieroclis in aurea Pythagoreorum carmina commentarius, Gr. & Lat. *Londini, Gul. Thurlbourn,* 1742, *in-*8. v. éc.

351 Jamblichi de vita Pythagorica liber, Gr.

& Lat. *Amstel. Petzoldus*, 1707, *in-*4. v. b.

352 La Vie de Pythagore, par Dacier. *Paris*, *Rigaud*, 1706, 2 *vol. in-12.* v. b.

353 Timée de Locres, en Grec & en François, par le Marquis d'Argens. *Berlin*, *Haude*, 1763, *in-*8. v. porph.

354 Ocellus Lucanus en Grec & en François, par le Marquis d'Argens. *Berlin*, *Haude*, 1762, *in-*8. v. porph.

355 Ocellus Lucanus, de la nature de l'univers, en Grec & en François, par l'Abbé Batteux. *Paris*, *Saillant*, 1768, *in-*8. v. m.

356 Histoire des causes premieres, par l'Abbé Batteux. *Paris*, *Saillant*, 1769, *in-*8. v. m.

357 Les choses mémorables de Socrate, & autres ouvrages de Xenophon, trad. par Charpentier. *Amsterdam*, *l'Honoré*, 1745, 3 *vol. in-12.* v. m.

358 Platonis Opera omnia, Gr. & Lat. cum annotationibus H. Stephani. *Excudebat H. Stephanus*, 1578, 3 *tom. rel. en* 2 *vol. in-fol.* v. f.

359 Platonis Opera omnia, Gr. & Lat. ex versione & cum notis Marsilii Ficini. *Francofurti*, *Marnius*, 1602, *in-fol.* mouton rouge.

* 360 Platonis de rebus divinis dialogi selecti, Gr. & Lat. ex recensione Jo. North. *Cantabrigiæ*, *Hayes*, 1683, *in-*8. v. f.

361 Platonis de Republica libri X, Gr. & Lat. Edm. Massey recensuit. *Cantabrigiæ*, *Webster*, 1713, 2 *vol. in-*8. v. b.

362 La République de Platon. *Paris*, *Brocas*, 1762, 2 *vol. in-12.* v. m.

363 Loix de Platon, par le traducteur de
la République. *Amsterdam, Rey*, 1769,
2 *vol. in-*8. v. m.

364 Dialogues de Platon, par le traducteur de la République. *Amsterdam, Rey*,
1770, 2 *vol. in-*8. v. m.

365 Œuvres de Platon, trad. par Dacier.
Amsterdam, 1744, 2 *vol. in-*12. v. m.

366 Le Banquet de Platon, trad. par Racine.
Paris, Gandouin, 1732, *in-*12. v. m. —
Extrait de Platon, par l'Abbé Fleury. *Paris,
Josse*, 1698, *in-*12. v. b.

367 Works of Plato, translated into English.
London, Richardson, 1759, *in-*4. v. m.

368 Animadversiones ad Platonis Phædonem
& Alcibiadem secundum, auctore Jo. Chr.
Gottleber. *Lipsiæ, Weidmannus*, 1771,
*in-*8. rel. en cart.

369 Timæi Sophistæ Lexicon vocum Plato-
nicarum, Græcè, David Ruhnkenius nunc
primum edidit. *Lugd. Bat. Luchtmans*, 1754,
*in-*8. v. m.

370 Chrestomathia Platoniana, Gr. & Lat.
cura Ferd. Christ. Muller. *Turici, Heideg-
gerus*, 1756, *in-*8. v. m.

371 Æschinis Socratici Dialogi tres, Gr. &
Lat. cum notis variorum. *Amstelodami*,
de Coup, 1711, *in-*8. v. f.

372 Aristotelis Opera omnia, Gr. & Lat.
Excudebat Guill. Læmarius, 1597, 2 *vol.*
*in-*8. vél.

373 Aristotelis Opera omnia, Gr. & Lat. ex
recensione & cum notis Guil. Duval. *Parisiis*,

Typ. Reg. 1619, 2 *vol. in-fol.* v. m.

374 Ariftotelis de Mundo liber. Philonis liber de Mundo, Græce, G. Budæo interprete. *Parifiis, Conradus Neobar,* 1560. — De Platonicæ atque Ariftotelicæ Philofophiæ differentia libellus, Bern. Donato auctore. *Parifiis, Jac. Bogardus,* 1541, *pet. in-*8. cuir de Ruffie.

375 Les Politiques d'Ariftote, trad. par Louis le Roy. *Paris, Morel,* 1600. — La République de Platon, trad. par le même. *Paris,* 1600, *in-fol.* v. b.

376 Andronici Rhodii Ethicorum Nichomacheorum paraphrafis, Gr. cum interpretatione Dan. Heinfii. *Cantabrigiæ, Jo. Hayes,* 1679, *in-*8. vél.

377 Jamblichus de myfteriis Ægyptiorum, &c. *Lugduni, Jo Tornæfius,* 1577, *in-*18. v. f.

378 Jamblichi de myfteriis liber. Thom. Gale Græce nunc primum edidit, Latine vertit & notas adjecit. *Oxonii, e Theat. Sheldon.* 1678, *in-fol.* v. f.

379 Plotini Opera, Gr. & Lat. ex recenfione Marfilii Ficini. *Bafileæ,* 1580, *in-fol.* v. b.

380 Porphyrii de abftinentia ab efu animalium libri quatuor, Gr. & Lat. Jac. de Rhoer recenfuit. *Traj. ad Rhen. Paddenburg,* 1767. — Idem de antro nympharum, Gr. & Lat. ex recenfione R. M. Van Goens, 1765, *in-*4. v. f.

381 Maximi Tyrii differtationes, Gr. & Lat. cum notis Jo. Davifii. *Cantabrigiæ, Jo. Hayes,* 1703, *in-*8. vél.

382 Maximi Tyrii differtationes, Gr. & Lat.

cum notis Jer. Marklandi. *Londini, Bowyer,* 1740, *in-4.* vel.

383 Maximi Tyrii differtationes, Gr. & Lat. ex recenfione Jo. Davifii & cum annot. Jo. Jac. Reiske. *Lip. Georg.* 1774, 2 *v. in-8.* vel.

384 Difcours Philofophiques de Maxime de Tyr, trad. du Grec, par Formey. *Leyde, Luchtmans,* 1764, *in-12,* v. m.

385 Sexti Empirici Opera, Gr. & Lat. ex re= cenfione Jo. Alb. Fabricii. *Lipfiæ, Gledit-fchius,* 1718, *in-fol.* v. m.

386 Les Hypotipofes ou Inftitutions Pyrrho- niennes de Sextus Empiricus, trad. du Grec. *Londres,* 1735, *in-12.* v. m.

387 Examen du Pyrrhonifme, par Croufaz. *La Haye, de Hondt,* 1733, *in-fol.* v, m.

388 L. Annæi Senecæ Philofophi & M. An. Senecæ Rhet. Opera omnia, ex Juft. Lipfii emendatione. *Amftelodami, Janffonius,* 1633, 1 tom. rel. en 3 *vol. in-12.* m. verd.

389 L. Annæi Senecæ Philofophi & M. Annæi Senecæ Rhetoris quæextant, ex And. Schotti recenfione & cum notis J. Fred. Gronovii. *Lugd. Bat. apud Elzevirios,* 1640 & 1649, 4 *vol. in-12.* m. r.

390 Marci & Lucii Annæi Senecæ Opera quæ extant, cum notis variorum. *Amftelodami, Dan. Elzevirius,* 1672, 3 *vol. in-8.* v. b.

391 Les Œuvres de Séneque, trad. par la Grange. *Paris, les freres de Bure,* 1778, 6 *vol. in-12,* v. m. — Effai fur les Regnes de Claude & de Néron, par Diderot. *Lond.* 1782, 2 *vol. in-12.* v. m.

392 Selecta Senecæ Philofophi Opera, in Gal-

licum verſa. *Pariſiis*, *Barbou*, 1761, *in-*12. v. m. — Penſées de Séneque, recueil-lies par de la Beaumelle. *Paris*, *Barbou*, 1768, *in-*12. v. m.

393 Penſées de Séneque, en Lat. & en Franç. recueillies par de la Beaumelle. *Paris*, *le Mercier*, 1752, 2 *vol. in-*12. v. m.

394 Penſées morales de Séneque. *Utrecht*, *Wild*, 1780, *in-*8. rel. en cart.

395 Seneca's Morals by way of abſtract, by Rog. l'Eſtrange. *London*, *Tonſon*, 1705, *in-*8. v. b.

396 Examen du Fataliſme, par M. l'Abbé Pluquet. *Paris*, *Didot*, 1757, *3 vol. in-*12. v. m.

397 Radulphi Cudworthi ſyſtema intellec-tuale hujus univerſi, ex tranſlatione & re-cenſione Jo. Laur. Moshemii. *Jenæ*, *Vidua Meyer*, 1733, *in-fol.* v. m.

398 Radulph. Cudworthi ſyſtema intellectuale hujus univerſi, Jo. Laur. Moshemius Latine vertit & recenſuit. *Lugd. Bat. Luchtmans*, 1773, 2 *vol. in-*4. vel.

Philoſophes Modernes.

399 Elémens de la Philoſophie moderne, par Pierre Maſſuet. *Amſterdam*, *Chatelain*, 1752, 2 *tom. rel. en* 1 *vol. in-*12. *fig.* v. m.

400 Nouveau Syſtême de Philoſophie, établi ſur la nature des choſes. *Paris*, *le Breton*, 1728, 2 *vol. in-*12. v. m.

401 Philoſophia recens, auctore Frid. Chriſt. Baumeiſtero. *Lipſiæ*, 1749, *in-*8. v. m.

402 Analyſe de la Philoſophie du Chancelier

Bacon. *Paris, Defaint*, 1755, 3 *vol. in-*12. v. m.

403 Œuvres de René Defcartes, favoir : les Principes de la Philofophie ; la Méthode pour bien conduire fa raifon ; les Médi tations métaphyfiques ; de l'Homme ; les Paf fions de l'ame ; les Lettres. *Paris, le Clerc,* 1724, 13 *vol. in-*12. v. f.

404 Voyage du Monde de Defcartes, par le P. Daniel. *La Haye, Goffe,* 1739, 2 *vol. in-*12. v. m.

405 Cartefius verus Spinofifmi architectus, auct. Jo. Regio. *Franequeræ, Halma,* 1719, *in-*12. v. b.

406 Abrégé de la Philofophie de Gaffendi, par F. Bernier. *Lyon, Aniffon,* 1684, 7 *vol. in-*12. v. b.

407 Thom. Hobbes Opera Philofophica, quæ Latine fcripfit omnia. *Amftelodami, Blaeu,* 1678, 2 *vol. in-*4. v. b.

408 Recueil de diverfes pieces fur la Philofo phie, &c. par MM. Leibnitz, Clarke & Newton. *Amfterdam, Changuion,* 1740, 2 *vol. in-*12. v. m.

409 Œuvres Philofophiques de Leibnitz, pu bliées par Rud. Eric Rafpe. *Amfterdam, Schreuder,* 1765, *in-*4. v. m.

410 Inftitutions Newtoniennes, par M. Si gorgne, *Paris, Guillyn,* 1769, *in-*8. v. m.

411 Jo. Clerici Opera Philofophica. *Amftelo dami, Wetftenii,* 1722, 4 *vol. in-*12. v. m.

412 Œuvres Philofophiques. *Londres, Nourfe,* 1751, *in-*4. m. r.

413 Mélanges Philofophiques, par Formey.

Leide, Luzac, 1754, 2 *vol. in-*12. v. m.

Logique & Morale.

414 Logicæ compendium. *Glasguæ, Foulis,* 1756, *in-*12. v. ec.

415 Principes de Morale, par Formey. *Paris, Durand,* 1762, 2 *vol. in-*12. v. m.

416 Disciplinæ Morales omnes, auctore Isr. Gott. Canzio, *Francofurti, Bergerus,* 1752, 2 *vol. in-*8. v. m.

417 Essays on the principles of morality and natural Religion. *Edinburgh, Fleming,* 1751, *in-*8. v. m.

418 Institutes of moral Philosophy, by Adam Fergusson. *Edinburgh, Kincaid,* 1769, *in-*8. v. m.

419 Leçons de Morale, par Gellert. *Utrecht, Schoonhoven,* 1775, 2 *vol. in-*8. br.

420 Dictionnaire de morale Philosophique, par le P. Jos. Rom. Joly. *Paris, Didot, l'aîné,* 1771, 2 *vol. in-*8. v. m.

421 Philosophia moralis five Ethica, auct. Christ. de Wolff. *Halæ Magd.* 1750, 5 *vol. in-*4. v. m.

422 Cours abrégé de la Philosophie Wolfienne, par J. des Champs. *Amsterdam, Arkstée,* 1743, 3 *vol. in-*12. v. m.

423 The principles of moral Philosophy, by George Turnbull. *London, Noon,* 1740, 2 *vol. in-*8. v. m.

424 Philosophiæ moralis institutio compendiaria, auctore Fr. Hutcheson. *Glasguæ, Foulis,* 1745, *in-*8. v. f.

425 A System of moral Philosophy, by Francis

Hutchefon. *London*, *Millar*, 1755, 2 *vol.*
in-4. v. m.

426 Philofophiæ moralis, feu Ethices, primæ
lineæ, auct. Sam. Chrift. Hollmanno. *Got-*
tingæ, *Vid. Ab. Vandenhoeck*, 1768,
in-12. vel.

427 Differtation fur l'union de la Religion,
de la Morale & de la Politique, trad. de
Warburthon, par de Silhouette. *La Haye*,
Moetjens, 1742, 2 *vol. in*-12. v. m.

428 A Treatife concerning eternel and immu-
table morality, by R. Cudworth. *London*,
Knapton, 1731, *in*-8. v. b.

429 Effays upon feveral moral fubjects, by
Jer. Collier. *London*, *Brown*, 1709, 2
vol. in-8. v. b.

430 A Review of the principal queftions and
difficulties in morals, by Rich. Price. *Lond.*
Millar, 1758, *in*-8. v. m,

431 The Theory of moral fentiments, by
Adam Smith. *London*, *Millar*, 1761, *in*-
8. v. m.

432 Collection des Moraliftes anciens, favoir:
Manuel d'Epictete, trad. par M. N. — Sentences de Theognis, trad. par M. Levefque.
— Les Entretiens mémorables de Socrate,
trad. par le même. *Paris*, *de Bure l'aîné*,
1782, 4 *vol. in*-18. br. pap. d'Annonay.

433 Epicteti Enchiridion, una cum Cebetis
tabula, Gr. & Lat. cum notis H. Wolfii.
Cantabrigiæ, *Morden*, 1655, *in*-8. v. b.

434 Epicteti Enchiridion, & Cebetis tabula,
Gr. & Lat. *Amftelodami*, *Boom*, 1670,
in-24. vel.

435 Epicteti Enchiridium , una cum Cebetis
Thebani tabula , Gr. & Lat. ex recensione
Ab. Berkelii. *Lugd. Bat. Gaasbeeck*, 1670.
— M. Minucii Felicis Octavius , cum notis
variorum. *Lugd. Bat. Hackius*, 1672, *in-*
8. vel.

436 Epicteti Enchiridium una cum Cebetis
tabula, Gr. & Lat. cum notis varior. *Del-*
phis, Beman, 1723, *in-*8. v. m.

437 Epicteti Manuale , Cebetis tabula , & Pro-
dici Hercules, Theophrasti characteres ethici,
Gr. & Lat. ex recensione Jos. Simpson. *Oxo-*
nii, e *Th. Sheldon*. 1740. — Musæi de
Herone & Leandro carmen , Gr. & Lat.
ex recensione M. Rover. *Lugd. Bat. Th.*
Haak, 1737, *in-*8. v. m.

438 Epicteti quæ supersunt , Gr. & Lat. recensuit & notis illustravit Jo. Uptonus.
Londini, Woodward, 1741, 2 *vol. in-*4 ,
v. m.

439 Le Manuel d'Epictete , & les Commentaires de Simplicius , trad. par Dacier. *Paris,*
Coignard, 1715. 2 *vol. in-*12. v. b.

440 Cebetis tabula, Gr. & Lat. edente Jac.
Gronovio. *Amstelodami, Wetstenius*, 1689,
*in-*8. v. m.

441 Marci Antonini Imp. de se ipso , ad se
ipsum Libri XII , Gr. & Lat. *in-*8. v. f.

442 Marci Antonini Imp. de se ipso ad se ipsum
Lib. XII, Gr. & Lat. cum notis. *Oxoniæ*, e
Th. Sheldon. 1680, *in-*12. v. b.

443 Réflexions morales de Marc-Antonin ,
avec des remarques , par Dacier. *Paris,*
Barbin, 1691, 2 *vol. in-*12. v. b.

444 The Meditations of the Emperor Marcus Aurelius Antoninus. *Glasgow , Foulis ,* 1752, *in*-12. v. f.

445 An. Manlii Severini Boetii Consolationis Philosophicæ Libri V. *Glasguæ , Foulis ,* 1751, *in*-8. v. écc.

446 Maximes & Reflexions morales du Duc de la Rochefoucauld. *Paris , de l'Imprimerie royale,* 1778, *in*-8. m. r.

Les exemplaires de cette édition sont rares; elle ne s'est jamais vendue.

447 Maximes & Reflexions morales du Duc de la Rochefoucauld. *Paris , de l'Imprimerie de Monsieur,* 1779, *in*-18, br. === Maximes & Réflexions morales extraites de la Bruyere. *Paris , de l'Imprimerie de Monsieur,* 1781, *in*-8. br.

448 Pensées du Comte d'Oxenstirn. *La Haye, Van Duren,* 1749, 2 *vol. in*-12. v. m.

449 Pensées ou réflexions de M. le Baron de Holberg. *Londres,* 1753, 2 *vol. in*-12. v. m.

450 Essai sur la morale de l'homme. *Amsterdam, Arkstée,* 1770, 3 *vol. in*-12. v. m.

451 Morale des princes , par le Comte J. B. Comazzi. *Amsterdam, Neaulme,* 1754, 2 *vol. in*12. v. m.

452 The Spectator. *London , Tonson,* 1744, 8 *vol. in*-12. v. b.

453 The Guardian. *London , Tonson,* 1740, 2 *vol. in*-12. v. b.

454 The Tatler, by If. Bickerstaff. *London , Lintot,* 1743, 4 *vol. in*-12. v. m.

455 The Rambler. *London , Payne,* 1752, 6 *vol. in*-12. v. m.

456 The Craftfman, by Caleb d'Anvers. *Lond. Franklin*, 1731, 14 *vol. in-12.* v. m.

457 The Univerfal Spectator, by H. Stonecaftle. *London, Pemberton*, 1736, 2 *vol. in-12.* v. b.

458 The Free-Thinker : or effais of wit and humour. *London, Hinton,* 1740, 3 *vol. in-12.* v. b.

459 The Infpector. *London, Griffiths,* 1753, 2 *vol. in-12,* v. m.

460 The Connoiffeur, by M. Town. *London, Baldwin,* 1755, 2 *tom. rel. en* 1 *vol. in-12.* v. m.

461 The Adventurer. *Dublin, Ewing,* 1754, 2 *vol. in-12.* v. m.

462 The Idler. *London, Newberry,* 1761, 2 *vol. in-12.* v. éc.

463 Le Philofophe nouvellifte, trad. de Steele. *Amfterdam, Changuion,* 1735, 2 *vol. in-12.* v. m.

464 The Female Spectator. *Dublin, Eving,* 1747, 2 *vol. in-12.* v. m.

465 Le Spectateur François. *Paris, veuve Duchefne,* 1770, 6 *vol. in-12.* v. m.

466 An enquiry whether a general practice of virtue tends to the wealth or poverty, benefit or difadvantage of a People ? *Lond. Wilkin,* 1725, *in-8.* v. m.

467 The fables of the bees. *London, Tonfon,* 1729, 2 *vol. in-12.* v. b.

468 La Fable des abeilles ou les fripons devenus honnêtes gens. *Londres,* 1740, 4 *tom. en* 2 *vol. in-12,* v. m.

469 De la Sageffe, par Pierre Charron. *Leide, J. Elzevier,* *in-12,* m. r.

470 Les Leçons de la fagesse fur les défauts des hommes, par Debonnaire. *Paris, Briaffon,* 1751, 3 *vol. in-*12. *v. m.*

471 An enquiry into the original of moral virtue, by Arch. Campbell. *Edinburgh, Hamilton,* 1733, *in-*8. v. m.

472 An effay on the nature and obligations of virtue, by T. Rutherforth. *Cambridge, Bentham,* 1744, *in-*4. v. m.

473 Recherches fur l'origine des idées que nous ayons de la beauté & de la vertu. *Amfterdam,* 1749, 2 *vol. in-*12. v. m.

474 Principles of equity. *Edinburgh, Kincaid,* 1760, *in-fol.* v. f.

475 Sophron : or nature's characteriftics of of the truth, by H. Lee. *London, Dilly,* 1760, 3 *vol. in-*8. v. m.

476 An effay on the nature and immutability of truth ; in oppofition to fophiftry and fcepticifm, by Jam. Beattie. *Edinburgh, Kincaid,* 1770, *in-*8. v. m.

477 De l'Amitié. *Paris, Defaint,* 1761. — Des Paffions. *Londres,* 1764, *in-*8. v. m.

478 An effai on the origin of evil, by Will. King. *Camb. Thurlb.* 1758, *in-*8. v. m.

479 Dictionnaire des paffions, des vertus & des vices. *Paris, Vincent,* 1769, 2 *vol. in-*8. v. m.

480 Effai fur les paffions. *La Haye, Neaulme,* 1748, 2 *vol. in-*12. v. m.

481 De l'Ufage des paffions, par le Pere J. F. Senault. *Suivant la copie imprimée à Paris,* 1643, *in-*12. v. f.

482 Les caracteres des paffions, par de la

Chambre. *Amſterdam*, *Michel*, 1658, 4 *tom. rel. en* 2 *vol. in-*12. vel.

483 The philoſophy of the paſſions. *London*, *Almon*, 1772, 2 *tom. rel. en* 1 *vol. in-*8. v. m.

484 De la paſſion du jeu, par M. Duſaulx. *Paris*, 1779, *in-*8. v. m.

485 Conſidérations upon war, upon cruelty in general, and religious cruelty in particular. *London*, *Hope*, 1761, *in-*8. v. m.

486 De animi tranquillitate dialogus, Flor. Voluſeno auctore. *Edinburgi*, *Balfour*, 1751, *in* 8. v. f.

487 Le Temple du bonheur, ou recueil des plus excellens traités ſur le bonheur. *Bouil.* 1769, 3 *vol. in-*12. v. m.

488 Eſſai ſur le bonheur. *Amſterdam*, *Schnei-der*, 1759, *in-*12. v. m.

489 Théorie des ſentimens agréables, par M. de Pouilly. *Paris*, *de Bure*, 1774, *in-*8. v. m.

490 Fr. Petrarchæ de remediis utriuſque fortunæ, libri duo. Ejuſdem de contemptu mundi liber. *Roterodami*, *Leers*, 1649, *in-*12. m. r.

Economie.

491 Muſladini Sadi Roſarium politicum, ſive amenum ſortis humanæ theatrum, de Perſico in Lat. verſum a Georg. Gentio. *Amſtelodami*, *Blaeu*, 1651, *in-fol.* v. b.

492 Lud. Septalii Opera omnia, de ratione familiæ cum inſtituendæ, tum gubernandæ, Libri V. *Venetiis*, *Coletti*, 1752, *in-*4. v. m.

493 Eſſays on educat. by Milton, Locke, &c. by R. Wynne. *Lond. Tonſon*, 1761, *in-8. v. m.*

494 Nouveau traité d'education. *Amſterdam, Roger*, 1716, 2 *vol. in-12. fig. v. m.*

495 Le Gouverneur, ou eſſai ſur l'education. *Paris, Deſaint*, 1768, *in-8. v. m.*

496 A Dialogue between a tutor and his pupil, by Edward Lord Herbert, of Cherbury. *London, Bathoe*, 1768, *in-4.* br.

497 Les Converſations d'Emilie, par Madame de * * *. *Paris, Humblot*, 1781, 2 *vol. in-12, v. m.*

498 British education : or, the ſource of the diſorders of Great Britain, by Th. Sheridan. *London, Edward*, 1769, *in-8.* br.

499 Les Plans & les ſtatuts des différens établiſſemens ordonnés par Sa Majeſté Impériale Catherine II pour l'éducation de la jeuneſſe, par M. Betzky. *Amſterdam, Rey*, 1775, 2 *vol. in-12. v. f.*

500 Les Plans & les ſtatuts des établiſſemens ordonnés par S. M. Imp. Catherine II, pour l'éducation de la jeuneſſe, & l'utilité générale de ſon Empire, par M. Betzky, trad. par M. Clerc. *Amſterdam, Rey*, 1775, *in-4. fig. v. m.*

501 De l'Ordre Social, par M. le Troſne. *Paris, les Freres de Bure*, 1777, *in-8. v. m.*

502 Iſtoria critica della vita civile, ſcritta da Vinc. Martinelli. *Napoli, Gravier*, 1764, 2 *vol. in-8. v. m.*

503 Hiſtoire critique de la vie civile, par
Vinc.

Vinc. Martinelli. *Paris*, *Rozet*, 1769, 2 *vol. in-*12. v. m.

504 An essay on the history of civil society, by Adam Fergusson. *Edinburg*, *Kincaid*, 1767, *in-*4. v. m.

505 An essay on the history of civil society, by Ad. Fergusson. *Edinburgh*, *Millar*, 1767, *in-*4. br.

506 Essai sur l'histoire de la société civile, par Ad. Fergusson, trad. par Bergier. *Par. veuve Desaint*, 1783, 2 *vol. in-*12. v. m.

507 La Regle des devoirs que la nature inspire à tous les hommes. *Paris*, *Briasson*, 1758, 4 *vol. in-*12. v. m.

508 Les Préjugés du Public sur l'honneur, par Denesle. *Paris*, *Dehansy*, 1766, 3 *vol. in-*12. v. m.

509 Réflexions sur les défauts d'autrui, par l'Abbé de Villiers. *Paris*, *Collombat*, 1734, 2 *vol. in-*12. v. m.

Politique.

510 Elémens de la Politique. *Londres*, 1777, 3 *vol. in-*8. v. f.

511 Les Maximes du gouvern. monarchique, pour servir de suite aux élémens de la Politique. *Londres*, 1778, 4 *vol. in-*8. v. m.

512 Institutions Politiques du Baron de Bielfeld. *La Haye*, *Gosse*, 1760, *in-*4. v. m.

513 L'Ordre naturel & essentiel des sociétés Politiques. *Londres*, *Nourse*, 1767, 2 *vol. in-*12. v. m.

514 L'Ordre naturel & essentiel des sociétés Politiques. *Lond. Nourse*, 1767, *in-*4. v. m.

D

515 The Oceana of James Harringthon. *Dublin*, *Reilly*, 1737, *in-fol.* v. m.

516 Difcours Politiques & Militaires du Seigneur de la Noue. 1612, *in-8.* v. f.

517 Difcours Politiques, par David Hume. *Amfterdam*, *Schreuder*, 1754, 3 *vol. in-*12. v. b.

518 Ouvrages de Politique, par l'Abbé de Saint-Pierre. *Rotterdam*, *Beman*, 1738, 18 *vol. in-*12. v. m.

519 Principes de la Légiflation univerfélle. *Amfterdam*, *Rey*, 1776, 2 *vol. in-*8. v. f.

520 La Science de la Légiflation, par Gaet. Filangieri. *Paris*, *Cuchet*, 1786, 2 *vol. in-*8. rel. en cart.

521 Effai fur l'efprit de la Légiflation, favorable à l'agriculture, à la population, &c. *Paris*, *Defaint*, 1766, 2 *tom. rel. en* 1 *vol. in-*8. v. porph.

522 Plato redivivus or a dialogue concerning government. *London*, *Millar*, 1763, *in-*12, v. m.

523 Conftantini Imp. Porphyrogeneti, de adminiftrando Imperio liber, Gr. & Lat. Jo. Meurfius primus vulgavit. *Lugd. Bat. Lud. Elzevirius*, 1611, *in-*8. vel.

524 Elementa Philofophica de cive, auctore Th. Hobbes. *Amfterodami*, *Lud. Elzevirius*, 1647, *in-*12. vel.

525 Elémens Philofophiques du bon citoyen, trad. de Hobbes, par Sorbiere. *Paris*, *veuve Pepingué*, 1651, *in* 8. v. b.

526 Le Corps Politique, ou les élémens de la loi morale & civile, trad. de Th.

Hobbes. 1652, *in-*12, v. b. avec une figure en tête.

527 Des Corps Politiques & de leurs gouvernemens. *Lyon*, *Duplain*, 1764, *2 vol. in-*12. v. m.

528 An essay on the first principles of government, by Jos. Priestley. *London*, *Dodsley*, 1768, *in-*8. v. m.

529 De l'esprit du gouvernement économique, par M. Boesnier de l'Orme. *Paris*, *Delalain*, 1770, *in-*8. v. f. — Considérations sur les richesses & sur le luxe. *Paris*, *Vᵉ Valade*, 1787, *in-*8. rel. en cart.

530 Discours sur le gouvernement, par Algernon Sidney, trad. par Samson. *La Haye*, *Van Dole*, 1702, *3 vol. in-*12. v. b.

531 La Science du Gouvernement, par de Real. *Aix la Chapelle*, 8 vol. *in-*4. v. m.

532 Physiocratie, ou constitution naturelle du gouvernement le plus avantageux au genre humain, par Dupont. *Paris*, *Merlin*, 1768, *2 vol. in-*8. v. m.

533 A view of society in Europe : or, inquiries concerning the history of law, government, and manners, by Gilb. Stuart. *Edinburgh*, *Bell*, 1778, *in-*4. br.

534 Considérations sur les causes physiques & morales de la diversité du génie, des mœurs & du gouvernement des Nations, par Castillhon. *Bouillon*, 1769, *2 tom. rel. en* 1 *vol. in-*8. v. m.

535 Abrégé de la république de Bodin. *Londres*, *Nourse*, 1755, *2 vol. in-*12. v. m.

536 Idée d'une république heureuse, ou l'U-

topie de Th. Morus, trad. par Gueudeville. *Amsterdam, l'Honoré,* 1730, *in-*12. *fig.* v. m.

537 Traité sur le bonheur public, trad. de Muratori. *Lyon, veuve Reguillat,* 1772, 2 *vol. in-*12. rel. en cart.

538 De la Félicité publique, par le Marquis de Chatellux. *Bouillon,* 1776, 2 *vol. in-*8. v. f.

539 An essay on public happiness, through the several periods of History, to the present times. *London, Cadell,* 1774, 2 *vol. in-*8. br.

540 An Inquiry into the nature and causes of the wealth of Nations, by Adam Smith. *London, Strahan,* 1776, 2 *vol. in-*4. br.

541 Abrégé de la police, accompagné de réflexions sur l'accroissement des Villes, par J. P. Willebrand. *Hambourg, Estienne,* 1765, *in-*8. v. m.

542 Le Pornographe, ou idées d'un honnête homme sur un projet de réglement pour les prostituées. *Londres, Nourse,* 1769, *in-*8. v. m.

543 Le Miroir & institution du Prince, par J. Mangin. *Paris, Ruelle,* 1573, *in-*18. v. f.

544 Jo. Marianæ de rege & regis institutione libri tres. Ejusdem de ponderibus & mensuris liber. *Typis Wechel.* 1611, *in-*8. v. b.

545 Institution d'un Prince, par Duguet. *Londres, Nourse,* 1750, 4 vol. *in-*12. v. m.

546 Science des Princes, ou considérations

politiques fur les coups d'état, par G. Naudé. 1752, 3 vol. *in*-12. v. m.

547 Les Devoirs du Prince reduits à un feul principe, ou difcours fur la juftice. *Ver-failles*, 1775, *in*-8. v. m.

548 Manuel des Souverains. 1754, *in*-12. v. m.

549 Thougts on civil liberty, on licentiouf-neff, and faction. *London*, *L. Davis*, 1765, *in*-8. v. f.

550 Il vero difpotifmo. *In Londra*, 1770, 2 *tom. rel. en* 1 *vol. in*-8. v. f.

551 Vindiciæ contra Tyrannos, five de principis in populum, populique in principem legitima poteftate, Steph. Jun. Bruto, five ut putatur Theod. Beza, auctore. *Amftelodami*, 1660, *in*-12. v. f.

2 De la Puiffance légitime du Prince fur le peuple, & du peuple fur le Prince, par Hubert Languet. 1581, *in*-12. v. f.

3 Traité politique, compofé par William Allen, trad. en françois, où il eft prouvé par l'exemple de Moyfe, &c. que tuer un Tyran, n'eft pas un meurtre. *Lugduni*, 1658, *in*-12. m. bl.

554 L'Homme d'état, par Nicolo Donato. *Paris*, *Saillant*, 1767, 3 vol. *in*-12. v. m.

555 Mémoires & inftructions pour les ambaffadeurs, par Walfingham. *Amfterdam*, *Gallet*, 1700, *in*-4. v. f.

556 L'Ambaffadeur & fes fonctions, par de Wicquefort. *Cologne*, *Marteau*, 1690, 2 vol. *in*-4. v. b.

Commerce , Finances & Monnoies.

557 Les intérêts des Nations de l'Europe, développés relativement au commerce. *Paris, Defaint*, 1766 , 2 *tom. rel. en* 1 *vol. in-*4. v. m.

558 Réflexions politiques fur les finances & le commerce. *La Haye, Vaillant,* 1738, 2 *vol. in-*12. v. m. = Examen du livre intitulé : Réflexions fur les finances. *La Haye, Vaillant,* 1740, 2 *vol. in-*12. v. m.

559 Obfervations fur le commerce & fur les arts, par Flachat. *Lyon, Jacquenod,* 1766, 2 *vol. in-*12. *fig.* v. éc.

560 Les intérêts de la France mal entendus dans les branches de l'agriculture & du commerce , &c. *Amflerdam ,* 1756 , 3 *vol. in-*12. v. m.

561 Mémoire fur la fituation actuelle de la Compagnie des Indes, par M. l'Abbé Morellet. *Paris,* 1769, *in-*4. v. f. Gr. Pap.

562 Sur la légiflation & le commerce des grains , par M. Necker. *Paris , Piffot,* 1775, *in-*8. v. m.

563 Dialogues fur le commerce des bleds , par l'Abbé Galiani, avec la réfutation. *Londres,* 1770 , 2 vol. *in-*8. v. m.

564 Traité de la circulation & du crédit. *Amflerdam, Rey,* 1771, *in-*8. v. m.

565 Arithmétique politique, par Young, trad. par Fréville. *La Haye , Goffe,* 1775, 2 *vol. in-*8. v. m.

566 Sur les Finances. *Londres*, 1775, *in-8.* v. m.

567 De l'Adminiſtration des Finances, par M. Necker. 1784, *3 vol. in-8.* v. m.

568 Mémoires & conſidérations ſur le commerce & les finances d'Eſpagne. *Amſterdam, Changuion*, 1764, *2 vol. in-12.* v. m.

569 Le Négociant Anglois. *Paris, les Freres Etienne*, 1753, *2 vol. in-12.* v. m.

570 A Collection for the improvement of husbaudry and trade, by Rich. Bradley. *London, Woodman*, 1727, *4 vol. in-8.* v. b.

571 An hiſtorical account of the British trade over the Caſpian ſea, by Jon. Hauway. *London, Osborne*, 1754, *2 vol. in-4.* v. m.

572 Traité des Monnoies, par J. Boizard. *Paris*, 1714, *2 tom. rel. en 1 vol. in-12.* fig. v. m.

Métaphyſique.

573 Synopſis Metaphyſicæ. *Glaſguæ, Foulis*, 1756, *in-8.* v. f.

574 Elémens de Métaphyſique, par l'Abbé Para. *Beſançon, Chaboz*, 1767, *in-8.* v. m.

575 Entretiens ſur la Métaphyſique, par le Pere Malebranche. *Paris, David*, 1711, *2 vol. in-12.* v. m.

576 Cours de lectures ſur les queſtions les plus importantes de la Métaphyſique & de la morale, par Doddrige. *Liege, Plomteux*, 1768, *4 vol. in-12.* v. m.

577 De veritate pro ut diftinguitur a revelatione, a verifimili, a poffibili, & a falfo, hoc opus condidit Edoardus Baro Herbert de Cherbury. *Londini*, 1645. ⸺ De Caufis errorum, auctore eodem. *Londini*, 1645, *in*-4. v. f.

578 De veritate pro ut diftinguitur a revelatione, &c. auctore Ed. Herbert de Cherbury. 1656. ⸺ De Caufis errorum, auctore eodem. 1656, *in*-12. v. b.

579 De la recherche de la vérité, par le Pere Malebranche. *Paris, David,* 1712, 4 *vol. in*-12. v. m.

580 Characterifticks of men, manners, opinions, times, by Earl of Shafftesbury. 1732, 3 *vol. in*-8. v. m.

581 Les Œuvres de Mylord Comte de Shafftesbury. *Genève,* 1769, 3 *vol. in*-8. v. m.

582 Traité des Syftêmes, par l'Abbé de Condillac. *La Haye, Neaulme,* 1749, 2 *vol. in*-12. v. m.

583 Traité des Senfations, par l'Abbé de Condillac. *Paris, De Bure l'aîné,* 1754, 2 *tom. rel. en* 1 *vol. in*-12. v. m.

584 Traité des Animaux, par l'Abbé de Condillac. *Paris, De Bure l'aîné,* 1755; *in*-12. v. m.

585 Traité des Extrêmes, par M. Changeux. *Paris, Panckoucke,* 1767, 2 *vol. in*-12. v. m.

De Dieu, de son existence, de sa Providence, &c.

586 Disputationes de Deo & de Providentia divina, auctore Sam. Parkero. *Londini, Clarck,* 1678, *in-4.* v. b.

587 Pet. Poiret, cogitationes rationales de Deo, anima & malo. *Amstelodami, Blaeu,* 1685, *in-4.* vel.

588 Essais de Théodicée sur la bonté de Dieu, la liberté de l'homme & l'origine du mal, par Leibnitz. *Amsterdam, Changuion,* 1734, 2 *vol. in-12.* v. m.

589 Essais sur la bonté de Dieu, la liberté de l'homme & l'origine du mal, trad. de Chubb. *Amsterdam, Changuion,* 1732, *in-12.* v. m.

590 G. Bern. Bilfingeri dilucidationes de Deo, anima, mundo. *Francofurti,* 1743, *in-8.* v. m. = Idem de Origine mali. *Tubingæ,* 1743, *in-8.* v. m. = De l'Origine du mal, par le Vicomte d'Alés. *Paris, Duchesne,* 1758, *in-12.* v. éc.

591 A Discourse concerning the divine providence, by Wil. Sherlock. *London, Rogers,* 1705, *in-8.* v. b.

592 Various prospects of mankind, nature, and providence. *London, Millar,* 1761, *in-8.* v. m.

593 An enquiry into the ideas of space, time, immensity, and eternity, by Edm. Law. *Cambridge, Feuner,* 1734, *in-8.* v. m.

594 Essai d'un système nouveau concernant

la nature des êtres spirituels. *Neufchatel*,
1742, 4 *tom. rel. en 2 vol. in*-8, v. m.

De l'Ame, de son immortalité, de l'esprit de l'homme, &c.

595 Chrift. Sandii tractatus de origine animæ.
Cosmopoli, 1671, *in*-12. v. b.

596 The grand queftion debated ; or an effai
to prove that the foul of man *is not*, neither
can it be, immortal, by Ontologos. *Dublin*,
Wilson, 1751, *in*-8. v. m.

597 An epiftolari difcourfe, proving from
the fcriptures and the firft fathers that the
foul is a principle naturally mortal, by H.
Dodwell. *London*, *Smith*, 1706, *in*-8.
v. b.

598 A critical enquiry into the opinions and
practice of the ancient philofophers concerning the nature of the foul, and the futur
ftate, with a preface by Will. Warburton.
London, *Davis*, 1758, *in*-8. v. m.

599 An enquiry into the nature of the human
foul, by Barker. *London*, *Millar*, 1737,
3 *vol. in*-8. v. b.

600 Traité de la nature de l'ame & de l'origine de fes connoiffances, contre le fyftême
de Locke. *Paris*, *Veuve Lottin*, 1759, 2
vol. in-12. v. m.

601 Hiftoire naturelle de l'ame, par Charp.
La Haye, *Neaulme*, 1745, *in*-8. v. m.

602 Effai analytique fur les facultés de l'ame,
par Ch. Bonnet. *Copenhague*, *Philibert*,
1760, *in*-4. v. m.

603 Essai de Psychologie, ou considérations sur les opérations de l'ame. *Londres*, 1755, *in* 8. v. m.

604 Métaphysique de l'ame, trad. d'Adam Smith. *Paris*, *Briasson*, 1764, 2 *vol. in*-12. v. m.

605 De l'Immortalité de l'ame, & de la vie éternelle, par G. Sherlock. *Amsterdam*, *Humbert*, 1708, *in*-8. v. f.

606 A Letter to M. Dodwell; wherein all the arguments in his epistolary discourse against the immortality of the soul, are particularly answered, by Sam. Clarke. *London*, *Knapton*, 1731, *in*-8. v. b.

607 Réflexions philosophiques sur l'immortalité de l'ame raisonnable. *Amsterdam*, *Arkstée*, 1744, *in*-12. v. m.

608 La Palingenesie philosophique, ou idées sur l'état passé & sur l'état futur des êtres vivans, par C. Bonnet. *Amsterdam*, *Rey*, 1769, 5 *vol. in*-12. v. m.

609 Disquisitions relating to matter and spirit, by Jos. Priestley. *London*, *Johnson*, 1777, 2 *vol. in*-8. br.

610 Histoire de l'esprit humain, par le Marquis d'Argens. *Berlin*, *Haude*, 1765, 3 vol. *in*-12. v. m.

611 Traité philosophique de la foiblesse de l'esprit humain, par M. Huet. *Amsterdam*, *Du Sauzet*, 1723, *in*-12. v. b.

612 Principes de philosophie naturelle, dans lesquels on cherche à déterminer les degrés de certitude des connoissances humaines. *Genève*, 1787, 2 *vol. in*-8. rel. en cart.

613 Hiſtoria philoſophica de ideis. *Auguſt.*
Vindelicorum, Mertz, 1723, *in-12.* v. m.

614 L'Examen des eſprits pour les ſciences,
par J. Huarte, trad. par d'Alquie. *Amſter-*
dam, Raveſtein, 1672, *in-12.* v. m.

615 Philoſophus autodidactus ſive epiſtola
Abi-jaafar, ebn tophail de hai ebn Yokdhan,
in qua oſtenditur, quomodo ex inferiorum
contemplatione ad ſuperiorum notitiam ratio
humana aſcendere poſſit, ex Arabica in ling.
Lat. verſa ab Ed. Pocockio. *Oxonii*, 1700,
in-4. br.

616 Traité de l'eſprit de l'homme, ſuivant les
principes de R. Deſcartes, par L. de la
Forge. *Amſterdam, Wolfgang, in-12.* v. m.

617 Recherches philoſophiques ſur la néceſſité
de s'aſſurer par ſoi-même de la vérité, ſur
la certitude de nos connoiſſances, &c. *Lon-*
dres, Nourſe, 1743, *in-8.* v. m.

618 Traité de la connoiſſance de ſoi-même,
par Jean Maſon, trad. par J. Ab. Brunier.
Amſterdam, Rey, 1765, *in-8.* v. éc.

619 An abridgment of M. Locke's eſſay concerning human underſtanding. *Glaſgow*,
Foulis, 1752, *in-8.* v. m.

620 A Treatiſe of human nature, by Hume.
London, Noon, 1739, *3 tom. rel. en 2*
vol. in-8. v. m.

621 Eſſais philoſophiques ſur l'entendement
humain, par Hume. *Amſterdam, Schneider,*
1758, *4 vol. in-12.* v. b.

622 Eſſai ſur l'origine des connoiſſances humaines, par l'Abbé de Condillac. *Amſter-*

dam, *Mortier*, 1746, 2 *tom. rel. en* 1 vol.
in-12. v. m.

623 Dialogues entre Hylas & Philonoüs, fur
la réalité & la perfection de l'entendement
humain, par G. Berkeley. *Amflerdam*, 1750,
in-12. v. m.

624 An inquiry into the human mind, by
Th. Reid. *Edimburgh*, *Millar*, 1764, *in*-
8. v. porph.

625 Recherches fur l'entendement humain,
trad. de Th. Reid. *Amflerdam*, *Meyer*,
1768, 2 vol. *in*-12. v. m.

626 Des facultés intellectuelles & de l'éducation de l'homme. *Londres*, 1773, 2 *vol.*
in-12. v. f.

627 Des facultés intellectuelles de l'homme &
de fon éducation. *Amflerdam*, 1774, 3 *vol.*
in-8. br.

628 An effay concerning the nature, origin,
and progrefs of the human affections. *Lon-*
don, *Wilkie*, 1769, *in*-8. v. m.

629 Traité de l'opinion, par Le Gendre. *Paris*,
Briaffon, 1735, 6 vol. *in*-12. v. b.

Traité des Efprits, de la Cabale, de la Magie,
des Démons, &c.

630 Le Monde Enchanté, par B. Bekker.
Amflerdam, *P. Rotterdam*, 1694, 4 *vol.*
in-12. v. b.

631 Le Comte de Gabalis, par l'Abbé de
Villars. *Londres*, *Vaillant*, 1742, 2 *vol.*
in-12. v. m.

632 Malleus Maleficarum, de lamiis & ftrigi-

bus, &c. *Francofurti*, 1588, 2 *vol. in-*
8. m. r.

633 Malleus Maleficarum. *Lugduni*, *Bour-*
geat, 1669, 2 *vol. in-*4. v. b.

634 Le Fléau des Démons & Sorciers, par
J. Bodin. *Nyort*, *du Terroir*, 1616, *in-*
8. v. f.

635 An Hiftorical effay concerning witchcraft,
by Fr. Hutchinfon. *London*, *Knaplock*,
1720, *in-*8. v. m.

636 Hiftoire admirable de la poffeffion &
converfion d'une pénitente, féduite par un
magicien, la faifant forciere & Princeffe
des forciers, par le P. Seb. Michaelis. *Paris,*
Chatelain, 1613, 1 *tom. rel. en* 2 *vol.*
*in-*8. v. m.

637 Difcours des fpeures, ou vifions & apparitions d'efprits, par P. le Loyer. *Paris,*
Buon, 1608, *in-*4. v. f.

638 Magica de fpectris, & apparitionibus fpi-
tuum. *Lugd. Bat. Hackius*, 1656, *in-*12.
v. f.

639 Lud. Lavateri de fpectris, lemuribus variif-
que præfagitionibus tractatus. *Lugd. Bat.*
Lucktmans, 1687, *in-*12. *fig.* v. b.

640 Traité hiftorique & dogmatique fur les
apparitions, &. par l'Abbé Lenglet du
Frefnoy. *Paris*, *Leloup*, 1751, 2 *vol. in-*
12. v. m.

641 Recueil de differtations fur les apparitions, par l'Abbé Lenglet du Frefnoy. *Paris,*
le Loup, 1752, 4 *vol. in-*12. v. m.

Phyfique.

642 Elémens de Phyfique, par s'Gravefande,

trad. par Roland de Virloys. *Paris , Jombert,* 1747 , 2 *vol. in-8.* v. f.

643 Inſtitutiones Phyſicæ à Pet. Van Muſſchen-broek. *Lugd. Bat. Luchtmans ,* 1748, *in-8. fig.* v. m.

644 Phyſica generalis a Joſ. Redlhamer. *Viennæ Auſtriæ , Trattner ,* 1755 , *in-12. fig.* v. m.

645 Obſervations curieuſes ſur toutes les parties de la Phyſique. *Paris , Cailleau,* 1730, 3 *vol. in-12.* v. m.

646 Expoſition des découvertes philoſophiques du Chevalier Newton , par Maclaurin , trad. par Lavirotte. *Paris, Durand;* 1749 , *in-4.* v. éc.

Traités de l'Univers créé , du Ciel , des Aſtres, des Elémens , &c.

647 God. Guill. Leibnitii protogæa ſive de prima facie telluris & antiquiſſimæ hiſtoriæ veſtigiis , &c. *Gottingæ , Schmidius ,* 1749 , *in-4. fig.* v. m.

648 Th. Burnetii telluris theoria ſacra , accedit Archæologia philoſophica. *Amſtelodami , Wolters ,* 1694, *in-4.* v. b.

649 Teliamed ou entretiens d'un philoſophe Indien, avec un miſſionnaire François , ſur la diminution de la mer, la formation de la terre , &c. par Maillet , publié par Guer. *Amſterdam, l'Honoré ,* 1748 , 2 *tom. rel. en* 1 *vol. in-8.* v. m.

650 Eſſai ſur l'uſage des montagnes, par Bertrand. *Zuric, Heidegguer,* 1754, *in-8.* v. m.

651 La nature dans la formation du tonnerre ,

par l'Abbé Poncelet. *Paris, le Mercier,* 1766, *in*-8. v. porp.

652 Differtation fur la glace, par M. Dortous de Mairan. *Paris, de l'Imprimerie Royale,* 1749, *in*-12, v. m.

653 Hiftoire naturelle des glacieres de Suiffe, trad. de Grouner, par M. de Keralio. *Paris, Panckoucke,* 1770, *in*-4. *fig.* br.

654 Le Newtonianifme pour les dames, ou entretiens fur la lumiere, fur les couleurs, par Algarotti, trad. par du Perron de Caftera. *Amfterdam,* 1741, 2 *vol. in*-12. baf.

655 The hiftory and philofophy of earthquakes, from the remoteft to the prefent times. *London, Nourfe,* 1757, *in*-8. v. m.

656 Hiftoire des tremblemens de terre arrivés à Lima. *La Haye,* 1752, *in*-12, *fig.* v. m.

657 M. Th. Ittigii lucubrationes de montium incendiis. *Lipfiæ,* 1671, *in*-12. v. m.

658 Recherches fur les volcans éteints du Vivarais, par M. Faujas de Saint-Fond. *Par. Cuchet,* 1778, *in-fol. fig.* br.

659 Iftoria naturale del monte Vefuvio, di Gafp. Paragallo. *In Napoli, Raillard,* 1705, *in*-4. *fig.* m. r.

660 The natural hiftory of mount Vefuvius. *London, Cave,* 1743, *in*-12. v. m.

661 Hiftoria e fenomeni del Vefuvio del padre D. Gio. Mar. della Torre. *In Napoli, Raimondi,* 1755. — Della ftoria naturale marina dell Adriatico, del Dott. Vitaliano Donati. *In Venezia, Storti,* 1750, *in*-4. *fig.* v. m.

Traités

Traités de l'Homme & de ses facultés, de sa vie, de sa mort, &c.

662 L'Antropologie, par le Marquis de Go-
rini Corio. *Geneve, Bousquet,* 1761, 2
*vol. in-*12. v. m.

663 A Philosophical essay on Man. *London,*
Newbery, 1773, *in-*8. v. m.

664 Sketches of the history of Man. *Edin-*
burgh, Creech, 1774, 2 *vol. in-*4. br.

665 Nouveaux élémens de la science de
l'homme, par Barthez. *Montpellier, Martel,*
1778, *in-*8. m. r.

666 De la connoissance de l'homme, dans
son être & dans ses rapports, par l'Abbé
Joannet. *Paris, Lacombe,* 1775, 2 *vol.*
*in-*8. v. m.

667 L'Homme moral, ou l'Homme consi-
déré tant dans l'état de pure nature, que
dans la société, par P. Ch. Lévesque. *Amst.*
1775, *in-*12. v. porph.

668 De l'Homme & de son éducation. *Londres,*
1773, 2 *vol. in-*12. v. porph.

669 Considérations sur les corps organisés,
par Charl. Bonnet. *Amsterdam, Rey,* 1768,
2 *tom. rel. en* 1 *vol. in-*8. v. m.

670 Essai physique sur l'économie animale,
par Quesnay. *Paris, Cavelier,* 1747, 3
*vol. in-*12. v. m.

671 Essai philosophique sur l'ame des Bêtes,
par Boullier. *Amsterd. Changuion,* 1728,
*in-*12. v. f. — Amusement philosophique
sur le langage des Bêtes. *Paris, Gissey,*
1739, *in-*12. v. m.

E

672 La Bête transformée en machine, par Darmanfon. 1684.—Hieron. Rorarii quod animalia bruta ratione melius utantur homine, libri duo. *Amftelodami*, 1666, *in-*12. v. b.

Mélanges de Phyfique, &c.

673 Efperienze interno a diverfe cofe naturali e particolarmente à quelle, che ci fon portate dall' Indie, fatte da Fr. Redi. *In Firenze, Morini*, 1686, *in-*4. *fig.* v. f.

674 Expériences de phyfique, par Poliniere. *Paris, Giffey*, 1734, 2 *vol. in-*12. v. b.— Entretiens phyfiques, par le Pere Regnault. *Amfterdam*, 1732, 4 *vol. in-*12. v. b.

675 Leçons de phyfique expérimentale, par l'Abbé Nollet. *Paris, Durand*, 1767, 6 *vol. in-*12. *fig.* v. m.

676 Jo. Gotl. Krugeri philofophia naturalis experimentalis confirmata. *Halæ Magdeburgicæ*, 1753, *in-*8. v. m.

677 Jo. Joach. Becheri experimentum novum ac curiofum de minera arenaria perpetua. *Lipfiæ, Gleditfchius*, 1703, *in-*8. v. b.

678 Georgii Franci de Frankenau de Palingenefia, five refufcitatione artificiali plantarum, hominum, &c. liber. *Halæ, du Serre*, 1717, *in-*4. v. m.

679 The microfcope made eafy, by H. Baker. *London, Dodfley*, 1744, *in-*8. *fig.* v. m.

680 Effays in natural hiftory and philofophy, containing a feries of difcoveries, by the affiftance of microfcopes, by J. Hill. *Lond. Whifton*, 1752, *in-*8. v. m.

Hiſtoire Naturelle générale & particuliere.

681 C. Plinii Secundi hiſtoriæ naturalis libri XXXVII. *Lugd. Bat. ex Offic. Elzeviriana,* 1635; 3 *vol. in-*12. m. r.

682 C. Plinii Secundi hiſtoriæ naturalis libri XXXVII, cum notis variorum, cura Jo. Frid. Gronovii. *Lugd. Bat. apud Hackios,* 1669, 3 *vol. in-*8. vel.

683 C. Plinii Secundi hiſtoriæ naturalis libri XXXVII, cum notis Jo. Harduini. *Pariſiis, Couſtelier,* 1723, 3 *vol. in-fol.* v. b.

684 C. Plinii Secundi hiſtoriæ naturalis libri XXXVII, curante Jo. Pet. Millero. *Berolini, A. Haude,* 1766, 5 *vol. in-*12. vel.

685 L'Hiſtoire naturelle de Pline, trad. par du Pinet. *Lyon, Tardif,* 1584, 2 *vol. in-fol.* v. f.

686 Hiſtoria naturale di C. Plinio, trad. per Chriſt. Landino. *In Vineggia, Thomaſo de Ternengo,* 1534, *in-*4. v. b.

687 Morceaux extraits de l'hiſtoire naturelle de Pline, par M. Gueroult. *Paris, Lambert,* 1785, *in-*8. rel. en cart.

688 Ant. le Grand hiſtoria naturæ. *Lond. Martin,* 1680, *in-*4. v. b.

689 Hiſtoria naturale di Ferrante Imperato. *Venetia, Combi,* 1672, *in-fol. fig.* v. b.

690 Hiſtoire naturelle générale & particuliere, avec la deſcription du cabinet du Roi, par MM. de Buffon & d'Aubenton. *Paris, de l'Imprimerie Royale,* 1749, 18 *vol. in-*4. fig. v. m. Premiere édition.

691 Hiſtoire naturelle, par M. de Buffon. *Paris, de l'Imprimerie Royale*, 1769, 13 *vol. in-12*, fig. br.— Hiſtoire naturelle des Oiſeaux. *Paris*, 1770, 4 *vol. in-12*, fig. br.

692 Hiſtoire naturelle de l'Univers, par Colonne. *Paris, Cailleau*, 1734, 4 *vol. in-12*. v. b.

693 A general natural hiſtory, by John Hill. *London, Oſborne*, 1751, 3 *vol. in-fol.* fig. v. m.

694 Traité ſur la nature. *Amſterdam, Harrevelt*, 1763, 5 *tom. rel. en* 4 *vol. in-8*. v. m.

695 Contemplation de la nature, par Ch. Bonnet. *Amſterdam, Rey*, 1764, 2 *tom. rel. en* 1 *vol. in-8*. v. porp.

696 Eraſmi Bartholini de naturæ mirabilibus quæſtiones academicæ. *Hafniæ, Hauboldus*, 1674, *in-4*. br.

697 A Philoſophical account of the works of nature, by Rich. Bradley. *London, Mears*, 1721, *in-4*. v. m.

698 Philoſophie de l'Univers, ou théorie philoſophique de la nature, par Viallon. *Bruxelles, Flon*, 1782, 2 *tom. rel. en* 1 *vol. in-8*. en cart.

Hiſtoire naturelle des Elémens, Métaux, Minéraux, Pierres & Pierreries, &c.

699 Athan. Kircheri mundus ſubterraneus. *Amſtelodami*, 1678, 2 *vol. in-fol.* fig. v. b.

700 Jo. Joach. Beccheri Phyſica ſubterranea. *Lipſiæ*, 1738, *in-4*. v. m.

701 L'Oryctologie, qui traite des terres, des pierres, des métaux, &c. par M. d'Ar-

genville. *Paris*, *Debure*, 1755, *in-4.* fig.
v. f. dent.

702 Fr. Erneft. Bruckmanni centuriæ tres epiſto-
larum itinerariarum, & thefaurus fubterraneus
ducatus Brunſvigii. *Wolfenbutellæ*, 1745,
6 *vol. in-4.* fig. v. m.

703 Jo. G. Liebknecht Haffiæ fubterraneæ fpe-
cimen. *Gieſſæ*, *Lammers*, 1730, *in-4.* fig.
v. m.

704 Obfervations on the earth, rocks ſtonef-
and minerals, for fome miles about Briſtol,
by M. Owen. *London*, *Johnſton*, 1754,
in-12, fig. v. m.

705 Elementa metallurgiæ fpeciatim chemicæ,
a Jo. Gotſch. Wallerio. *Holmiæ*, *Askergren*,
1768, *in-8.* vel.

706 G. Agricolæ de re metallica libri XII.
Bafileæ, *Konig*, 1657, *in-fol.* fig. vel.

707 Traité de métallique, trad. de Perez de
Vargas. *Paris*, *Prault*, 1743, 2 *vol. in-12.*
v. m.

708 Traité de l'art métallique, extrait d'Alv.
Alph. Barba. *Paris*, *Prault*, 1730, *in-12.*
fig. v. m.

709 Mich. Mercati metallotheca Vaticana, ex
recenfione Jo. Mariæ Lancifii. *Romæ*, *Sal-
vioni*, 1717, *in-fol.* v. m.

710 Introduction à la minéralogie, par Henckel. *Paris*, *Cavelier*, 1756, 2 *tom.* rel.
en 1 *vol. in-12.* v. m. — Chymie métal-
lurgique, par Gellert. *Paris*, *Briaſſon*, 1758,
2 *tom.* rel. en 1 *vol. in-12.* v. m.

711 Bern. Cæſii mineralogia. *Lugduni*, *Proft*,
1626, *in-fol.* v. m.

712 Emm. Swedenborgii opera mineralia. *Drefdæ, Hekelius*, 1734, 3 *vol. in-fol.* fig. v. m.

713 Minéralogie, trad. de Wallerius, par M. le Baron d'Holbach. *Paris, Durand*, 1753, 2 *vol. in-*8. br. en cart.

714 Minéralogie, par Vallemont de Bomare. *Paris, Vincent*, 1761, 2 *tom. rel. en* 1 *vol. in-*8. v. m.

715 Lettres fur la minéralogie, & fur divers autres objets de l'hiftoire naturelle de l'Italie, par M. Ferber, trad. par le Baron de Die-trich. *Strafbourg, Baver*, 1776, *in-*8. v. m.

716 Jo. And. Crameri elementa artis docimaf-ticæ. *Lugd. Bat. Wishoff*, 1744, 2 *tom. rel. en* 1 *vol. in-*8. v. f.

717 Elémens de docimaftique, trad. de Cramer. *Paris, Briaffon*, 1755, 3 *vol. in-*12. v. m.

718 Le Mercure Indien, ou le tréfor des Indes, dans lequel il eft traité de l'Or, de l'Argent, &c., par Pierre de Rofnel. *Paris*, 1668, *in-*4. v. b.

719 Le moyen de devenir riche, par B. Paliffy. *Paris, Fouet*, 1636, *in-*8. v. b.

720 De Hydrargyro tentamen phyfico chemico-medicum, auct. Chrift. Xav. Wabft. *Vin-dobonæ, ex offic. Trattnerjana*, 1754, *in-*4. br.

721 Traité du Souffre, trad. de Stahl. *Paris, Didot jeune*, 1766, *in-*12, v. m.—Traité des Sels, trad. de Georg. Ern. Stahl. *Paris, Vincent*, 1771, *in-*12. v. m.

722 Ambræ hiftoria, auctore Juft. Fid. Klobio. *Wittenbergæ*, 1666, *in-*4. fig. v. b.

723 Nath. Sendelii hiftoria fuccinorum, cor-

pora aliena involventium. *Lipsiæ, Gleditsch.*
1742, *in-fol.* fig. Ch. Mag. v. b.

724 Traité des Pierres de Théophraste, trad.
par J. Hill. *Paris, Hériſſant,* 1754, *in-12,*
v. m. — Lettres ſur la formation des Sels &
des Criſtaux, par Bourguet. *Amſterdam,*
l'Honoré, 1729, *in-12,* v. m.

725 Theophraſtus's hiſtory of ſtones, with an
engliſh verſion, by John Hill. *London,*
Davis, 1746, *in-8.* v. éc.

726 Traité des Pierres qui s'engendrent dans
les terres & dans les animaux, par Nic.
Venette. *Amſterdam, Waeſberge,* 1701,
in-12, fig. v. m.

727 Traité des Pétrifications, par Bourguet.
Paris, Briaſſon, 1742, *in-4.* fig. v. m.

728 Lithogéognoſie, ou examen chymique des
pierres, trad. de Pott. *Paris, Hériſſant,*
1753, 2 vol. *in-12.* v. m.

729 Pyrithologie, ou hiſtoire naturelle de la
Pyrite, trad. de J. Fr. Henckel, par M. le
Baron d'Holbach. *Paris, Hériſſant,* 1760,
in-4. fig. v. m.

730 Deſcription de pluſieurs nouvelles eſpèces
d'Orthoceratites & d'Oſtracites, par M. Picot
de la Peirouze. *Erlang, Walther,* 1781,
in-fol. m. r. fig. coloriées.

731 Herbarium diluvianum collectum à Jo.
Jac. Scheuchzero. *Lugd. Bat. Vander Aa,*
1723 *in-fol.* fig. v. m.

732 Car. Nic. Langii hiſtoria lapidum figuratorum Helvetiæ. *Venetiis,* 1708, *in-4.* fig.
v. f.

733 Sciagraphia Lithologica curioſa, ſeu

lapidum figuratorum nomenclator a Jo. Jac. Scheuchzero. *Gedani, Schreiber*, 1740. — Jac. Th. Klein fumma dubiorum circa claffes quadrupedum & amphibiorum, &c. *Lipfiæ, Gleditfchius*, 1743, *in-4.* fig. br.

734 Dictionnaire des Foffiles, par Bertrand. *La Haye, Goffe*, 1763, *in-8.* v. m.

735 De omni rerum Foffilium genere libri, opera Conr. Gefneri. *Tiguri, Gefnerus*, 1565. — Calculorum qui in corpore ac membris hominum innafcuntur genera XII, depicta per Jo. Kentmanum. *Tiguri*, 1565. — De Metallicis rebus obfervationes variæ, ex shedis Georg. Fabricii. *Tiguri*, 1566. — De fuccino libri duo, authore Ser. Goebelio. — Val. Cordi de Halofantho, feu fpermate Ceti liber, *Tiguri*, 1566. — Sti Epiphanii de XII gemmis, quæ erant in vefte Aaronis, liber. Gr. & Lat. *Tiguri*, 1565. — De gemmis aliquot, iis præfertim quarum divus Joannes Apoft. in fua Apocalypfi meminit. *Tiguri*, 1566. — Conr. Gefneri de rerum Foffilium, lapidum & gemmarum, figuris & fimilitudinibus, liber. *Tiguri*, 1565, *in-8.* fig. v. f.

736 Foffils of all Kinds, digefted into à method, fuitable to their mutual relation and affinity, by J. Woodward. *London, Innys*, 1728, *in-8.* v. m.

737 A treatife of the Foffil, vegetable, &c. that are made ufe of in Phyfick, by St. Fr. Geoffroy, tranflated by G. Douglas. *London, Innys*, 1736, *in-8.* v. b.

738 Stirpium & Foffilium Silefiæ catalogus,

concinnatus per Casp. Schwenckfelt. *Lipsiæ*, *Alberti*, 1600, *in*-4. br. en cart.

739 An attempt towards a natural history of the Fossils of England, by J. Woodward. *London*, *Fayram*, 1729, 2 *tom.* rel. en 1 *vol. in*-8. en cart.

740 De corporibus marinis lapidescentibus, dissertatio, auct. August. Scilla. *Romæ*, *Monaldini*, 1752, *in*-4. fig. v. m.

741 De crostacei è degli altri marini corpi che si trovano su monti libri due di Ant. Lazaro Moro. *Venezia*, *Monti*, 1740, *in*-4. fig. v. m.

742 Commentatio physica & historica de glossopetris Luneburgensibus, auct. Jo. Reiskio. *Norimbergæ*, 1687. — Jo. Dan. Majoris dissertatio epistolica de cancris & serpentibus petrefactis. *Jenæ*, 1664, *in*-8. fig. v. b.

743 Kiliani Stobæi opuscula in quibus petrefactorum, numismatum & antiquitatum historia illustratur. *Dantisci*, *Knochius*, 1752, *in*-4. v. m. fig.

744 Litheosphorus, sive de lapide Bononiensi, liber Fortunii Liceti. *Utini*, *Schirattus*, 1640, *in*-4. v. b.

745 Lithographia Wirceburgensis, auctore G. Lud. Hueber. *Wirceburgi*, 1726, *in-fol.* br.

746 M. G. And. Helbingei Lithographia Angerburgica. *Regiomonti*, *Stelterus*, 1717. — Thermographia Budensis, per Laur. Stoker. *Augustæ Vindel.* 1721, *in*-4. fig. br.

747 Jo. Henr. Schurtei Fossilium & mineralium in agro Jenensi brevissima descriptio. *Lipsiæ*, 1720, *in*-12, fig. rel. en cart.

748 Jo. Jac. Baieri oryctographia Norica. *Norimbergæ, Michaelis*, 1708, *in-4.* fig. v. f,

749 Jo. Jac. Baieri Oryctographia Norica. *Norimbergæ,* 1758, *in-fol.* fig. br.

750 Oryctographia Hildesheimenfis, auctore Fred. Lachmund. *Hildesheimii, Mullerus*, 1669, *in-4.* fig. br.

751 Gemmarum & lapidum hiftoria, authore Anf. Boet. de Boot, curante Adr. Tollio. *Lugd. Bat. Maire*, 1647, *in-8.* fig. vel.

752 Le parfait Joaillier, par Anf. Boece de Boot, avec des annotations, par André Toll. *Lyon, Huguetan*, 1644, *in-8.* v. b.

753 Les merveilles des Indes orientales & occidentales, par Rob. de Berquen. *Paris, Lambin*, 1669, *in-4.* v. b.

754 Della ftoria naturale delle gemme, delle pietre, e di tutti minerali da Giac. Gimma. *In Napoli, Muzio*, 1730, 2 *vol. in-4.* v. m.

755 Traité des pierres précieufes & des pierres fines, avec le moyen de les connoître & de les évaluer, par M. Dutens. *Paris, Didot*, 1776, *in-18.* m. cit.

756 Traité des diamans & des perles, trad. de l'Angl. de Jeffries. *Paris, Debure*, 1753, *in-8.* fig. v. m.

757 Effai de criftallographie, par M. de Romé Delifle. *Paris, Didot*, 1772, *in-8.* v. m.

Hiftoire Naturelle des Eaux, Fleuves, &c.

758 Méditations fur l'origine des fontaines,

l'eau des puits, &c. par Kuhn. *Bordeaux*, *Brun*, 1741, *in*-4. br.

759 Histoire physique de la Mer, par le Comte de Marsigli. *Amsterdam*, *Compagnie*, 1725, *in fol.* fig. v. m.

760 Mart. Lister de thermis & fontibus medicatis Angliæ. *Londini*, *Kettilbi*, 1686, *in*-12. br. — Th. Bartholini de unicornu observationes novæ. *Amstelodami*, *Wetstenius*, 1678, *in*-12. fig. br.

Agriculture & Botanique, &c.

761 Dictionnaire économique par Chomel, édition augmentée par de la Marre. *Paris*, 1767, 3 *vol. in-fol.* v. m.

762 L'agronome, dictionnaire portatif du cultivateur. *Paris*, *Veuve Didot*, 1760, 2 *vol. in*-8. v. m.

763 The gardener's dictionary, by Phil. Miller. *London*, *Rivington*, 1752, *in fol.* fig. v. m.

764 Geoponicorum, sive de re rustica libri XX, gr. & lat. cum notis Pet. Needham. *Cantabrigiæ*, *A. & J. Churchill*, 1704, *in*-8. v. b.

765 Theophrastii Eresii opera omnia, gr. & lat. ex recensione Dan. Heinsii. *Lugd. Bat. Orlers*, 1613, *in-fol.* rel. en peau.

766 Scriptores rei rusticæ veteres latini Cato, Varro, &c. cum notis variorum, curante Jo. Matt. Gesnero. *Lipsiæ*, *Casp. Fritsch*, 1773, 2 *vol. in*-4. velin.

767 M. Catonis ac M. Terentii Varronis de

re ruftica libri, per Pet. Victorium reftituti. *Lugduni*, *Gryphius*, 1549, 2 *vol. in*-8. v. m.

768 A new fyftem of agriculture. *London*, *Millar*, 1755, *in*-12. v. b.

769 Traité de la culture des terres, par Duhamel du Monceau. *Paris*, *Guerin*, 1750, *in*-12. fig. m. r.

770 L'Agriculture parfaite, par G. A. Agricola. *Amfterdam*, *de Coup*, 1720, 2 *tom.* rel. en 1 *vol. in*-8. fig. v. m.

771 Philofophie rurale. *Amfterdam*, 1763; *in*-4. v. m.

772 Elémens de Botanique, par Pitton Tournefort. *Paris*, *de l'Imprimerie Royale*, 1694, 3 vol. *in*-8. v. b.

773 Dictionnaire botanique & pharmaceutique. *Paris*, *Didot*, 1751, *in*-8. v. m.

774 Botanical dictionary, by H. Bradley. *London*, *Woodward*, 1728, 2 *vol. in*-8. v. m.

775 Car. Linnæi genera plantarum. *Lugd.* *Bat. Wishoff*, 1742, *in*-8. fig. v. m.

776 Car. Linnæi amœnitates academicæ. *Lugd.* *Bat. Haak*, 1749, 3 *vol. in*-8. fig. v. m.

777 Famille des plantes, par Adanfon. *Paris*, *Vincent*, 1763, 2 *vol. in*-8. fig. v. m.

778 Démonftrations élémentaires de botanique, à l'ufage de l'école vétérinaire. *Lyon*, *Bruyfet*, 1766, 2 *tom.* rel. en 1 *vol. in*-8. v. porph.

779 Mich. Bern. Valentini hiftoria fimplicium reformata. *Francofurti*, 1716, *in-fol.* br.

780 Joan. Jonſtoni dendrographias, ſive hiſt. nat. de arboribus libri X. *Francofurti, Polich*, 1662, *in-fol.* fig. m. r.

781 Traité des arbres & arbuſtes, par Duhamel du Monceau. *Paris, Guerin*, 1755, 2 *vol. in-4.* fig. v. m.

782 Tractatus de arboribus coniferis & pice conficienda, a Jo. Conr. Axtio. *Ienœ, Bielkius*, 1679, *in-12.* br. = Hiſtoire naturelle du Canada, par P. Boucher. *Paris, Lambert*, 1664, *in-12.* parch.

783 Hiſtoire des plantes de l'Europe, par Bauhin. *Lyon, Duplain*, 1762, 2 *vol. in-12.* v. m.

784 Hiſtoire des plantes de la Guyane Françoiſe, par Fuſée Aublet. *Paris, Didot jeune*, 1775, 4 *vol. in-4.* fig. v. m.

Hiſtoire naturelle des Animaux.

785 Dictionnaire univerſel des animaux, par de la Chenaye des Bois. *Paris, Bauche*, 1759, 4 *vol. in-4.* v. m.

786 Syſtême naturel du regne animal, par Briſſon. *Paris, Bauche*, 1754, *in-8.* fig. v. m.

787 Le regne animal diviſé en ſix claſſes, par Briſſon. *Paris, Bauche*, 1756, *in-4.* v. m.

788 Zoologie univerſelle & portative, par l'Abbé Playcard, Aug. Fid. Ray. *Paris, Veuve Valade*, 1788, *in-4.* br.

789 Gualt. Charleton exercitationes de differentiis & nominibus animalium. *Oxoniœ, e Th. Sheldon.* 1677, *in-fol.* fig. v. b.

790 Jo. Alphonſ. Borellus de motu animalium, ex recenſione Jo. Bernoullii. *Hag. Comit. Goſſe*, 1743, *in-*4. fig. v. m.

791 Æliani de natura animalium libri XVII, gr. & lat. cum notis variorum, curante Ab. Gronovio. *Londini, Gul. Bowyer*, 1744, 2 *vol. in-*4. v. m.

792 Jo. Jonſtoni hiſtoria naturalis de quadrupedibus, de avibus, &c. *Amſtelodami*, 1657, 2 *vol. in-fol.* fig. m. r.

793 Henr. Ruiſch theatrum univerſale omnium animalium. *Amſtelodami, Wetſtein,* 1718, 2 *vol. in-fol.* v. m.

794 Mémoires pour ſervir à l'hiſtoire naturelle des animaux & des plantes, par MM. de l'Académie des Sciences. *Amſterdam, Mortier*, 1736, *in-*4. fig. v. f.

795 G. Chriſt. Pet. ab Hartenfels, Elephantographia curioſa. *Lipſiæ, Funckius*, 1723, *in-*4. fig. v. b.

Hiſtoire naturelle des Oiſeaux.

796 Jac. Th. Klein hiſtoriæ avium prodromus. *Lubecæ, Schmidt*, 1750, *in-*4. fig. br.

797 L'hiſtoire de la nature des oiſeaux, par P. Belon. *Paris, Cavellat*, 1555, *in-fol.* fig. v. f. l. r.

798 Hiſtoire naturelle des oiſeaux, par El. Albin. *La Haye, de Hondt*, 1750, 3 *vol. in-*4. fig. v. b.

799 L'Ornithologie, qui traite des oiſeaux de terre, de mer & de riviere, par Salerne. *Paris, De Bure*, 1767, *in-*4. fig. br.

800 Histoire naturelle des oiseaux par M. de Buffon. *Paris, de l Imprimerie royale*, 1772, 2 *vol. in fol.* Gr. Pap. en feuilles, & 553 planches coloriées.

Histoire naturelle des Poissons &des Coquilles.

801 Hyppol. Salviani aquatilium animalium historia. *Romæ*, 1554, *in-fol.* fig. bas.

802 L'Histoire entiere des poissons, trad. de Rondelet. *Lyon, Bonhomme*, 1558, 2 tom. rel. en 1 *vol. in-fol.* fig. v. m.

803 Petri Artedi ichthyologia. *Lugd. Bat. Wishoff*, 1738, *in* 8. v. m.

804 Jo. H. Linckii de stellis marinis liber, cum observationibus Christ. Gob. Fischer. *Lipsiæ, Schusterus*, 1733, *in-fol.* fig. Ch. Mag. v. b.

805 Piscium quærelæ & vindiciæ expositæ a Jo. Jac. Scheuchzero. *Tiguri*, 1708. = De cristallorum generatione, auctore Mart. Kahler. *Upsaliæ*, 1747, *in* 4. fig. br.

806 Thesaurus imaginum piscium testaceorum, auctore Georg. Ev. Rumphio. *Hagæ Comit. de Hondt*, 1739, *in-fol.* fig. v. m.

807 Index testarum conchyliorum quæ adservantur in musæo Nic. Gualtieri. *Florentiæ, Albizzini*, 1742, *in-fol.* v. f.

808 La Lithologie & la Conchyliologie, par M. d'Argenville. *Paris, Debure*, 1742, *in*-4- fig. v. m. = La Zoomorphose, ou représentation des animaux à coquilles, avec leurs explications, par le même. *Paris, De Bure*, 1757, *in*-4, fig. br.

809 Jani Planci de conchis minus notis liber. *Venetiis, Pasquali,* 1739, *in-*4. fig. vel.

810 Ordre naturel des ourfins de mer & des foffiles, par Klein. *Paris, Bauche,* 1754, *in-*8. fig. v. m.

811 An effay towards a natural hiftory of the corallines, by John Ellis. *London, Millar,* 1755, *in-*4. fig. v. m.

Hiftoire des Infectes.

812 Jo. Swammerdamii biblia naturæ, five hiftoria infectorum, Belg. & Lat. *Leidæ, Severinus,* 1737, 3 *vol. in-fol.* br. en cart.

813 Hiftoire générale des infectes par J. Swammerdam. *Utrecht,* 1682, *in-*4. fig. v. b.

814 Hiftoire abrégée des infectes, par Geoffroy. *Paris, Durand,* 1764, 2 *vol. in-*4. v. m.

815 Hiftoire naturelle des abeilles, par Bazin. *Paris, Guerin,* 1744, 2 *vol. in-*12. fig. v. f.

816 Abrégé de l'hiftoire des infectes, par Bazin. *Paris, Guerin,* 1747, 4 *vol. in-*12. fig. v. f.

817 Differtation fur la génération & les transformations des infectes de Surinam, par M. Sib. Merian. *La Haye, Goffe,* 1726, *in-fol.* fig. v.

Hiftoire naturelle des différens pays.

818 Mémoires pour l'hiftoire naturelle de la province de Languedoc, par Aftruc. *Paris, Cavelier,* 1740, *in-*4. v. m.

819

819 Danubius Pannonicomyſicus , obſerva-
tiónibus geographicis , aſtronomicis. , &c.
perluſtratus ab Al. Ferd. Comite Marſili.
Hagæ Comit. Goſſe , 1726, 6 *tom. rel. en*
3 *vol. in-fol.* fig. v. m.

820 Itinera Alpina, facta annis 1702—1711,
à Jo. Jac. Scheuchzero. *Lugd. Bat. Van-*
der Aa , 1723 , 4 *vol. in-4.* fig. v. m.

821 Voyages dans les Alpes , précédés d'un
eſſai ſur l'hiſtoire naturelle de Geneve , par
de Sauſſure. *Neufchatel* , *Fauche* , 1780 ,
4 *vol. in-8.* rel. en cart.

822 Pinax rerum naturalium Britannicarum ,
authore Chriſt. Merrett. *Londini* , *Roycroft* ,
1667 , *in-12.* baſ.

823 Hiſtoire des ſingularités naturelles d'Angleterre , d'Ecoſſe & du pays de Galles ,
trad. de Childrey , par Briot. *Paris* , *de*
Ninville , 1667 , *in-12.* parch. == Hiſtoire
naturelle d'Irlande , trad. de Gerard Boate.
Paris , *de Ninville* , 1666 , *in-12.* parch.

824 The natural hiſtory of Oxford-Shire , by
Rob. Plot. *Oxford* , *Lichfield* , 1705 , *in-*
fol. fig. v. m.

825 The natural hiſtory of Stafford-Shire , by
Rob. Plot. *London* , *Brome* , *in-fol.* fig. rel.
en cart.

Le frontiſpice eſt fait à la plume.

826 The natural hiſtory of Cornwall , by Will.
Borlaſe. *Oxford* , *Sandby* , 1758 , *in-fol.* fig.
v. m.

827 An eſſay towards a natural hiſtory of
Weſtmorland , and Cumberland , by Th.

F

Robinfon. *London*, *Freeman*, 1709, *in-*8. v. b.

828 Scotia illuftrata, five prodromus hiftoriæ naturalis, auct. Rob. Sibbaldo. *Edinburgi*, *Kniblo*, 1696, *in-fol.* fig. v. b.

829 A natural hiftory of Ireland. *Dublin*, *Grierfon*, 1726 *in-*4. fig. v. m.

830 Hiftoria naturalis curiofa regni Poloniæ, opera Gab. Rzaczynsky. *Sandomiriæ*, 1721, *in-*4. baf.

831 Hiftoire naturelle de l'Iflande, du Groën-land, &c, par Anderfon. *Paris*, *Jorry*, 1750, 2 *vol. in-*12. v. m.

832 Amœnitates exoticæ; quibus continentur variæ relationes, obfervationes & defcrip-tiones rerum Perficarum & ulterioris Afiæ, auct. Engelb. Kœmpfero. *Lemgoviæ*, *Meye-rus*, 1712, *in-*4. fig. v. f.

833 Profperi Alpini hiftoria naturalis Ægypti. *Lugd. Bat. Potuliet*, 1735, *in-*4. fig. v. m.

834 Hiftoire naturelle du Sénégal, par Adanfon. *Paris*, *Bauche*, 1757, *in-*4. fig. v. m.

835 Hiftoire naturelle & civile de la Cali-fornie. *Paris*, *Durand*, 1767, 3 *vol. in-*12. v. m.

836 An effay on the natural hiftory of Guiana, in fouth America. *London*, *Becket*, 1769, *in-*8. v. m.

Hiftoire naturelle des chofes extraordinaires, monftres, prodiges, &c.

837 Palæphatus de incredibilibus, Græce,

recensuit Joh. Frid. Fischerus. *Lipsiæ, Langenhemius*, 1770, *in-8.* vel.

838 Phlegontis Tralliani opuscula gr. & lat. ex recens. Jo. Meursii cum annotationibus Jo. G. Frid. Franzii. *Halæ Magdeburg. Jo. Christ. Hendel*, 1775, *in-8.* vel.

Mélanges d'histoire naturelle.

839 Recueil de différens traités de physique & d'histoire naturelle, par Deslandes. *Paris, Quillau*, 1750, 3 *vol. in-12.* fig. v. m.

840 Bibliotheque de physique & d'histoire naturelle. *Paris, Veuve David*, 1758, 5 *vol. in-12.* v. m.

841 Mélanges d'histoire naturelle, par Alleon Dulac. *Lyon, Duplain*, 1763, 6 *vol. in-8.* v. éc.

842 Recherches & observations naturelles de Boccone. *Amsterdam, Waesberge*, 1674, *in-8.* fig. vel.

843 Introductio in notitiam rerum naturalium & arte factarum, Jo. Christ. Rieger digessit. *Hagæ Comit. Gosse*, 1742, 4 *vol. in-4.* v. m.

844 Mémoire instructif sur la maniere de rassembler, de préparer, &c. les diverses curiosités d'histoire naturelle. *Lyon, Bruyset*, 1758, *in-8.* fig. br.

845 Musæum Wormianum, ab Olao Wormio. *Lugd. Bat. Elzevier*, 1655, *in-fol.* fig. v. b.

846 Description du cabinet royal de Dresde, touchant l'histoire naturelle. *Dresde, Walther*, 1755, *in-4.* v. m.

847 Museum Tessinianum , suecice & lat.
Holmiæ, Salvius, 1753, in-fol. fig. br.

MÉDECINE.

Introductions , Cours , & Dictionnaires
de Médecine.

848 Histoire de la médecine , par Daniel
Le Clerc. *La Haye, Vander Kloot,* 1729,
in-4. v. m.

849 Histoire de la médecine , par Freind ,
trad. par Est. Coulet. *Leide , Langerak,*
1727, 3 *vol. in-12.* v. m.

850 Bibliotheque en abrégé de la vraie médecine, conduite par la lumiere. *Amsterdam,*
1745, 2 *tom. rel. en* 1 *vol. in-12.* v. m.

851 Lexicon physico-medicum, or a new medi-
cinal dictionary , by John Quincy. *London,*
Longman, 1736, *in-8.* v. b.

852 Dictionnaire historique de la médecine ,
par Eloy. *Paris , Hochereau,* 1756, 2 *vol.*
in-8. v. m.

Médecins anciens & modernes , &c.

853 Hippocratis Coi opera omnia , gr. & lat.
cum notis varior. ex recensione Jo. Ant.
Vander Linden. *Lugd. Bat. Gaasbeeck ,*
1665, 2 *vol. in-8.* v. b.

854 Hippocrates contractus , studio Th. Burnet.
Londini, Davis, 1743, *in-12.* v. m.

855 Hippocratis aphorismi, gr. & lat. ex recensione Jo. Chr. Rieger. *Hagæ Comit.*
Van Cleef, 1767, 2 *vol. in-8.* vel.

856 Œuvres d'Hippocrate, trad. par Dacier. *Paris*, 1697, 2 *vol. in-*12. v. b.

857 Nicandri theriaca & alexipharmaca, gr. & lat. curante Aug. Mar. Bandinio. *Florentiæ, ex Offic. Mouckiana*, 1764, *in-*8. vel.

858 Medicæ artis principes, ex recensione Henr. Stephani. *Excudébat Henr. Stephanus*, 1567, 2 *vol. in-fol.* m. r.

859 A. Corn. Celsi de medicina libri octo, cum notis variorum. *Lipsiæ, Fritsch*, 1766, *in-*8. v. m.

860 A. Corn. Celsi de re medica libri octo, recensuit Jo. Valart. *Parisiis, Didot*, 1772, *in-*12. v. f.

861 Ortus medicinæ. Id est, initia physicæ inaudita auct. Jo. Bapt. Van Helmont. *Amsterodami, Lud. Elzevirius*, 1648, *in-*4. v. b.

862 G. Baglivi opera omnia medico-practica. *Lugduni, Bruyset*, 1745, *in-*4. v. m.

863 Th. Sydenham opera universa. *Lugd. Bat. Jo. A. Kerchem*, 1726, *in-*8. vel.

864 Herm. Boerhaave prælectiones academicæ in proprias institutiones rei medicæ, edidit Alb. Haller. *Gottingæ, Vandenhoeck*, 1740, 7 *vol. in-*12. baf.

865 Alberti V. Haller primæ lineæ physiologiæ. *Edinburgi, Drummond*, 1767, *in-*8. v. éc.

866 Elémens de physiologie, par Haller. *Paris, Prault*, 1752, *in-*8. v. m.

867 De virginitate, virginum statu & jure tractatus jucundus, per H. Kornmannum. *Linea amoris, &c. Coloniæ, Marteau*, 1665, *in-*12, v. m.

868 Tableau de l'Amour conjugal, par Nic.
Venette, Londres, 1751, 2 vol, in-12 fig.
v. m.

869 An essay of health, by G. Cheyne. London, Straham, 1745, in-8. v. b.

870 The cook's and confectioner's dictionary,
by John Nott. London, Rivington, 1723,
in-8. v. b.

871 Nosologie méthodique, dans laquelle les
maladies sont rangées par classes, par Fr.
de Boissier de Sauvages. Paris, Herissant,
1771, 3 vol. in-8. v. m.

872 Médecine domestique, trad. de Guil. Buchan, par J. D. Duplanil. Paris, Froullé,
1783, 5 vol. in-8. v. m.

873 La Médecine pratique de Londres, trad.
par M. de Villiers. Paris, Segaud, 1778,
in-8. v. f.

874 Médecine de l'esprit, par Le Camus.
Paris, Ganeau, 1769, 2 vol. in-12. v. m.

875 Jo. H. Meibomii de flagrorum usu in
re veneria, & lumborum renumque officio.
Lugd. Bat. in-12. v. b.

876 Tractatus de materia medica, auct. Steph.
Fr. Geoffroy. Parisiis, Desaint, 1741, 3
vol. in-8. br.

877 Traité de la matiere médicale, par Geoffroy. Paris, Desaint, 1743, 17 vol. in-12,
v. m.

878 Abrégé de toute la Médecine pratique, par
Allen. Paris, Veuve Cavelier, 1752, 7 vol.
in-12.

879 Précis de la médecine pratique, par Lieutaud, Paris, Vincent, 1769, 2 vol. in-8. v. m.

880 A differtation upon the nerves, by W. Smith. *London*, *Owen*, 1768, *in*-8. br.

881 Obfervation on the nature, caufes and cure of thofe diforders called nervous hypocondriac, or hyfteric, by Rob. Whitt. *Edinburgh*, *Becket*, 1765, *in*-8. br.

882 Ventriculi querelæ & opprobria, opera & ftudio Bern. Swalve. *Amfelodami*, *Waefberge*, 1664, *in*-12. v. f.

883 A mechanical account of poifons, by Richard Mead. *London*, *Brindley*, 1745, *in*-8. v. f.

884 An effay on the virtues of lime-water in the cure of the ftone, by Rob. Whytt. *Edinburg*, *Balfour*, 1755, *in*-12. br. == Traité des eaux minérales de Spa, par J. Ph. de Limbourg. *Leide*, *Luzac*, 1754, *in*-12. v. m.

885 Recherches fur quelques points de l'hiftoire de la médecine, concernant l'inoculation. *Paris*, *Cailleau*, 1764. 2 *vol. in*-12. v. m.

886 Th. Bartholini acta medica & philofophica Hafnienfia, ann. 1671, & 1672. *Hafniæ*, 1673, *in*-4. fig. br. en cart.

887 Commentarii de rebus in fcientia naturali & medicina geftis. *Lipfiæ*, *Gleditfch*, 1752, 18 *vol. in*-8. v. m. & br.

888 Traité des principaux objets de médecine, par Robert. *Paris*, *Lacombe*, 1766, 2 *vol. in*-12. v. m.

889 Anecdotes de médecine. *Lille*, *Henry*, 1766, 2 *tom. rel. en* 1 *vol. in*-12. v. porph.

890 Fr. Hofmanni differtationes phyfico-me-

dicæ curiofæ. *Lugd. Bat. Haak*, 1708, *in-*
8. v. b.

891 Caractere des médecins, d'après Péné-
lope, de feu M. de la Mettrie. *Paris*, 1760,
*in-*12. v. m.

Chirurgie & Anatomie.

892 Chirurgie complette, fuivant le fyftême
des modernes. *Paris*, *Veuve d'Houry*,
1757, 2 vol. *in-*12. v. m.

893 Elémens d'anatomie raifonnée, par Per-
fon. *Paris*, *Defaint*, 1763, *in-*8. fig. v.
m.

894 Th. Bartholini anatome. *Lugd. Bat. Hac-*
kius, 1673, *in-*8. fig. vel.

895 Anatomia corporum humanorum, a Guil.
Cowper, curante Guil. Dundaff. *Lugd. Bat.*
Langerak, 1739, *in-fol.* fig. v. m.

896 Expofition anatomique de la ftructure du
corps humain, par J. Benig. Winflow.
Paris, *Defprez*, 1732, *in-*4. fig. v. m.

Pharmacie.

897 Dictionnaire des drogues, par Nic. Lémery.
Rotterdam, *Hofhout*, 1727, *in-*4. fig. v. b.

898 The new difpenfatory, containing the
theory and practice of pharmacy. *Lon-*
don, *Nourfe*, 1753, *in-*8. v. m.

899 Samuelis Dalei pharmacologia, feu ma-
nuductio ad materiam medicam. *Lugd. Bat.*
Langerak, 1739, *in-*4. br.

Chymie.

900 Herm. Boeraave elementa chemiæ. *Pa-*

rifiis , *Cavelier* , 1733 , 2 *vol. in-*4. v. f.

901 Elémens de chymie , par Boerhaave , trad. par Allamand. *Amflerdam* , *Arkflée* , 1752 , 2 *vol. in-*8. v. m.

902 Elémens de chymie de Juncker , trad. par Demachy. *Paris* , *Hardy* , 1757 , 6 *vol. in-*12. v. f.

903 Elémens de chymie-pratique , par Macquer. *Paris* , *Didot* , 1756 , 3 *vol. in-*12. v. m.

904 H. Frid. Teichmeyeri inftitutiones chemiæ. *Jenæ* , *Schulzius* , 1752 , *in-*4. v. m.

905 Rud. Aug. Vogel inftitutiones chemiæ. *Gottingæ* , *Luzac* , 1755 , *in-*8. v. m.

906 Jac. R. Spielmann inftitutiones chemiæ. *Argentorati* , *Baverus* , 1766 , *in-*8. baf.

907 Inftituts de chymie , par J. R. Spielmann , trad. par Cadet. *Paris* , *Vincent* , 1770 , 2 *vol. in-*12. v. m.

908 Inftituts de chymie , par Demachy. *Paris* , *Lottin jeune* , 1766 , 2 *vol. in-*12. v. porph.

909 G. Wolg. Wedelii compendium chemiæ. *Jenæ* , *Bielkius* , 1715 , *in-*4. v. m.

910 Dictionnaire de chymie , par Macquer. *Paris* , *Didot* , 1778 , 3 *vol. in-*8. v. m.

911 Guerneri Rolfincii ad chymiam in artis formam redactam , breves notæ. *Jenæ* , 1669 , *in-*4. v. m.

912 Jac. le Mortii chymiæ veræ nobilitas & utilitas , in phyfica , &c. *Lugd. Bat. Haaring* , 1696 , *in-*4. v. m.

913 Jo. Hartmanni praxis chymiatrica. *Genevæ* , *Chouet* , 1685 , *in-*8. v. m. — Pharmacopea fpagyrica , per Jo. R. Glauberum. *Amflelodami* , 1654 , *in-*8. vel.

914 A courſe of practical chemiſtry, by Will. Lewis. *London*, *Nourſe*, 1746, *in*-8. fig. v. m.

915 Chymie médicinale, par Malouin. *Paris*, *d'Houry*, 1755, 2 *vol. in*-12. v. m.

916 A compleat body of chemiſtry, by Nic. Lefebvre. *London*, *Pullein*, 1670, *in*-4. v. b.

917 Traité de la chymie, par N. Lefebvre. *Paris*, *d'Houry*, 1674, 2 *vol. in*-12. v. b.

918 Cours de Chymie, par Lemery, augmenté par Baron. *Paris*, *Hériſſant*, 1756, *in*-4. v. m.

919 Prælectiones Chymicæ habitæ à Jo. Freind. *Amſtelodami*, *Waeſbergius*, 1710, *in*-12. v. b. — Diſſertation ſur l'Æther, par Baumé. *Paris*, *Hériſſant*, 1757, *in*-12, v. m.

920 Philoſophical principles of univerſal chemiſtry, by Pet. Shaw. *London*, *Oſborne*, 1730, *in*-8. v. b.

921 Three eſſays in artificial philoſophy, or univerſal chemiſtry, by P. Shaw. *London*, *Oſborne*, 1731, *in*-8. v. m.

922 Chemical lectures, by Peter Shaw. *London*, *Shuckburgh*, *in*-8. v. b.

923 Leçons de chymie, par P. Shaw. *Paris*, *Hériſſant*, 1759, *in*-4. v. m.

924 Pet. Gerike fundamenta chemiæ rationalis. *Lipſiæ*, *Meiſnerus*, 1740, *in*-12. v. m.

925 G. Erneſt. Stahlii fundamenta chemiæ dogmaticæ. *Norimbergæ*, *Endterus*, 1746, 2 *vol. in*-4. v. m. — Ejuſdem opuſculum chymico-phyſico-medicum. *Halæ Magdeb.* 1740, *in*-4. v. m.

926 Conspectus chemiæ theoretico-practicæ, e dogmatibus Becheri & Sthalii, autore Jo. Junckero. *Halæ Magd.* 1744, 2 *vol. in-4. v. m.*

927 Jo. Joach. Becheri opuscula chymica rariora. *Norimbergæ, Tauberus,* 1719, *in-8. v. m.*

928 Frid. Hofmanni observationes physico-chymicæ selectiores. *Halæ,* 1736, *in-4. v. m.*

929 Manuel de chymie, par Baumé. *Paris, Didot,* 1763, *in-12. v. m.*

930 Jo. H. Pott, exercitationes chymicæ. *Berolini, Rudigerus,* 1738, *in-4. v. m.*

931 Jo. H. Pott observationes chymicæ circa sal commune, acidum salis vinosum, &c. *Berolini, Rudigerus,* 1759, *in-4. v. m.*

932 Dissertations chymiques de Pott, trad. par Demachy. *Paris, Hérissant,* 1759, 4 *vol. in-12. v. m.*

933 Opuscules chymiques de Margraf. *Paris, Vincent,* 1762, 2 *vol. in-12. v. m.*

934 Expériences physiques & chymiques, trad. de Lewis, par de Puisieux. *Paris, Desaint,* 1768, 3 *vol. in-12. v. m.*

935 Institutes of experimental chemistry. *London, Nourse,* 1759 2 *vol. in-8. v. m.*

936 Collectanea chymica Leidensia, collegit Christ. Love Morley. *Lugd. Bat. Drummond,* 1684, *in-4. v. b.*

937 Urb. Hierne acta chemica Holmiensia. *Stockholmiæ, Salvius,* 1753, *in-8. v. m.*

938 Recueil des mémoires les plus intéressans de chymie, contenus dans les actes de

l'Académie d'Upfal. *Paris*, *Didot*, 1764, 2 *vol. in-*12. v. éc.

939 Differtationes variæ hiftoriam naturalem, mineralogiam & chemiam fpectantes. 5 *vol. in-*4. fig. v. m.

940 Differtationes chemicæ, hiftoriæ natu-ralis, &c. *in-*4. fig. v. m.

941 Differtationes variæ chemicæ. *in-*4. v. m.

942 Mémoire fur l'action d'un feu égal, violent, fur un grand nombre de terres, de pierres, &c. par M. d'Arcet. *Paris*, *Cavelier*, 1766, *in-*8. v. m.

943 Effais de chymie fur la chaux vive, &c. trad. de Meyer, par Dreux. *Paris, Cavelier*, 1766, 2 *vol. in-*12. v. m.

944 Experimental effays, on the fermentation of alimentary mixtures, on the fixed air, &c. by Dav. Macbride. *London, Millar*, 1764, *in-*8. br.

945 Effai Analytique fur l'Air pur, & les différentes efpèces d'air, par de la Methérie. *Paris, Cuchet*, 1788, 2 *vol. in-*8. rel. en cart.

946 The art of making common falt, by Will. Brownrigg. *London, Davis*, 1748, *in-*8. v. m.

947 De atramentis cujufcumque generis opus, auct. Pet. Maria Canepario. *Londini*, *Martin*, 1660, *in-*4. v. b.

948 Les fecrets & les fraudes de la chymie & de la pharmacie modernes dévoilés. *La Haye, Goffe*, 1759, *in-*8. v. m.

Alchymie.

949 Hiſtoire de la philoſophie hermétique. *Paris, Couſtelier*, 1742, 3 *vol. in-*12. v. m.

950 Les Fables Egyptiennes & Grecques dévoilées & réduites au même principe, par Dom Ant. Joſ. Pernety. *Paris, Bauche*, 1758, 2 *vol. in-*8. v. m.

951 Theatrum chemicum. *Argentorati, Zetznerus*, 1659, 6 *vol. in-*8. v. b.

952 La philoſophie naturelle rétablie en ſa pureté, par le Préſident l'Eſpagnet. *Paris, Pépingué*, 1651, *in-*8. v. b.

953 Furni novi philoſophici, per Jo. Rud. Glauberum. *Amſtelodami, Janſſonius*, 1661, *in-*8. fig. v. m.

954 Philaletes illuſtratus, ſeu introitus apertus ad ocultum regis Palatium. *Francofurti, Andreas*, 1706, *in-*12. v. b.

955 Rares expériences ſur l'eſprit minéral, pour la préparation & tranſmutation des corps métalliques. *Paris, Langlois*, 1668, *in-*8. v. b.

Mathématiques.

956 Cours de mathématiques, par Bezout. *Paris, Muſier*, 1767, 6 *vol. in-*8. v. m.

957 Récréations mathématiques, par Ozanam. *Paris, Jombert*, 1725, 4 *vol. in-*8. v. m.

958 Œuvres philoſophiques & mathématiques de G. J. s'Graveſande, publiées par J. Nic. Seb. Allamand. *Amſterdam*, 1774, *in-*4. v. m.

959 Nova geometria practica, auctore Seb. le Clerc. *Amstelodami, Gallet,* 1692, *in-12.* fig. v. f.

960 Observations on reversionary payments; on schemes for providing annuities for widows, &c. or the method of calculating the values of assurances on lives, by Ric. Price. *London, T. Cadell,* 1772, *in-8.* v. m.

961 Essai sur l'application de l'analyse à la probabilité des décisions rendues à la pluralité des voix, par M. le Marquis de Condorcet. *Paris, de l'Imprimerie Royale,* 1785, *in-4.* br.

Astronomie.

962 Abrégé d'astronomie, par M. de la Lande. *Paris, Veuve Desaint,* 1774, *in-8.* v. m.

963 Procli Diadochi paraphrasis in Ptolomæi libros IV, de siderum effectionibus, Gr. & Lat. edente Leon. Allatio. *Lugd. Bat. ex offic. Elzeviriana,* 1635, *in-8.* v. f.

964 Marci Manilii Astronomicon, cum notis R. Bentleii. *Londini, Vaillant,* 1739, *in-4.* v. m.

965 Atlas cœlestis, studio Jo. Gab. Doppelmaieri. *Norimbergæ,* 1742, *in-fol.* v. m.

Astrologie.

966 Astrologiæ nova methodus Fr. Allæi. (Patris Yvonis Capucini). 1658, *in-fol.* parc.

967 Artemidori & Achmetis Oneirocritica Gr. & Lat. cum notis Nic. Rigaltii. *Lutetiæ, Orry,* 1603, *in-4.* v. f.

968 Censorini liber de die natali, cum notis
variorum, curante Sig. Havercampo. *Lugd.
Bat. Sam. Luchtmans*, 1767, *in-8.* v. f.

969 Les Propheties de Michel Noftradamus.
Lyon, 1568, *in-8.* v. f.

970 La concordance des Prophéties de Noftradamus avec l'hiftoire, par Guynaud.
Paris, Morel, 1693, *in-12.* v. b.

Hydraulique, &c.

971 Del modo di regolare i fiumi, e i tor-
renti libri tre del P. D. Paolo Frifi, feconda
edizione. *in-4.* br.

972 Traité des horloges marines, par Ferd.
Berthoud. *Paris, J. B. G. Mufier*, 1773 ;
in-4. fig. v. m.

973 Mémoire fur la mufique des Anciens,
par l'Abbé Rouffier. *Paris, Lacombe*, 1770 ;
in-4. br.

974 The prefent ftate of mufic in France and
Italy, by Charles Burney. *London, Becket*,
1771, *in-8.* br.

ARTS.

Dictionnaires des Arts, &c.

975 De l'origine des loix, des arts & des
fciences, par Goguette. *La Haye, Goffe*.
1758, 6 tom. rel. en 2 vol. *in-12.* v. m.

976 Lettres fur l'origine des fciences, par

M. Bailly. *Paris, Debure,* 1777, *in-8.*
v. m.

977 Parallèle des Anciens & des Modernes,
en ce qui regarde les arts & les sciences,
par Perrault. *Paris, Coignard,* 1692, 4
vol. in-12. v. m.

978 Encyclopédie, ou dictionnaire raisonné
des sciences, des arts & des métiers, mis
en ordre & publié par MM. Diderot &
d'Alembert. *Paris, Briasson,* 1751, 35 *vol.*
in-fol. fig. v. m. Les 7 derniers vol. br.
Premiere édition.

979 Dictionnaire portatif des beaux arts,
par Lacombe. *Paris, Veuve Estienne,* 1752,
in-8. v. m.

980 A new and complete dictionary of arts
and sciences : by a society of Gentlemen.
London, W. Owen, 1754, 4 *vol. in-8.*
fig. v. m.

981 Secrets concernant les arts & métiers.
Bruxelles, 1747, 4 *vol. in-12.* v. m.

982 Description des arts & métiers, nouvelle
édition, publiée avec les observations de
J. E. Bertrand. *Neufchâtel,* 1771, 18 *vol.*
in-4. fig. rel. & br.

983 Epreuves des caracteres de la fonderie
de Nic. Gando. *Paris,* 1745, *in-4.* v. m.

Arts de la Peinture, &c.

984 Reflexions on the painting and sculpture
of the Greecks, translated from the Ger-
man of the abbé Winkelmann, by H. Fuf-
feli. *London, Millar,* 1765, *in-8.* br.

985

985 Polymetis : or , an enquiry concerning
the agrement between the workſ of the
Roman poets , and the remains of the an-
tient artiſts, by M. Spence. *London , Dod-*
ſley , 1747, *in-fol. fig.* m. bl.

986 An enquiry in to the beauties of painting, by Dan. Webb. *London , Dilly ,* 1760,
*in-*8. v. m.

987 Recherches ſur les beautés de la peinture , par Dan. Webb. *Paris , Briaſſon ,*
1765, *in-*12. v. éc. — Obſervations ſur
l'Architecture, par Laugier. *Paris , Deſaint,*
1765, *in-*12. v. éc.

988 Sacræ hiſtoriæ acta à Raphaele Urbin,
in Vaticanis xiſtis expreſſa , delineata &
inciſa à Nic. Chapron. *Romæ, in-fol.* v. f.

989 La Vie de S. Bruno, peinte par le Sueur
& gravée par Fr. Chauveau. *Paris , Cou-*
ſinet, in-fol. m. r.

990 Les travaux d'Ulyſſe, peints par Nicolas
& gravés par Th. Van Tulden. *Paris ,*
Tavernier, 1633, *in-*4. *obl.* v. b.

991 Les Amours de Pſiché & de Cupidon,
gravés par Ant. Sal. *in-*4. *obl.* v. b.

Architecture.

992 Dictionnaire de peinture & d'architecture. *Paris , Nyon,* 1746, 2 *vol. in-*12.
v. f. — Vies des premiers peintres du
Roi, par Lepicié. *Paris, Durand,* 1752, 2
tom. rel. en 1 *vol. in-*8. v. m.

993 Cabinet des ſingularités d'architecture,
peinture, &c. par Florent le Comte. *Bru-*

G

xelles, Marchant, 1702; 3 vol. in-12, v. b.

994 Cours d'architecture, par Daviler. Paris, Mariette, 1720, 2 vol. in-4. fig. v. m.

995 Les dix livres d'architecture de Vitruve, trad. par Perrault. Paris, Coignard, 1673, in-fol. fig. m. r.

996 Architecture de Vitruve réduite en abrégé par Perrault. Amsterdam, Gallet, 1681, in-12. fig. v. f. — Règles des cinq ordres d'architecture de J. B. de Vignole, avec les augmentations de Michel-Ange Buonaroti. Utrecht, 1736, in-12. v. f.

997 L'Architettura di M. Vitruvio Pollione colla traduzione Italiana e comento del Marchese Berardo Galiani. In Napoli, della Stamperia Simoniana, 1758, in-fol. fig. br.

998 L'Architecture d'André Palladio, avec les notes d'Inigo Jones. La Haye, Gosse, 1726, 2 vol. in-fol. fig. v. b.

999 Recueil de différentes vues d'édifices, &c. dessinées par J. Marot. in-fol. v. b.

1000 Villa Pamphilia, ejusque palatium, cum suis prospectibus, &c. Romæ, de Rubeis, in-fol. v. b.

1001 Le magnifique château de Richelieu, construit par le Mercier, & gravé par Jean Marot. in-4. oblong, v. b.

1002 Monumens érigés en France à la gloire de Louis XV, par Patte. Paris, chez l'Auteur, 1765, in-fol. fig. v. éc.

1003 Monument élevé à la gloire de Pierre le Grand, &c. par le Comte Marin Carburi. Paris, Nyon, 1777, in-fol. fig. br.

Art Militaire.

1004 Veteres de re militari fcriptores quotquot extant, in unum redacti corpus, cum
notis variorum. *Vefaliæ Clivorum, And.
Ab. Hoogenhuyfen,* 1670, 2 *tom. rel. en*
1 *vol. in-*8. v. b.

1005 Polyæni ftrategematum libri octo, Gr.
& Lat. cum notis variorum. *Lugd. Bat.
Jo. du Vivie,* 1691, *in-*8. vél.

1006 Polyæni ftrategematum libri VIII, Gr.
& Lat. recenfuit Sam. Murfinna. *Berolini,
Haude,* 1756, *in-*8. vél.

1007 Les rules de guerre de Polien, avec
les ftratagêmes de Frontin, trad. en François. *Paris, Ganeau,* 1739, 2 *vol. in-*12.
v. f.

1008 S. Julii Frontini libri quatuor ftrategematicon, cum notis varior. curante Fr. Oudendorpio. *Lugd. Bat. S. Luchtmans,*
1731, *in-*8. vél.

1009 Sexti Julii Frontini ftrategematicon libri tres, emendabat Jofeph. Valart. *Lutetiæ, G. de Bure,* 1763, *in-*12. m. r.

1010 Mémoires militaires fur les Anciens, par
Maubert de Gouveft. *Bruxelles,* 1762,
2 *tom. rel. en* 1 *vol. in-*12. v. m.

1011 Ecole militaire. *Paris, Durand,* 1762,
3 *vol. in-*12. v. m.

1012 Mémoires du Marquis de Feuquieres.
Londres, Dunoyer, 1736, *in-*4. v. m.

1013 Les Rêveries, ou mémoires fur l'art
de la guerre, de Maurice Comte de Saxe,

par de Bonneville. *La Haye , Goffe, 1756,*
2 vol. in-12. fig. v. m.

1014 Hiftoire des campagnes du Maréchal
de Maillebois en Italie, pendant les années
1745 & 1746 , par le Marquis de Pezay.
Paris, de l'Imprimerie Royale, 1775 , 3
vol. in-4. v. m. — Cartes pour les campagnes de Maillebois. *in-fol.* rel. en cart.

Art Pyrotechnique , de la Fonderie , de la
Verrerie , &c.

1015 Pirotechnia compofta per Vannuccio Bi-
ringoccio. *In Vinegia , Comin da Trino ,*
1558, in-4. fig. v. f.

1016 De la Fonte des mines, des fonderies,
&c. trad. de l'Allemand de Chrift. And.
Schlutter, par Hellot. *Paris , veuve Piffot,*
1750, 2 vol. in-4. fig. v. m.

1017 L'Art de la Verrerie , par Haudicquer
de Blancourt. *Paris , Jombert , 1718 , 2*
vol. in-12. fig. v. b.

1018 Art de la Verrerie de Neri, Merret &
Kunckel, trad. de l'Allemand, par M. le
Baron d'Holbach. *Paris , Durand , 1752,*
2 vol. in-4. fig. v. m.

Art Gymnaftique , de la Chaffe , de la
Pêche , &c.

1019 Oppiani de Venatione libri IV. de Pif-
catu libri V, Gr. & Lat. ex recenfione C.
Rittershufii. *Lugd. Bat. Raphelingius ,*
1597 , in-8. vél.

1020 Oppiani de Venatione libri IV. & de
Pifcatione libri V, Gr. & Lat. curavit Jo.

Gott. Schneider *Argentorati*, *Konig*, 1776,
in-8. br. Papier fort.

1021 Rei venaticæ fcriptores, fcilicet : Jani
Ulitii venatio novantiqua , &c. *Ex Offic.*
Elzeviriana , 1643, *in-12*, m. r.

1022 Poetæ Latini rei venaticæ fcriptores &
bucolici antiqui , cum notis varior. cura
Ger. Kempheri.*Lugd. Bat. Jo. Arn. Lan-*
gerak , 1728 , *in-4.* v. b.

1023 Traité de toute forte de chaffe & de pêche.
Amfterdam , *Roger*, 1714, 2 *vol. in-12.*
fig. v. b.

BELLES-LETTRES.

Introduction à l'étude des Belles-Lettres.

1024 COURS des Sciences, fur des principes nouveaux, par le Pére Buffier. *Paris,*
Cavelier, 1732, *in-fol.* v. m.

1025 Cours d'étude pour l'inftruction du
Prince de Parme, par l'Abbé de Condillac.
Parme , de l'Imprimerie Royale , 1775,
16 *tom. rel. en* 14 *vol. in-8.* v. m.

1026 Ecole de Littérature. *Paris , Babuty,*
1764, 2 *vol. in-12.* v. m.

Principes & Traités généraux de la Gram-
maire & des Langues.

1027 Traité de la formation méchanique des

Langues. *Paris*, *Saillant*, 1765, 2 *vol.*
in-12. v. porph.

1028 Logique & principes de grammaire,
par du Marfais. *Paris*, *Briaſſon*, 1769,
in-8. v. éc.

1029 Grammaire générale, par M. Beauzée.
Paris, *Barbou*, 1767, 2 *vol.* *in*-8. v. m.

1030 Hermes : or, a philofophical enquiry
concerning language and univerfal gram-
mar, by James Harris. *London*, *Woodfall*,
1751, *in*-8. v. m.

Grammaires & Dictionnaires des Langues
Hébraïque, &c.

1031 Thefaurus linguæ fanctæ, à Guill. Ro-
bertfon. *Londini*, *Roycroft*, 1680, *in*-4.
vélin.

1032 Liber radicum, five Lexicon Hebraicum,
auct. J. Leon. Reckenbergero. *Jenæ*, 1749,
2 *vol.* *in*-8. v. m.

1033 J. Buxtorfii de abbreviaturis Hebraicis
liber. *Bafileæ*, 1640, *in*-12. v m.

1034 Grammatica Arabica Agrumia appellata,
cum verfione Latina Th. Obicini. *Romæ*,
Typis Cong. de Prop. fide, 1631, *in*-8.
v. f.

1035 Th. Erpenii grammatica Arabica, cum
notis Alb. Schultens. *Lugd. Bat. Luchtmans*,
1748, *in*-4. v. m.

1036 Rudimenta linguæ Perficæ, auct. Lud.
de Dieu. *Lugd. Bat. ex Offic. Elzeviriana*,
1639. — Hiftoria Chrifti, Perfice, a patre
H. Xavier, Lat. reddita, notata a Lud. de
Dieu. *Lugd. Bat. 1639. in*-4. v. b.

Grammaires & Dictionnaires de la langue Grecque.

1037 Inftitutiones linguæ Græcæ, a Nic. Clenardo, recenfitæ a Ger. Jo. Voffio. *Lugd. Bat. de Beunje*, 1740, *in-8.* vél.

1038 Nova via docendi Græca , auct. Jo. Verwey. *Gaudæ, J. Vander Hoeve,* 1702, *in-8.* vél.

1039 Méthode pour apprendre facilement la Langue Grecque , par MM. de Port-Royal. *Paris, Mariette,* 1696 , *in-8.* v. b.

1040 Doctrinæ particularum linguæ Græcæ, auctore Henr. Hoogeveen. *E Typographeo Dammeano,* 1769, 2 *vol. in-4.* v. m.

1041 Græcæ linguæ dialecti , opera Mich. Maittaire , ex recenf. J. F. Reitzii. *Hagæ Comit. Jo. Neaulme,* 1738 , *in-8.* vel.

1042 Fr. Vigeri de præcipuis Græcæ linguæ idiotifmis, libellus, H. Hoogeveen recenfuit. *Lugd. Bat. Langerak,* 1742 , *in-8.* vel.

1043 Julii Pollucis onomafticon Gr. & Lat. edente Tib. Hemfterhuis. *Amftelodami, Wetftein,* 1706, 2 *vol. in-fol.* v. b.

1044 Hefychii Lexicon, Græce, cum notis variorum , ex recenfione Jo. Alberti. *Lugd. Bat. Sam. Luchtmans,* 1746 , 2 *vol. in-fol.* v. m.

1045 Suidæ Lexicon Gr. & Lat. Ludolph. Kufterus recenfuit. *Cantabrigiæ, Typ. Acad.* 1705, 3 *vol. in-fol.* v. f.

1046 Emendationes in Suidam, fcripfit Jo. Toup. *Londini, Whifton,* 1760 , 3 *vol. in-8.* v. m.

1047 Mœridis Atticiftæ Lexicon Atticum, Græ-ce, cum notis Jo. Pierfonii. *Lugd. Bat. Vander Eyk*, 1759, *in*-8. v. m.

1048 Thomæ Magiftri Onomaton Atticon Græ-ce, ex difpofitione Nic. Blancardi. *Lugd. Bat. Vander Eyk*, 1757, *in*-8. v. m.

1049 Harpocrationis lexicon Gr. & Lat. ex recenfione H. Valefii. *Lug. Bat. de la Font*, 1683, *in*-4. v. b.

1050 Rob. Conftantini lexicon, Gr. & Lat. ex recenfione Fr. Porti. 1592, *in-fol.* vel.

1051 H. Stephani thefaurus linguæ Græcæ. *Excudebat H. Stephanus*, 1572, 4 *vol. in-fol.* v. b.

1052 Gloffaria duo e fitu vetuftatis eruta, &c. ftudio H. Stephani. *Excudebat H. Stepha-nus*, 1573, *in-fol.* v. b.

1053 Jo. Scapulæ lexicon Græco Latinum. *Amf-telod. Lud. Elzevirius*, 1652, *in-fol.* v. b.

1054 Corn. Schrevelii lexicon Græco Latinum, a Jof. Hillio. *Amftelodami*, *Boom*, 1709, *in*-8. br.

1055 Græcum lexicon manuale a Benj. He-derico, cura Jo. Aug. Ernefti. *Lipfiæ, Jo. Frid. Gleditfchius*, 1754, *in*-8. v. m.

1056 Græcum lexicon manuale a Benj. Hede-rico, auctum a Th. Morell. *Londini, Wood-fall*, 1766, *in*-4. p. de truie.

1057 Lexicon Græcum etymologicum & reale, collegit Chrift. Tob. Damm. *Berolini, Vof-fius*, 1765, *in*-4. v. f.

1058 Teforo della lingua Greca volgare ed Italiana, opera poftuma dal padre Aleffio da Somavera, e pofta in luce dal padre Tomaſo da Parigi. *Parigi, Guignard,* 1709, *in-*4. v. b.

Grammaires & Dictionnaires de la Langue Latine.

1059 Fr. Sanctii Minerva, feu de cauſis linguæ Latinæ commentarius, cum notis Jac. Perizonii. *Amſtelodami, Vid. Sal. Schouten,* 1754, *in-*8. vel.

1060 Grammaticæ Latinæ auctores, ſtud. Eliæ Putſchii. *Hanoviæ, Marnius,* 1605, *in-*4. v. b.

1061 Auctores Latinæ linguæ, in unum redacti corpus, cum notis D. Gothofredi. *Genevæ, Vignon,* 1622, *in-*4. v. b.

1062 M. Terentii Varronis opera quæ ſuperſunt, ſcilicet de lingua Latina, & de re ruſtica, cum notis Joſ. Scaligeri. *Paris, Cl. Baaleu,* 1585, *in-*8. m. r.

1063 Pompeii Feſti & Marci Verrii Flacci de verborum ſignificatione libri viginti, cum interp. & notis And. Dacerii, ad uſum Delphini. *Pariſiis, Roulland,* 1681, *in-*4. v. b.

1064 Nonius Marcellus de proprietate ſermonis, & Fulgentius Placiades de priſco ſermone, cum notis doctiſſimorum virorum. *Pariſiis, Æg. Beys,* 1583, *in-*8. v. b.

1065 Ambroſii Calepini dictionarium. *Lugduni, Arnauld,* 1681, 2 *vol. in-fol.* v. b.

1066 Rob. Stephani theſaurus linguæ Latinæ. *Baſileæ,* 1740, 4 *vol. in-fol.* v. m.

1067 Baſilii Fabri theſaurus eruditionis ſcholaſticæ, recenſitus a Mat. Geſnero. *Hagæ*

Comit. Neaulme, 1735, 2 *vol. in-fol.* v. f.

1068 Dictionnaire latin-françois & françois-latin, par Danet. *Lyon, Deville,* 1737, 2 *vol. in-*4. v. b.

1069 Jac. Facciolati animadversiones criticæ in Pet. Danetii dictionnarium latino - gallicum. *Patavii, Typ. Seminarii,* 1759, *in-*8. v. m.

1070 Vocabulaire universel latin-françois, par Chompré. *Paris, Guerin,* 1754, *in-*8. v. m.

1071 Thesaurus linguæ Latinæ & Anglicæ, auct. Rob. Ainsworth. *London, Mount,* 1751, *in-*4. v. b.

1072 Glossarium ad scriptores mediæ & infimæ Latinitatis, auct. Car. Dufresne, Dom. Ducange, & D. P. Carpentier. *Paris, Osmont,* 1733 & 1766, 10 *vol. in-fol.* v. m.

Grammaires & Dictionnaires de la Langue Françoise, &c.

1073 Grammaire générale & raisonnée, par Duclos. *Paris, Durand,* 1769, *in-*12. v. m.

1074 Traité de l'ortographe Françoise, par Restaut. *Poitiers, Faucon,* 1770, *in-*8. v. m.

1075 Synonymes François, par l'Abbé Girard. *Paris, le Breton,* 1769, 2 *vol. in-*12. v. m.

1076 Des Tropes, par du Marsais. *Paris, David,* 1757, *in-*8. v. m.

1077 Remarques de Vaugelas sur la langue Françoise, avec les notes de Patru, & de Th. Corneille. *Paris, Prault,* 1738, 3 *vol. in-*12. v. f.

1078 Dictionnaire étymologique de la langue Françoise, par G. Ménage, pub. par A. P. Jault. *Paris, Briaſſon, 1750, 2 vol. in-fol.* v. m.

1079 Dictionnaire du vieux langage François, par Lacombe. *Paris, Panckoucke, 1766, in-8.* v. éc.

1080 Dictionnaire de l'Académie Françoiſe. *Paris, Brunet, 1762, 2 vol. in-fol.* v. m.

1081 Vocabulaire François. *Paris, veuve Regnard, 1771, 2 vol. in-8.* v. m.

1082 Dictionaire de la langue Françoiſe, par P. Richelet. *Amſterdam, 1732, 2 vol. in-4.* v. b.

1083 Dictionnaire grammatical de la langue Françoiſe. *Paris, Vincent, 1768, 2 vol. in-8.* v. m.

1084 Dictionnaire des ſynonimes François. *Paris, Saillant, 1767, in-8.* v. m.

1085 Dictionnaire comique, ſatyrique, &c. par Ph. Joſ. Le Roux. *Amſterdam, Chatelain, 1750, in-8.* v. m.

1086 Dictionnaire néologique par l'Abbé des Fontaines. *Amſterdam, Le Cene, 1728, in-12.* v. m.

1087 Grammaire Françoiſe Celtique, ou Bretonne, par le P. F. Gr. de Roſtrenen. *Rennes, Vatar, 1738, in-8.* v. b.

1088 Dictionnaire François-Breton. *Rennes, Vatar, 17 2, in-4.* v. b.

1089 Dictionnaire de la Langue Bretonne, par D. Louis le Pelletier. *Paris, Delaguette, 1752, in-fol.* v. m.

Grammaires & Dictionnaires des Langues Italienne, &c.

1090 Dictionnaire Italien & François, par Antonini. *Paris, Prault,* 1743, 2 *vol. in-*4. v. m.

1091 Glossarium Germanicum, continens origines & antiquitates totius linguæ Germanicæ, opus Jo. Georg. Wachteri. *Lipsiæ, Gleditschius,* 1737, 2 *vol. in-fol.* v. f. Ch. Mag.

1092 Christ. Got. Haltaus glossarium Germanicum medii ævi. *Lipsiæ, Gleditschius,* 1758, *in-fol.* vel.

1093 Dictionnaire Flamand & François, par Halma. *Amsterdam, Wetstein,* 1727, 2 *vol. in-*4. br.

1094 An universal etymological English dictionary, by N. Bailey. *London, R. Ware,* 1745, *in-*8. v. m.

1095 A Dictionary of the English language, by Sam. Johnson. *London, Millar,* 1766, 2 *vol. in-*8. v. m.

1096 Jo. Sajnovics demonstratio, idioma Ungarorum & Laponum idem esse. *Hafniæ, Salicath,* 1770, *in-*4. br. en cart.

RHÉTORIQUE.

Traités généraux de l'Art oratoire.

1097 La Rhétorique d'Aristote, trad. par Cassandre. *Amsterdam, Covens,* 1733, *in-*12. v. m.

1098 Demetrius Phalereus de elocutione,

Gr. & Lat. *Glafguæ*, *Foulis*, 1743, *in*-8. v. m.

1099 Dionyfii Halicarnaffei de ſtructura orationis liber, Gr. & Lat. cum notis varior. ex recenſione Jac. Upton. *Londini*, *Sam. Smith*, 1702, *in* 8. v. b.

1100 Dionyſii Longini de ſublimitate commentarius, Gr. & Lat. ex recenſione Zach. Pearce. *Amſtelædami*, *R. & J. Veiſtenii*, 1733, *in*-8. vel.

1101 Dionyſii Longini de ſublimitate commentarius, Gr. & Lat. *Glafguæ*, *Foulis*, 1763, *in*-8. v. éc.

1102 P. Rutilii Lupi de figuris ſententiarum & elocutionis libri duo, recenſuit Dav. Ruhnkenius. *Lugd. Bat. S. Luchtmans*, 1768, *in*-8. v. f.

Orateurs Grecs.

1103 Oratorum Græcorum quæ ſuperſunt; Græce, ex recenſione Jo. Jac. Reiske. *Lipſiæ*, *Sommerus*, 1770, 12 *vol. in*-8. vélin.

1104 Lyſiæ Athenienſis orationes, Gr. & Lat. cura Jod. Vander-Heidii. *Hanoviæ*, *Typ. Wechelianis*, 1615, *in*-8. vél.

1105 Lyſiæ Athenienſis orationes, Gr. & Lat. cum notis Jo. Taylori. *Cantabrigiæ*, *G. Thurlbourn*, 1740, *in*-8. v. m.

1106 The Orations of Lyſias and Iſocrates, tranſlated from the Greek, by John Gillies. *Lond. Murray*, 1778, *in*-4. br.

1107 Iſocratis orationes ſeptem & epiſtolæ; Gr. & Lat. cura Gul. Battie. *Cantabrigiæ*,

Typ. Academ. 1719, 2 *vol. in*-8. v. f.

1108 Œuvres completes d'Isocrate, trad. par M. l'Abbé Auger. *Paris, de Bure,* 1781, 3 *vol. in*-8. v. m.

1109 Demosthenis & Æschinis orationes, Gr. & Lat. edidit Jo. Taylor. *Cantabrigiæ, Typ. Acad.* 1769, 2 *vol. in*-8. v. m.

1110 Demosthenis selectæ orationes, Gr. & Lat. cum notis Rich. Mounteney. *Londini, J. Rivington,* 1764, *in*-8. v. m.

1111 Œuvres complettes de Démosthenes & d'Eschine, trad. par M. l'Abbé Auger. *Paris, Lacombe,* 1777, 5 *vol. in*-8. v. f.

1112 Dionis. Chrysostomi orationes, Gr. & Lat. ex recensione Fed. Morelli. *Lutetiæ, Morellus,* 1604, *in-fol.* v. b.

1113 Ælii Aristidis orationum tomi tres, græce, interprete Gul. Cantero. *Oliva Pauli Stephani,* 160?, 3 *tom. en* 1 *vol. in*-8. vél.

1114 Ælii Aristidis opera omnia, Gr. & Lat. cum notis variorum, recensuit Sam. Jebb. *Oxonii, e Th. Sheldon.* 1730, 2 *vol. in*-4. v. f.

1115 Themistii orationes, Gr. & Lat. cum notis D. Petavii, ex recensione J. Harduini. *Parisiis, e Typ. Regia,* 1684, *in-fol.* v. m.

1116 Aphtonii progymnasmata, partim à Rod. Agricola, partim à Jo. M. Cataneo, latinitate donata, cum scholiis R. Lorichii. *Amsterodami, apud Elzevirios,* 1655, *in*-12. vél.

Orateurs Latins, &c.

1117 Conciones & Orationes ex hiſtoricis latinis excerptæ. *Lugd. Bat. ex Offic. Elzeviriana,* 1649, *in-*12. v. m.

1118 Panegyrici veteres, interpretatione & notis illuſtravit Jac. de la Baune, ad uſum Delphini. *Venetiis, Bart. Javarina,* 1728, *in-*4. vél.

1119 M. Tullii Ciceronis opera omnia. *Lugd. Bat. ex Offic. Elzeviriana,* 1642, 10 *vol. in-*12. m. r. doub. de m. r. dent. l. r.

1120 Q. Aſconii Pediani commentationes in aliquot M. Tullii Ciceronis orationes. *Lugd. Bat. Fr. Hackius,* 1644, *in-*12. m. r. doub. de m. r. dent. l. r.

1121 M. Tullii Ciceronis opera omnia, accurante Corn. Schrevelio. *Amſtelodami, Elzevirii,* 1661, 2 *vol. in-*4. v. m.

1122 M. Tullii Ciceronis opera omnia cum notis variorum, ſcilicet. — M. T. Ciceronis ad Quintum fratrem dialogi tres de oratore, ex recenſione T. Pearce. *Cantabrigiæ, C. Crownfield,* 1732, *in-*8. vél. — M. T. Ciceronis academica, cum notis varior. ex recenſione Jo. Daviſii. *Cantab. C. Crownfield,* 1725, *in-*8. vél. — M. T. Ciceronis de finibus bonorum & malorum libri V, cum notis varior. recenſuit Jo. Daviſius. *Cantabrigiæ, C. Crownfield,* 1728, *in-*8. vél. — M. T. Ciceronis Tuſculanarum diſputationum libri V, cum commentario Jo. Daviſii. *Cantabrigiæ, C. Crownfield,* 1730, *in-*8. vél. — M. T. Ciceronis de natura Deorum li-

bri tres, cum notis varior. recenfuit Jo. Davifius. *Cantabrigiæ, C. Crownfield*, 1733,
in-8. vél. — M. T. Ciceronis libri de Di-
vinatione & de fato, cum notis varior. recenfuit Jo. Davifius. *Cantabrigiæ, C. Crownfield*, 1730, *in*-8. vél. — M. T. Ciceronis de Legibus libri tres, cum notis varior.
recenfuit Jo. Davifius. *Cantabrigiæ, G.
Thurlbourn*, 1745, *in*-8. vel. — M. T.
Ciceronis de Officiis libri tres, cum notis
varior. ex recenfione Jo. G. Grævii. *Amftelodami, J. Blaeu*, 1688, *in*-8. vel. — M. T.
Ciceronis orationes, cum notis varior. ex
recenfione Jo. G. Grævii. *Amftelodami J.
Blaeu*, 1699, 6 *vol. in*-8. vel. — M. T.
Ciceronis Epiftolæ ad familiares, cum notis varior. ex recenfione Jo. G. Grævii.
Amftelod. D. Elzevirius, 1677, 2 *vol.
in*-8. vel. — M. T. Ciceronis Epiftolæ ad
T. Pomponium Atticum, cum notis varior. ex recenfione Jo. G. Grævii. *Amftelod.
J. Blaeu*, 1684, 2 *vol. in*-8. vel. — M. T.
Ciceronis Epiftolæ ad Quintum fratrem,
libri tres, & ad Brutum liber, cum notis
variorum. *Hag. Comit. If. Vaillant*, 1725,
in-8. vel. — M. T. Ciceronis, (vel incerti auctoris) Rhetoricorum ad Herennium libri IV, & de inventione libri II, cum notis
varior. curante Pet. Burmanno. *Lugd. Bat.
Sam. Luchtmans*, 1761, *in*-8. vel.

1123 M. Tullii Ciceronis Opera omnia, recenfuit If. Verburgius. *Amftelodami*, 1724,
16 *vol. in*-8. v. m.

1124 M. T. Ciceronis opera omnia, ex recenfione

cenſione & cum notis Joſ. Oliveti. *Pari-ſiis, Coignard,* 1740, 9 *vol. in*-4. v. f.

1125 M. Tullii Ciceronis opera omnia, cura Jo. Aug. Erneſti. *Halæ, Imp. Orphano-trophei,* 1757, 6 *vol. in*-8. vel.

1126 Tuſculanes de Cicéron, trad. par MM. Bouhier & d'Olivet. *Paris, veuve Gan-douin,* 1747, 3 *vol. in*-12. v. m.

1127 Entretiens de Ciceron ſur la nature des Dieux, trad. par l'Abbé d'Olivet. *Paris, Gandouin,* 1732, 2 *vol. in*-12. v. m.

1128 Les deux Livres de la Divination de Ciceron, trad. par l'Abbé Regnier. *Paris, Dupuis,* 1710, *in*-12. v. m.

1129 Les Loix de Ciceron, trad. par Morabin. *Paris, Morin,* 1777, *in*-12. v. m. — Le Songe de Scipion, trad. par Geoffroy. *Paris, Barbou,* 1725, *in*-12. v. b.

1130 Les Offices de Ciceron, trad. par de Barrett. *Paris, Barbou,* 1768, *in*-12. v. m.

1131 Les Livres de Ciceron de la Vieilleſſe & de l'Amitié, trad. par de Barrett. *Paris, Barbou,* 1768, *in*-12. v. m. — Les Phi-lippiques de Démoſthène & les Catilinaires de Cicéron, trad. par l'Abbé d'Olivet. *Par. Gandouin,* 1736, *in*-12. v. m.

1132 Les Oraiſons de Ciceron, trad. par de Villefore. *Paris, Gandouin,* 1732, 8 *vol. in*-12. v. m.

1133 Lettres de Ciceron à Atticus, trad. par l'Abbé Mongault. *Amſterdam,* 1741, 6 *vol. in*.12. v. m.

1134 Tully's five books de finibus : don e into

English , by Jer. Collier. *London, Tonson,*
1702, *in-*8. v. b.

1135 Nizolius , five thefaurus Ciceronianus.
Lugduni, de Harfy, 1580, *in-fol.* v. éc.

1136 M. Fabii Quinctiliani inftitutionum ora-
toriarum libri XII & declamationes , cum
notis variorum. *Lugd. Bat. ex offic. Hac-*
kiana, 1665 , 2 *vol. in-*8. vel.

1137 M. Fab. Quinctiliani opera, edente Pet.
Burmanno. *Lugd. Bat. Severinus,* 1720,
3 *vol. in-*4. vel.

1138 M. Fab. Quinctiliani de inftitutione ora-
toria libri XII, cum commentario Jo. Mat.
Gefneri. *Gottingæ , Vandenhoeck,* 1738,
*in-*4. vel.

1139 Quintilien , de l'inftitution de l'ora-
teur , trad. par Nic. Gedoyn. *Paris,* 1718,
*in-*4. v. b.

1140 C. Plinii Panegyricus liber Trajano
dictus , cum notis variorum. *Lugd. Bat.*
ex Offic. Hackiana, 1675, *in-*8. vel.

1141 C. Plinii Cæcilii Secundi Panegyricus
cum notis varior. curante Jo. Arntzenio.
Amftelodami , Janffonius a Waefberge,
1738, *in-*4. v. f.

1142 Difcours fur l'origine & les fondemens
de l'inégalité parmi les hommes , par J. J.
Rouffeau. *Amfterdam, Rey,* 1755, *in* 8.
v. m. Pap. d'Hollande.

POÉTIQUE.

Poëtes Grecs.

1143 Rob. Lowth de facra poefi Hebræorum, cum notis Jo. Dav. Michaëlis. *Goettingæ, Barmeierus*, 1768, 2 *vol. in-*8. vel.

1144 Les quatre poétiques, avec les traductions & des remarques, par l'Abbé Batteux. *Paris, Saillant*, 1771, 2 *tom. rel. en* 1 *vol. in-*8. v. porph.

1145 La Poétique d'Ariftote, trad. avec des remarques, par Dacier. *Amfterdam, J. Covens*, 1733, *in-*12. v. m.

1146 Poetæ Græci principes heroici carminis, Græce, ex recenfione H. Stephani. *Excudebat H. Stephanus*, 1566, 1 *tom. rel. en* 2 *vol. in-fol.* m. r.

1147 Poetæ minores Græci, Gr. & Lat. cum obfervationibus Rad. Winterroni. *Cantabrigiæ, Hayes*, 1684, *in-*8. baf.

1148 Poetæ minores Græci, Gr. & Lat. *Londini, Innys*, 1739, *in-*8. v. f.

1149 Analecta veterum Poetarum, Græce, editore Rich. Fr. Phil. Brunck. *Argentorati*, 3 *vol. in-*4. br.

1150 Anthologiæ Græcæ a Conftantino Cephala conditæ libri tres, Gr. & Lat. cum commentariis & notitia Poetarum, cura Jo. Jac. Reiske. *Lipfiæ, Gleditfch*, 1754, *in-*8. vel.

1151 Anthologiæ Græcæ a Conſtantino Cephala conditæ libri tres, ad edit. Jo. Jac. Reiske expreſſi. Gr. & Lat. *Oxonii, e Typ. Clarend.* 1766, *in-8.* v. f.

1152 Dicta Poetarum quæ apud Jo. Stobœum extant, Gr. & Lat. edente Hug. Grotio. *Pariſiis, Buon,* 1623 *in-4.* v. f.

1153 Poeſis philoſophica, vel ſaltem reliquiæ poeſis philoſophicæ, Gr. & Lat. ex recenſione H. Stephani. *Excudebat H. Stephanus,* 1573, *in-8.* v. b.

1154 Heſiodi Aſcræi quæ extant, Gr. & Lat. ex recenſione Jo. Clerici. *Amſtelodami, Gallet,* 1701, *in-8.* vel.

1155 Heſiodi Aſcræi quæ ſuperſunt, Gr. & Lat. cum notis variorum, edidit Thom. Robinſon. *Oxonii, e Th. Sheldoniano,* 1737, *in-4.* v. ecc. fig.

1156 Homeri ilias & odyſſæa, cum ſcholiis Didymi, Gr. & Lat. accurante Corn. Schrevelio. *Lugd. Bat. Hackius,* 1656, 2 *tom.* en 1 *vol. in-4.* vel.

1157 Homeri ilias & odyſſæa, Gr. & Lat. curante Jo. H. Lederlino. *Amſtelodami, Wetſtein,* 1707, 2 *vol. in-12.* v. f.

1158 Homeri ilias & odyſſæa, Gr. & Lat. ſtudio Joſuæ Barnes. *Cantabrigiæ, Crownfield,* 1711, 2 *vol. in-4.* v. b.

1159 Homeri ilias & odyſſæa, Gr. & Lat. ex recenſione Sam. Clarke. *Londini, Jo. & P. Knapton,* 1754, 4 *vol. in-4.* v. f.

1160 Homeri ilias & odyſſæa, Græce. *Glaſguæ, Rob. & And. Foulis,* 1756, 2 *vol. in-fol.* m. cit.

1161 L'iliade & l'odissée d'Homere, trad. avec des remarques, par Mme Dacier. *Amsterdam, Wetstein,* 1731, 7 *vol. in-12. fig.* v. m.

1162 L'Iliade, traduction nouvelle, par M. le Brun. *Paris, Ruault,* 1776, 2 *vol. in-12.* v. f.

1163 L'Odyssée d'Homere. *Suivant la copie imprimée à Paris, chez Barbin,* 1682, *in-12.* m. r. *avec les figures de Schoonebeck.*

1164 The iliad and odyssey of Homer, translated by Alex. Pope. *London, H. Lintot,* 1750, 11 *vol. in-12.* v. b.

1165 The Iliad of Homer, translated by Jam. Macpherson. *London, Becket,* 1773, 2 *vol. in-4.* br.

1166 Apollonii Sophistæ lexicon Græcum iliadis & odysseæ, cum versione lat. & notis J. B. Casp. d'Ansse de Villoison. *Lut. Paris. Molini,* 1773, 2 *vol. in-4.* v. ec.

1167 Lexicon Homericum autore Lud. Coulon. *Parisiis, Cramoisi,* 1643, *in-8.* vel.

1168 Clavis Homerica. *Goudæ, Vander Hoeve,* 1649, *in-8.* vel.

1169 An enquiry into the life and writings of Homer. *London,* 1736, *in-8.* v. m.

1170 An essay on the original genius and writings of Homer, by Rob. Wood. *London, Payne,* 1775, *in-4.* br.

1171 Everh. Feithii antiquitates Homericæ. *Argentorati, Steinius,* 1743, *in-12.* v. m.

1172 Quinti Calabri prætermissorum ab Homero libri XIV, Græce, cum versione latina & emendationibus Laur. Rhodomanni, curante

Jo. Corn. de Paw. *Lugd. Bat. J. Van Ab-coude*, 1734, *in*-8. br.

1173 Incerti fcriptoris fabulæ aliquot Homericæ de Ulixis erroribus, Gr. & Lat. cum notis Jo. Columbi. *Lugd. Bat. Bonk*, 1745. — Pfellus de lapidum virtutibus, gr. & lat. cum notis Jo. Mauffaci. *Lugd. Bat. Bonk*, 1745, *in*-8. v. m.

1174 Orphæi Argonautica, hymni & de lapidibus, Gr. & Lat. curante And. Chrift. Efchenbachio. *Traj. ad Rhen. Vande Water*, 1689, *in*-8. v. m.

1175 Orphæi Argonautica, hymni, libellus de lapidibus & fragmenta, Gr. & Lat. cum notis varior. curante G. Chrift. Hambergero. *Lipfiæ, Cafp. Fritfch*, 1764, *in*-8. vel.

1176 Tirtæi quæ fuperfunt omnia, Græce, collegit, commentario illuftravit, edidit Chrift. Ad. Klotzius, *Altenburgi, ex offic. Richteriana*, 1767, *in*-8. vel.

1177 Sapphus, Poetriæ Lefbiæ, fragmenta & elogia, Gr. & Lat. cura Jo. Chrift. Wolfii. *Hamburgi, Ab. Vanderhoeck*, 1733. — Poetriarum octo fragmenta & elogia, Gr. & Lat. ftud. ejufdem Wolfii. *Hamburgi*, 1734, *in*-4. Ch. Mag. m. r.

1178 Anacreontis carmina, Gr. & Lat. opera & ftudio Jofuæ Barnes. *Londini, Knapton*, 1734, *in*-8. v. b.

1179 Anacreontis & Sapphonis carmina, Gr. & Lat. *Glafguæ, Foulis*, 1744, *in*-12. v. m.

1180 Les Poéfies d'Anacréon & de Sapho,

trad. par Mme Dacier. *Amsterdam, Marret,* 1699, *in-*12. v. b.

1181 Pindari & cœterorum octo lyricorum carmina, Gr. & Lat. *Excudebat Henr. Stephanus,* 1560, 2 *vol. in-*18. m. r.

1182 Pindari & cœterorum octo lyricorum carmina. *Ebroduni,* 1624, *in-*18, vel. — Vetustissimorum auctorum Georgica, Bucolica, &c. Gr. & Lat. *Genevæ, de Tournes,* 1639 *in-*18. vel.

1183 Pindari opera, Gr. & Lat. cum notis Jo. Benedicti. *Salmurii, Piededius,* 1620, *in-*4. vel.

1184 Pindari olympia, nemea, &c. Græce, cum scholiis græcis, una cum latina versione carmine lyrico per Nic. Sudorium. *Oxonii, e Th. Sheld.* 1697, *in-fol.* m. r.

1185 Omnia Pindari quæ extant, Gr. & Lat. *Glasguæ, Foulis,* 1744, *in-*8. v. f.

1186 Les Odes Pythiques de Pindare, en Grec & en François, avec des remarques, par M. Chabanon. *Paris, Lacombe,* 1772, *in-*8. v. f.

1187 Odes of Pindar, with several other pieces in prose and verse, translated from the Greek, by Gilb. West. *London, Dodsley,* 1766, 3 *vol. in-*12. v. m.

1188 Lycophronis Alexandra, Gr. & Lat. Jo. Meursius recensuit. *Lugd. Bat. Lud. Elzevirius,* 1599, *in-*8. v. f.

1189 Lycophronis Alexandra, Gr. & Lat. ex recensione & cum notis Jo. Potteri. *Oxonii, e Theatro Sheld.* 1697, *in-fol.* v. m.

1190 Bionis & Moschi idyllia, Gr. & Lat.

H iv

cum not. varior. ex recenfione Nic. Sch-
webelii. *Venetiis , Jo. Bapt. Pafquali ,*
1746 , *in-8.* v. f.

1191 Bionis & Mofchi quæ fuperfunt, Gr.
& Lat. cum notis Jo. Hefkin. *Oxonii , e*
Typ. Clarend. 1748 , *in-8.* v. éc.

1192 Theocriti quæ extant , Gr. & Lat. cum
Græcis fcholii . *Londini, Gul. Innys,* 1729 ,
in-8. br.

1193 Theocriti quæ extant , Gr. & Lat. *Glaf-*
guæ , Foulis , 1746 , *in-12.* v. éc.

1194 Theocriti quæ fuperfunt , Gr. & Lat.
edidit Th. Warton. *Oxonii, e Typ. Clarend.*
1770 , 2 *vol. in-4.* v. m.

1195 Idylles de Théocrite , trad. en François.
Paris , Piffot , 1777 , *in-12.* v. m.

1196 Callimachi hymni , epigrammata & fragmenta , Gr. & Lat. cum notis varior. ex recenfione Jo. Aug. Ernefti. *Lugd. Bat. Sam.*
& Jo. Luchtmans , 1761 , 2 *vol. in-8.*
v. f.

1197 Apollonii Rhodii argonauticorum libri
IV, Gr. & Lat. cum notis variorum. *Lugd.*
Bat. ex officina Elzeviriana , 1641 , *in-8.*
vel.

1198 Apollonii Rhodii argonauticorum libri
IV, Gr. & Lat. edidit ac recenfuit Jo. Shaw.
Oxonii, e Typ. Clarendoniano , 1777 ,
in-4. br.

1199 Mufaei grammatici de Herone & Leandro
carmen, Gr. & Lat. cum fcholiis Græcis, ex
recenf. Matt. Rover. *Lugd. Bat. Th. Haak ,*
1737 , *in-8.* v. m.

1200 Coluthi raptus Helenæ , Gr. & Lat. recenfuit Jo. Dan. a Lennep. *Leovardiæ, Coulon*, 1747, *in-8.* v. m.

Poëtes Tragiques Grecs.

1201 Du Théâtre, ou nouvel effai fur l'art dramatique. *Amſterdam, E. Van Harrevelt*, 1773, *in-8.* v. f.

1202 Le Théâtre des Grecs, trad. par le P. Brumoy. *Paris*, 1763, 6 *vol. in-12.* v. m.

1203 Excerpta ex tragœdiis & comœdiis Græcis, Gr. & Lat. ſtudio Hugonis Grotii. *Pariſiis, Nic. Buon*, 1626, *in-4.* v. ant.

1204 Menandri & Philemonis reliquiæ, Gr. & Lat. cum notis Hug. Grotii & Jo. Clerici. *Amſtelod. Th. Lombrail*, 1709, *in-8.* rel. en cart.

1205 Æſchyli tragœdiæ ſeptem, Gr. & Lat. cum ſcholiis Græcis, ex recenſione Th. Stanleii. *Londini, Jac. Flesher*, 1664, *in-fol.* m. r.

1206 Æſchyli tragœdiæ ſuperſtites, Gr. & Lat. cum ſcholiis Græcis, & notis variorum, curante Jo. Corn. de Paw. *Hagæ Comit. Pet. Goſſe*, 1745, 2 *vol. in-4.* v. f.

1204 Æſchyli tragœdiæ, Gr. & Lat. *Glaſguæ, Foulis*, 1746, 2 *vol. in-8.* v. m.

1208 Æſchyli tragœdiæ Prometheus, Perſæ, &c. Græce, cum notis R. Fr. Ph. Brunck. *Argentorati, Heitz*, 1779, *in-8.* br. Ch. Mag.

1209 Tragédies d'Eſchyle, (trad. par M. le

Franc de Pompignan). *Paris*, *Saillant*, 1770, *in*-8. v. f.

1210 Sophoclis tragœdiæ, Gr. & Lat. edente Gul. Cantero. *Heidelbergæ*, *Commelinus*, 1597, *in*-8. vel.

1211 Sophoclis tragœdiæ, Gr. & Lat. *Glaf-guæ*, *Foulis*, 1745, 2 *vol. in*-8. v. f.

1212 Sophoclis Œdipus tyrannus & Euripidis Oreftes, Græce. *Argentorati*, *Heitz*, 1779, *in*-12, br. — Sophoclis Electra & Euripidis Andromache, Græce. *Argentorati*, *Heitz*, 1779, *in*-12. br.

1213 Tragédies de Sophocle, trad. par M. Dupuy. *Paris*, *Bauche*, 1762, 2 *vol. in*-12. v. m.

1214 The tragedies of Sophocles, from the Greek, by Th. Francklin. *London*, *R. Francklin*, 1759, 2 *tom. en* 1 *vol. in*-4. v. f.

1215 Euripidis tragœdiæ, Gr. & Lat. Æmil. Portus recenfuit. *Heidelbergæ*, *Commelinus*, 1597, 2 *vol. in*-8. v. f.

1216 Euripidis tragœdiæ, Gr. & Lat. cum notis Brodæi & aliorum. *Excudebat P. Stephanus*, 1602, *in*-4. vél.

1217 Euripidis quæ extant omnia : Tragœdiæ nempe XX, Gr. & Lat. cum fcholiis Græcis & notis variorum, ex recenf. Jof. Barnes. *Cantabrigiæ*, *Jo. Hayes*, 1694, *in-fol.* m. r.

1218 Euripidis Hecuba, Oreftes, & Phœniffæ, Gr. & Lat. cum fcholiis Græcis, ex recenf. Jo. King. *Cantabrigiæ*, *Typ. acad.* 1726, 2 *vol. in*-8, v. b.

1219 Euripidis tragœdia Hippolytus, Gr. &
Lat. adnotationibus inftruxit Lud. Cafp.
Valckenaer. *Lugd. Bat. Ja. Luzac,* 1768,
in 4. v. f.

1220 Les Tragedies d'Euripide, trad. par M.
Prévoft. *Paris, Piffot,* 1782, 3 *vol. in-12.*
v. m.

1221 Ariftophanis Comœdiæ, Gr. & Lat.
cum notis Jof. Scaligeri. *Lugd. Bat. Maire,*
1624, *in-12.* v. b.

1222 Ariftophanis Comœdiæ Gr. & Lat. cum
fcholiis Græcis, & notis variorum, recenfuit
Lud. Kufterus. *Amftelodami, Th. Fritsch,*
1710, *in-fol.* vél.

1223 Ariftophanis Comœdiæ, Gr. & Lat.
emendatæ a Steph. Berglero, cura Pet.
Burmanni fecundi. *Lugd. Bat. Sam. & Jo.
Luchtmans,* 1760, 2 *vol. in-4.* v. m.

Poëtes Latins anciens.

1224 Clavis poetarum clafficorum, auctore
Gott. Ben. Schirach. *Halæ, Sumtu Orpha-
notrophei,* 1768, 2 *vol. in-8.* vél.

1225 Opera & fragmenta veterum poetarum
Latinorum, ftud. Mich. Maittaire. *Londini,
J. Nicholfon,* 1713. 2 *vol. in-fol.* v. b.

1226 Poetæ Latini minores cum notis variorum,
curante Pet. Burmanno. *Leidæ, Conr. Wif-
huff,* 17 1, 2 *vol. in-4.* m. r. Cart. Mag.

1227 Poetæ Latini minores, ex edit. Pet.
Burmanni fideliter expreffi. *Glafguæ, Rob.
Foulis,* 1752, *in-8.* v. éc.

1228 Anthologia veterum Latinorum epigram-

matum & poematum, cum notis variorum,
cura Pet. Burmanni. *Amſtelodami, ex offic.
Schouteniana*, 1759, *in*-4. v. éc.

1229 Fragmenta Poetarum veterum Latinorum,
quorum opera non extant, a Rob. Stephano
congeſta, & ab H. Stephano digeſta & notis
illuſtrata. *Excudebat H. Stephanus*, 1564,
in-8. rel. en cart.

1230 Q. Ennii fragmenta, cum notis variorum. *Amſtelodami*, 1707, *in*-4. v. f.

1231 Titus Lucretius Carus de rerum natura.
Amſtelodami, Janſſonius, 1620, *in*-18.
m. r. l. r.

1232 Titi Lucretii Cari de rerum natura
libri VI. *Londini, Tonſon*, 1712, *in*-4. fig.
cuir de Ruſſie.

1233 Titi Lucretii Cari de rerum natura libri
ſex, interpretatione & notis illuſtravit Th.
Creech. *Londini, Th. Child*, 1717, *in*-8.
vél.

1234 T. Lucretii Cari de rerum natura libri
ſex, cum notis varior. curante Sig. Havercampo. *Lugd. Bat. Vander Aa*, 1725,
2 *vol. in*-4. fig. m. bl.

1235 Titi Lucretii Cari de rerum natura libri
ſex. *Glaſguæ, Rob. & And. Foulis*, 1759,
in-4. v. f.

1236 Titi Lucretii Cari de rerum natura libri
ſex. *Birminghamiæ, Jo. Baskerville*, 1772,
in-4. m. r.

1237 Titi Lucretii Cari de rerum natura libri
ſex. *Birminghamiæ, Jo. Baskerville*, 1773,
in-8. m. r.

1238 Les Œuvres de Lucrèce, trad. par le

Baron de Coutures. *Paris, Guillain*, 1692, 2 *vol. in*-12. v. m.

1239 Lucrèce, traduit avec des notes, par Lagrange. *Paris, Bleuet*, 1768, 2 *vol. in*-12. fig. m. r.

1240 Lucrèce, traduction nouvelle, avec des notes, par Lagrange. *Paris, Bleuet*, 1768, 2 *vol. in*-8. fig. m. bl. Papier de Hollande.

1241 Di Tito Lucrezio Caro della natura delle cose librí sei, trad. da Aless. Marchetti. *In Amsterdamo*, 1754, 2 *vol. in*-8. fig. m. r. dent.

1242 T. Lucretius Carus, of the nature of things, in sex books, translated into english verse, by Th. Creech. *London, J. Matthews*, 1714, 2 *vol. in*-8. v. m.

1243 Anti-Lucretius, sive de Deo & Natura libri novem, auctore Melch. de Polignac. *Parisiis, H. L. Guerin*, 1747, 2 *vol. in*-8. v. m.

1244 Anti-Lucrèce, poëme, par le Cardinal de Polignac, trad. par M. de Bougainville. *Paris, Desaint*, 1749, 2 *vol. in*-8. v. m.

1245 Catullus, Tibullus & Propertius. *Amstelodami, Junssonius*, 1619, *in*-18, m. r. l. r.

1246 C. Valerii Catulli opera, interpretatione & notis illustravit Ph. Silvius in usum Delphini. *Parisiis, Leonard*, 1685, *in*-4. v. b.

1247 Catulli, Tibulli & Propertii opera. *Birminghamiæ, Baskerville*, 1772, *in*-8. m. bl.

1248 Catulli, Tibulli & Propertii opera. *Bir-*

minghamiæ, Jo. Baskerville, 1772, in-4.
m. verd.

1249 Traduction de Catulle, Tibulle & Gallus.
Paris, Delalain, 1771, 2 vol. in-8.
v. m.

1250 C. Valerius Catullus & in eum If. Voffii
obfervationes. Londini, If. Littleburii, 1684,
in-4. vél.

1251 C. Valerius Catullus, cum commentario
Jo. Ant. Vulpii. Patavii, Jof. Cominus,
1737, in-4. v. m.

1252 Aibi Tibulli quæ extant, cum notis
Broukhufii. Amftelod. ex offic. Wetfteniana,
1708, in-4. vél.

1253 Sext. Aurelii Propertii elegiarum libri IV,
ex recenfione Jani Broukhufii. Amftelod.
H. Wetftein, 1702, in--4. vél.

1254 Elègies de Properce, trad. par de Long-
champs. Paris, Lejay, 1772, in-8. v. m.

1255 Pub. Virgilii Maronis opera. Sedani, J.
Jannonus, 1628, in-32. v. f.

1256 P. Virgilii Maronis opera cum not. varior.
ex recenfione Jac. Emmeneffii. Lugd. Bat.
Jac. Hackius, 1680, 3 vol. in-8. v. b.

1257 Pub. Virgilii Maronis opera, interpretatione & notis illuftravit Carolus Ruæus,
ad ufum Delphini. Londini, Swalle, 1696,
in-8. vél.

1258 Pub. Virgilii Maronis opera cum notis
varior. recenfuit P. Mafvicius. Leovardiæ,
Fr. Halma, 1717, 2 vol. in-4. v. b.

1259 Publii Virgilii Maronis opera. Amftelodami, Wetftein, 1744, in-12. m. r.

1260 Pub. Virgilii Maronis opera, cum notis

variorum, ex recenfione Petri Burmanni. *Amftelod. Jac. Wetftein*, 1746, 4 *vol. in-*4 Ch. Mag. v. f.

1261 Publii Virgilii Maronis Bucolica, Georgica & Æneis. *Birminghamiæ, Jo. Baskerville*, 1757, *in-*4. m. bl. Prima editio.

1262 Pub. Virgilii Maronis opera. *Glafguæ, Foulis*, 1758, *in-*8. v. éc.

1263 Pub. Virgilii Maronis opera. *Birminghamiæ, Baskerville*, 1766, *in-*8. m. viol.

1264 Les Œuvres de Virgile, trad. par l'Abbé des Fontaines. *Paris, Quillau*, 1743, 4 *vol. in-*8. fig. v. m.

1265 Les Georgiques de Virgile, trad. en vers François, par l'Abbé Delille. *Paris, Bleuet*, 1770, *in-*8. fig. m. verd, Papier d'Hollande.

1266 L'Enéïde di Virgilio del commendatore Annibal Caro. *In Parigi, la vedova Quillau*, 1760, 2 *vol. in* 8. fig. v. éc.

1267 Quinti Horatii Flacci opera. *Sedani, J. Jannonus*, 1627, *in-*32, vél.

1268 Quintus Horatius Flaccus, accedunt Dan. Heinfii de fatyra Horatiana libri duo, & animadverfiones in Horatium. *Lugd. Bat. ex offic. Elzeviriana*, 1629, 3 *tom. rel.* en 2 *vol. in-*12. m. r.

1269 Q. Horatii Flacci opera, interpretatione & notis illuftravit Lud. Defprez, in ufum Delphini. *Amftelodami*, 1695, *in-*8. vél.

1270 Q. Horatii Flacci Opera. *Londini, æneis tabulis incidit Jo. Pine*, 1733, 2 *vol. in-*8. m. r.

1271 Q. Horatius Flaccus. *Amstelodami* ; *Wetstenius*, 1743, *in-18.* v. m.

1272 Quintus Horatius Flaccus. *Glasguæ* , *Foulis*, 1760, *in-8.* v. éc.

1273 Quintus Horatius Flaccus. *Birmingha- miæ* , *Baskerville*, 1762, *in-12.* br.

1274 Q. Horatii Flacci poemata, cum commen- tariis J. Bond. *Aurelianis* , *Couret de Vil- leneuve*, 1767 , *in-12.* m. r.

1275 Q. Horatii Flacci opera , ad fidem LXXVI codicum ; curante Jos. Valart. *Parisiis* , *Mich. Lambert* , 1770 , *in-8.* v. f.

1276 Quintus Horatius Flaccus. *Birmingha- miæ*, *Jo. Baskerville* , 1770 , *in-4. fig.* m. r.

1277 Œuvres d'Horace , traduites avec des remarques, par Dacier & Sanadon. *Amst.* *Wetstein* , 1735, 8 *vol. in-12.* v. m.

1278 Les Poésies d'Horace , trad. par le P. Sanadon. *Paris*, 1756, 3 *vol. in-12.* v. m.

1279 Odes d'Horace , trad. par l'Abbé des Fontaines. *Berlin* , 1759 , *in-12.* v. porph. —Odes d'Horace, trad. en vers François , par M. Chabanon. *Paris* , *Lacombe*, 1773 , *in-12.* v. m.

1280 A Poetical translation of the works of Horace. *London* , *Millar* , 1765 , 2 *vol. in-12.* v. m.

1281 The works of Horace , translated into English prose , by C. Smart. *London* , *Carnan*, 1770 , 2 *vol. in-12.* v. m.

1282 Q. Horatii Flacci epistolæ ad Pisones ; with an English commentary and notes , by Hurd. *Cambridge* , *Thurlbourn* , 1757, 2 *vol. in-8.* v. m.

1283 C. Pedonis Albinovani elegiæ III, & fragmenta, cum notis variorum. *Amstelod. Pet. de Coup*, 1715. — Pub. Corn. Séveri Ætna, & quæ supersunt fragmenta, cum notis variorum. *Amstelodami, Pet. de Coup*, 1715, *in-8.* vel.

1284 L'Etna de P. Cornelius Severus, & les Sentences de Pub. Syrus, trad. en François. *Paris, Chaubert*, 1736, *in-12.* v. f.

1285 Pub. Ovidii Nasonis Opera. *Lugd. Bat. ex Offic. Elzeviriana*, 1629, *3 vol. in-12.* m. viol. dent.

1286 Pub. Ovidii Nasonis Opera, cum notis variorum, studio Borch. Cnippingii. *Lugd. Bat. Hackius*, 1670, *3 vol. in-8.* v. b.

1287 Pub. Ovidii Nasonis Opera. *Amstelod. Dan. Elzevirius*, 1676, *3 vol. in-18.* v. b.

1288 Publii Ovidii Nasonis Opera omnia, cum notis variorum, ex recensione Pet. Burmanni. *Amstelodami, Fr. Changuion*, 1727, 4 *vol. in-4.* v. b.

1289 Les Métamorphoses d'Ovide, trad. par du Ryer. *Amsterdam, Blaeu*, 1702, *in-fol. fig.* v. b.

1290 Métamorphoses d'Ovide en rondeaux, (par Is. Benserade.) *Paris, de l'Imprimerie Royale*, 1676, *in-4. fig.* v. b.

1291 Epistole Eroiche di Ovidio Nasone trad. da Remigio Fiorentino. *In Parigi, Durand*, 1762, *in-8.* v. m.

1292 Phædri Augusti liberti fabulæ, notis illustravit Dav. Hoogstratanus. *Amstelodami, Halma*, 1701, *in-4. fig.* v. m.

I

1293 Phædri Aug. liberti fabularum Æfopiarum libri V, cum notis varior. curante Pet. Burmanno. *Lugd. Bat. Sam. Luchtmans,* 1745, *in-*8. v. f.

1294 Phædri Augufti liberti fabulæ. *Londini, Brindley,* 1750, *in-*18. v. f.

1295 Lucani Pharfalia. *Amftel.* 1627. — Juftini hiftoriæ. *Amftel.* 1671. — C. Crifpi Salluftii hiftoriæ. *Lugd. Gryphius,* 1551, *3 vol. in-*18. v. b.

1296 M. Annæus Lucanus de bello civili, cum notis varior. accurante Corn. Schrevelio. *Lugd. Bat. Fr. Hackius,* 1658, *in-*8. vel.

1297 Lucani Pharfalia. *Amftelod.* 1671. — Silius Italicus. *Amftel.* 1631. — Prudentius. *Amftel.* 1631. — Aufonius. *Amftel.* 1669, *4 vol. in-*18. v. b.

1298 M. An. Lucani Pharfalia, cum notis varior. curante Fr. Oudendorpio. *Lugd. Bat. S. Luchtmans,* 1728, *2 vol. in-*4. v. m.

1299 M. Annæi Lucani Pharfalia cum notis Hug. Grotii, & Rich. Bentleii. *Strawberry-Hill,* 1760, *in-*4. v. f.

1300 La Pharfale de Lucain, en vers françois, par de Brébœuf. *Leide, J. Elzevier,* 1658, *in-*12. m. r.

1301 La Pharfale de Lucain, trad. en François, par Marmontel. *Paris, Merlin,* 1766, *2 vol. in-*8. *fig.* v. m.

1302 Lucan's Pharfalia, tranflated into english verfes, by Nic. Rowe. *London, Tonfon,* 1722, *in-*12. v. b.

1303 Silius Italicus de bello Punico. *Amfte-*

lodami, *Blaeu*, 1631, *in*-24. vel. — Jo. Jonstoni enchiridion ethicum. *Lugd. Bat. ex offic. Elzeviriana*, 1634, *in*-24. m. bl.

1304 C. Silii Italici Punicorum libri XVII, curante Arnoldo Drakenborch. *Traj. ad Rhen. Vande Water*, 1717, *in*-4. vel.

1305 C. Silii Italici Punicorum libri XVII, ex recensione Arn. Drakenborch, curavit Jo. Pet. Schmidius. *Mitaviæ*, *Hinzius*, 1775, *in*-8. vél.

1306 P. Papinii Statii opera, ex recensione J. Fr. Gronovii. *Amsterodami*, *Lud. Elzevirius*, 1653, *in*-18. m. r.

1307 Pub. Papinii Statii sylvæ, &c. cum notis variorum, Jo. Veenhusen recensuit. *Lugd. Bat. Haak*, 1671, *in*-8. v. f.

1308 P. Pap. Statii sylvarum libri V, recensuit Jer. Marklandus. *Londini*, *Bowyer*, 1728, *in*-4. v. m.

1309 Les Œuvres de Stace, trad. par l'Abbé de Marolles. *Paris*, *Huré*, 1658, 3 *vol. in*-8. v. b.

1310 C. Valerii Flacci Argonautica, Nic. Heinsius recensuit. *Traj. Bat. Vande Water*, 1702, *in*-12. v. b.

1311 C. Valerii Flacci Argonauticon libri octo, cum notis variorum, curante Pet. Burmanno. *Leidæ*, *Luchtmans*, 1724, *in*-4. vel.

1312 M. Val. Martialis epigrammata. *Amstelodami*, *Janssonnius*, 1621, *in*-18. m. r. l. r.

1313 M. Valerii Martialis epigrammata, paraphrasi & notis illustravit Vinc. Colesso, ad usum Delphini, ex recensione. Lud. Smids. *Amstelod. G. Gallet*, 1701, *in-*8. v. m.

1314 D. Junii Juvenalis & Auli Persii Flacci satyræ. *Amstelod. D. Elzevier*, 1631, *in-*18. m. r.

1315 D. Junii Juvenalis & Auli Persii Flacci satyræ, cum notis variorum. *Amstelod. H. Weistein*, 1684, *in-*8. v. b.

1316 D. Junii Juvenalis & Auli Persii Flacci satyræ, cum notis variorum, ex recensione H. C. Henninii. *Lugd. Bat. Vander Aa*, 1695, *in-*4. *fig.* v. b.

1317 D. Junii Juvenalis & Auli Persii Flacci satyræ, interpretatione & notis illustravit Lud. Prateus, in usum Delphini. *Londini, Clavel*, 1699, *in-*8. v. b.

1318 D. Junii Juvenalis & Auli Persii Flacci satyræ. *Londini, Tonson*, 1716, *in-*12. v. f.

1319 D. Junii Juvenalis & Auli Persii Flacci satyræ. *Birminghamiæ, Jo. Baskerville*, 1761, *in-*4. mar. verd.

1320 Satyres de Juvenal, trad. par M. Dusaulx. *Paris, Lambert*, 1770, *in-*8. v. m.

1321 Satyres de Juvenal, trad. par M. Dusaulx. *Paris, Lambert*, 1770, 2 *vol. in-*8. m. r. Gr. Pap.

1322 Satyres de Juvenal, trad. par M. Dusaulx. *Paris, Lambert*, 1782, 2 *vol. in-*8. v. m.

1323 Satyres de Perse, trad. par l'Abbé Le Monnier. *Paris, Jombert*, 1771, *in-*8. v. f.

1324 Cl. Claudiani quæ extant, Nic. Heinsius recensuit ac notas addidit. *Lugd. Bat. ex offic. Elzeviriana*, 1650, *in-*12. m. viol.

1325 Cl. Claudiani quæ extant, cum notis variorum, cura Nic. Heinsii. *Amstelod. ex offic. Elzeviriana*, 1665, *in-8.* v. m.

1326 Cl. Claudiani quæ extant cum annotationibus Jo. Mat. Gesneri. *Lipsiæ, in offic. Fritschia*, 1759, 1 *tom. rel. en* 2 *vol. in-8.* v. m.

1327 Cl. Claudiani opera, quæ extant, omnia, cum notis varior. edente Per. Burmanno secundo. *Amstelædami, Schouten,* 1760, *in-*4. v. f.

1328 D. Magni Ausonii opera, cum notis variorum, opera Jac. Tollii. *Amstelod. Jo. Blaeu,* 1671, *in-8.* v. m.

1329 D. Magni Ausonii opera, interpretatione & notis illustravit Jul. Floridus, in usum Delphini; recensuit Jo. Bapt. Souchay. *Parisiis, Jac. Guerin,* 1730, *in-4.* v. m.

1330 Aurelii Prudentii quæ extant, Nic. Heinsius recensuit. *Amstelodami, Dan. Elzevirius,* 1667, *in-12.* m. r.

1331 Pervigilium Veneris cum notis variorum. *Hagæ Comit. H. Scheurleer,* 1712, *in-8.* v. m.

Poëtes dramatiques latins anciens.

1332 Pet. Scriverii collectanea veterum tragicorum cum notis Ger. Jo. Vossii. *Lugd. Bat. Jo. Maire,* 1620, *in-8.* v. f.

1333 M. Accii Plauti comœdiæ. *Amstelodami, Lud. Elzevirius,* 1652, *in-18.* vel.

1334 M. Accii Plauti comœdiæ XX & fragmenta, interpretatione & notis illustravit

I iij

Jac. Operarius, ad ufum Delphini. *Parifiis, Frid. Leonard*, 1679, 2 *vol. in-4.* v. b.

1335 M. Accii Plauti comœdiæ, cum notis varior. ex recenfione Jo. Fred. Gronovii. *Amfelodami, ex Typ. Blaviana*, 1684, 2 *vol. in-8.* v. m.

1336 M. Ac. Plauti comœdiæ, Jo. Capperonnier recenfuit. *Parifiis, Barbou*, 1759, 3 *vol. in-12* m. r.

1337 M. Accii Plauti comœdiæ, cum notis varior. ex recenfione Jo. Aug. Ernefti. *Lipfiæ, Georgi*, 1760, 2 *vol. in-8.* vel.

1338 Les Œuvres de Plaute, trad. par H. P. de Limiers. *Amfterdam*, 1719, 10 *vol. in-12. fig.* v. f.

1339 Jo. Fred. Gronovii lectiones Plautinæ. *Amfelod. Jo. Haffman*, 1740, *in-8.* v. m.

1340 Pub. Terentii comœdiæ, ex recenfione Heinfiana. *Lugd. Bat. ex offic. Elzeviriana*, 1635, *in-12.* m. r.

1341 Pub. Terentii comœdiæ, cum notis variorum, curavit Arn. H. Wefterhovius. *Hagæ Comit. Pet. Goffe*, 1726, 2 *vol. in-4.* vel.

1342 P. Terentii comœdiæ, cum interpretatione Donati & Calphurnii, curavit Arn. H. Wefterhovius. *Hagæ Comit. If. Vander Kloot*, 1732, *in-8.* v. b.

1343 Pub. Terentii comœdiæ. *Lut. Parif. Le Loup*, 1753, 2 *vol. in-12.* v. éc.

1344 Terentii comœdiæ, ad fidem optimarum editionum expreffæ. *Edinburgi, Hamilton*, 1758, *in-8.* m. r.

Cette édition est d'une très-belle exécution & de la plus grande correction ; on prétend qu'il n'y a pas une seule faute typographique.

1345 Pub. Terentii comœdiæ. *Birminghamiæ, Baskerville,* 1772, *in* 8. m. r.

1346 Publii Terentii Afri comœdiæ. *Birminghamiæ, Jo. Baskerville,* 1772, *in*-4. m. cir.

1347 Les comédies de Térence, avec la traduction & les remarques de Madame Dacier. *Rotterdam, Fritfch,* 1717, *3 vol. in*-8. *fig.* m. r. Grand Papier.

1348 Les Comédies de Térence, trad. par l'Abbé Le Monnier. *Paris, Jombert,* 1771, *3 vol. in*-8. *fig.* v. f.

1349 L. An. Senecæ tragœdiæ, cum notis variorum, ex recenfione Jo. Fr. Gronovii. *Amftelodami, H. & vid. Th. Boom,* 1682, *in*-8. v. b.

1350 L. Annæi Senecæ tragœdiæ, cum notis variorum, ex recenfione Jo. Cafp. Schroderi. *Delphis, Ad. Beman,* 1728, *2 vol. in*-4. v. m.

1351 Les Tragédies de Senèque, trad. par l'Abbé de Marolles. *Paris, Lamy,* 1659, 2 vol. *in*-8. v. b.

Poëtes Latins modernes, &c.

1352 Selecta poemata Italorum qui latine fcripferunt, accurante A. Pope. *Londini, Knapton,* 1740, *2 vol. in*-8. v. f.

1353 Marci Hieronymi Vidæ poemata. *Londini, Gilliver,* 1732, *2 vol. in*-12. v. m.

1354 Marcelli Palingenii Zodiacus vitæ. *Rotterodami*, *If. Van Ruynen*, 1698, *in*-12. vel.

1355 Le Zodiaque de la vie humaine, trad. de Palingene, par de la Monnerie. *La Haye*, *Kieboom*, 1731, *in*-12. v. f.

1356 Q. Sectani fatyræ in Phylodemum, cum notis variorum. *Coloniæ*, *Selliba*, 1698, *in*-8. vel.

1357 Theodori Bezæ Vezelii poemata. *Lugd. Bat. Barbou*, 1757, *in*-12. v. m.

1358 Ægidii Menagii poemata. *Parifiis*, *Pet. le Petit*, 1680, *in*-12. m. r.

1359 Fr. Jof. Desbillons Fabulæ Æfopiæ. *Manhemii*, 1768, 2 *vol. in*-8. v. m.

1360 Sarcotis carmen, auct. Jac. Mafenio. *Parifiis*, *Barbou*, 1757, *in*-12. v. m.

1361 Dan. Heinfii poemata. *Lugd. Bat. fumptibus Elzeviriorum*, 1621, *in*-12. v. m.

1362 Dominici Baudii amores, edente Pet. Scriverio. *Lugd. Bat. Hegerus*, 1638, *in*-12. vel.

1363 Nic. Avancini poemata. *Amftelodami*, *Vander Plaats*, 1711, *in*-12. v. f. — Dan. Heinfii poemata. *Amftelodami*, *Janffonius*, 1649, *in*-12. v. b.

1364 G. Buchanani, poemata. *Amftelædami*, *Wetftenius*, 1687, *in*-18. v. b. — Jo. Oweni epigrammata. *Amftelod. Lud. Elzevirius*, 1647, *in*-24, m. r.

1365 Antonius de Arena, ad fuos compagnones, qui funt de perfona friantes, &c. *Londini*, 1758, *in*-12. v. m.

Poetes François.

1366 Poétique Françoise, par Marmontel. *Par. Lefclapart*, 1763, 2 *vol. in-*8. v. porph.

1367 Recueil des plus belles pieces des Poëtes François, depuis Villon, jufqu'à Benferade. *Paris*, 1752, 6 *vol. in-*12, v. m.

1368 Recueil des Epigrammatiftes François, par la Martiniere. *Amfterdam*, *Wetftein*, 1720, 2 *vol. in-*12. v. m.

1369 Le Roman de la Rofe, par Guil. de Lorris, & Jean de Meun dit Clopinel, avec les notes de l'Abbé Lenglet du Fref- noy. *Paris*, *Piffot*, 1735, 4 *vol. in-*12. v. f.

1370 Les Poéfies du Roi de Navarre, avec des notes & un gloffaire François, (pub. par M. Levêque de la Ravalliere.) *Paris*, *H. L. Guerin*, 1742, 2 *vol. in-*8. v. m.

1371 Les Œuvres de François Villon. *Paris*, *Couftelier*, 1723, *in-*8. v. m.

1372 Les Poéfies de Guillaume Coquillart. *Paris*, *Couftelier*, 1723, *in-*8. v. m.

1373 Les Poéfies de Martial de Paris. *Paris*, *Couftelier*, 1724, 2 *vol. in-*8. v. m.

1374 La farce de maître Pierre Pathelin. *Paris*, *Ant. Urb. Couftelier*, 1723, *in-*8. v. m.

1375 La Légende de Maître Pierre Faifeu, mife en vers, par Ch. Bourdigné. *Paris*, *Couftelier*, 1723, *in-*8. v. m.

1376 Les Poéfies de Guillaume Cretin. *Paris*, *Couftelier*, 1723, *in-*8. v. m.

1377 Les Œuvres de Jean Marot. *Paris ,*
Couſtelier , 1723, *in-*8. v. m.

1378 Les Œuvres de Clément Marot. *La Haye,*
Moetjens , 1700, 2 *vol. in-*12. v. b.

1379 Satyres & autres Œuvres de Regnier.
Londres , Tonſon , 1733, *in-*4. v. f.

1380 Œuvres de Regnier. *Londres ,* 1746,
2 *tom. rel. en* 1 *vol. in-*12. v. m. — Œuvres de Deshoulieres. *Paris , David ,* 1747,
2 *vol. in-*12. v. m.

1381 Les Œuvres de Racan. *Paris , Couſte-*
lier , 1724, 2 *vol. in-*8. v. m.

1382 Fables choiſies, miſes en vers , par de
la Fontaine. *La Haye , H. Van Bulderen ,*
1700, 2 *vol. in-*8. *fig.* m. r.

1383 Fables de la Fontaine. *Paris , Didot*
l'aîné , 1787, 2 *vol. in-*18. br.

1384 Nouvelles en vers, par de la Fontaine.
Amſterdam , Et. Lucas , 1732 , 2 *vol. in-*8.
fig. v. m.

1385 Nouvelles en vers, par de la Fontaine.
Amſterdam , 1762, 2 *vol. in-*8. *fig.* m. r.

1386 Œuvres de Nic. Boileau Deſpreaux, avec
des éclairciſſemens hiſtoriques donnés par
lui-même. *La Haye , Iſ. Vaillant ,* 1722 ,
4 *vol. in-*12. m. r. fig. de B. Picart.

1387 Œuvres de Nic. Boileau Deſpréaux ,
avec des éclairciſſemens hiſtoriques donnés
par lui-même , & rédigés par Broſſette.
Paris , David, 1747 , 5 *vol. in-*8. *fig.* v. m.

1388 Œuvres de Boileau. *Paris , David ,*
1750 , 3 *vol. in-*12. v. f.

1389 Œuvres de Chaulieu, d'après les manuſcrits de l'auteur. *Paris, Cl. Bleuet,* 1774, 2 *vol. in-*8. v. éc.

1390 Œuvres de Pavillon. *Amſterdam, Chatelain,* 1747, 2 *vol. in-*12. v. m.

1391 Poéſies de Regnier Deſmarais. *Amſterdam, Arkſtée,* 1753, 2 *vol. in-*12. v. m.

1392 Œuvres de J. Bapt. Rouſſeau. *Londres,* 1748, 4 *vol. in-*12. v. f.

1393 Porte-Feuille de J. Bapt. Rouſſeau. *Amſterdam, M. M. Rey,* 1751, 2 *vol. in-*12. v. m.

1394 Fables nouvelles, par de la Motte. *Paris, Dupuis,* 1719, *in-*4. fig. v. b.

1395 La Religion & la Grace, Poëmes, par Louis Racine. *Paris, Deſaint,* 1747. — Mémoires ſur la Vie & Lettres de Jean Racine. *Lauſanne,* 1747, 2 *vol. in-*12. v. f.

1396 Œuvres de Greſſet. *Londres, Kelmarneck,* 1748, 2 *vol. in-*12. v. m.

1397 Poéſies de M. Helvetius. *Londres,* 1781, *in-*18, br.

1398 L'Agriculture, Poëme, par de Roſſet. *Paris, de l'Imprimerie Royale,* 1774, *in-*4. v. f.

1399 Les Saiſons, Poëme, (par M. de Saint-Lambert.) *Amſterdam,* 1769, *in-*8. *fig.* v. f.

1400 Amuſemens poétiques, par M. Legier. *Orléans, Couret de Villeneuve,* 1769, *in-*8. v. m.

Poetes dramatiques François.

1401 Hiſtoire du Théâtre François, par Parfait. *Paris, P. G. le Mercier,* 1745, 14 *vol. in-*12. v. f.

1402 Efprit des Tragédies & Tragi-Comédies qui ont paru depuis 1630-1761. *Paris, Brocas,* 1762, 3 *vol. in-*12. v. m.

1403 Théâtre François, ou recueil des meilleures pieces de Théâtre. *Paris, Gandouin,* 1737, 12 *vol. in-*12. v. b.

1404 Le Théâtre de P. & de Th. Corneille. *Amfterdam, Chatelain,* 1740, 11 *vol. in-*12. fig. v. f.

1405 Commentaire fur le Théâtre de P. Corneille, par Voltaire. 1764, 3 *vol. in-*12. v. m.

1406 Œuvres de Moliere, avec des remarques, par M. Bret. *Paris,* 1773, 6 *vol. in-*8. fig. v. f.

1407 Les Œuvres de Poiffon. *Paris,* 1743, 2 *vol. in-*12. v. m.

1408 Théâtre de Bourfault. *Paris,* 1746, 3 *vol. in-*12. v. éc.

1409 Théâtre de MM. de Montfleury. *Paris,* 1739, 3 *vol. in-*12. v. m.

1410 Œuvres de Racine. *Paris, Veuve Gandouin,* 1750, 3 *vol. in-*12. v. m.

1411 Œuvres de Jean Racine. *Amfterdam, Arkftée,* 1750, 3 *vol. in-*12. fig. m. r.

1412 Théâtre de le Grand. *Paris, Veuve Ribou,* 1731, 4 *vol. in-*12. v. m.

1413 Les Œuvres de Pradon. *Paris,* 1744, 2 *vol. in-*12. v. m.

1414 Œuvres de Campiftron. *Paris,* 1750, 3 *vol. in-*12. v. m.

1415 Théâtre de d'Ancourt. *Paris,* 1742, 8 *vol. in-*12. v. m.

1416 Le Théâtre de Baron. *Paris*, *P. J. Ribou*, 1736, 2 *vol. in*-12. v. m.

1417 Les Œuvres de Théâtre de Brueys. *Paris*, *Briaſſon*, 1735, 3 *vol. in*-12. v. m. — Les Œuvres de Palaprat. *Paris*, *Briaſſon*, 1735, *in*-12. v. m.

1418 Œuvres de Dufreſny. *Paris*, *Briaſſon*, 1747, 4 *vol. in*-12. v. m.

1419 Les Œuvres de Regnard. *Bruxelles*, *t'Serſtevens*, 1711, 2 *vol. in*-12. v. b.

1420 Œuvres de Boindin. *Paris*, *Prault*, 1753, 2 *tom, rel. en* 1 *vol. in*-12. Peau de truie.

1421 Recueil des pieces miſes au Théâtre François, par M. le Sage. *Paris*, *J. Barrois*, 1739, 2 *vol. in*-12. v. m.

1422 Œuvres de Néricaut Deſtouches. *Amſterdam*, *Arkſlée*, 1755, 4 *vol. pet. in*-12. m. r.

1423 Le Théâtre de Marivaux. *Amſterdam*, *Arkſlée*, 1754, 4 *vol. pet. in*-12. m. r.

1424 Œuvres de Boiſſy. *Amſterdam*, *Neaulme*, 1758, 4 *vol. in*-12. v. m.

1425 Œuvres d'Alexis Piron. *Paris*, *N. B. Duchesne*, 1758, 3 *vol. in*-12. v. m.

1426 Œuvres de Nivelle de la Chauſſée. *Paris*, *Charpentier*, 1763, 5 *vol. in*-12. v. m.

1427 Le Saint déniché, ou la banqueroute des marchands de miracles, Comédie. *La Haye*, 1732. — La Femme Docteur, ou la Théologie tombée en quenouille, Comédie. *Liège*, 1731, *in*-12. v. b.

1428 Pièces de Théâtre, par le Préſident Hénault. 1770, *in*-8. v. m.

1429 Le Pere de Famille, Comédie, (par Diderot). *Amsterdam*, 1758. — Le Fils naturel, par le même. *Amsterdam*, 1757, 2 *vol. in*-8. v. m.

1430 Marcellus, ou les persécutions, Tragédie chrétienne. *Yverdon*, 1765. — L'Honnête Criminel, Drame, par M. Fenouillot de Falbaire. *Paris, Merlin*, 1768, *in*-8. fig. v. m.

1431 La Folle Journée, ou le Mariage de Figaro, par M. de Beaumarchais. *Paris, Ruault*, 1785, *in*-8. fig. rel. en cart.

1432 Le Théâtre Italien de Gherardi. *Amsterdam, Ad. Braakman*, 1701, 6 *vol. in*-12. fig. v. b.

1433 Le Théâtre de la Foire, par MM. le Sage & d'Orneval. *Paris, P. Gandouin*, 1737, 10 *vol. in*-12. fig. v. m.

Poëtes Italiens, &c.

1434 Scelta di sonetti e canzoni de piu eccellenti rimatori d'ogni secolo. *In Venezia, Bassegio*, 1739, 4 *vol. in*-12. v. m.

1435 Raccolta di rime Italiane. *In Parigi, Prault*, 1744, 2 *vol. in*-8. v. éc.

1436 La Comedia di Dante Alighieri. *In Venezia, Pasquali*, 1739, 3 *vol. in*-8. v. f.

1437 La Divine Comédie du Dante, l'Enfer, trad. par Moutonnet de Clairfons. *Paris, Leclerc*, 1776, *in*-8. v. m.

1438 Le rime del Petrarcha brevemente esposte per Lod. Castelvetro. *In Venezia, Zatta*, 1756, 2 *vol. in* 4. v. éc.

1439 Le rime di Francefco Petrarca. *Parigi*, *Prault*, 1768, 2 *vol. in*-12. v. m.

1440 Orlando innamorato dal Signor Mat. Mar. Bojardo e rifatto da Franc. Berni. *In Venezia*, *Bartoli*, 1740, 2 *vol. in*-12. v. m.

1441 Orlando furiofo di Lod. Ariofto. *In Parigi*, *Prault*, 1746, 4 *vol. in*-12. m. r.

1442 Orlando furiofo di Lodovico Ariofto. *Birmingham*, *Baskerville*, 1773, 4 *vol. in*-8. fig. m. r.

1443 Delle fatire e rime di Lodovico Ariofto, con le annotazioni di P. Rolli. *Hamburgo*, *Vandenhoek*, 1731, *in*-8. v. m.

1444 Rime di Pietro Bembo. *In Bergamo*, 1745. De gli Afolani del medefimo Bembo. *In Venezia*, 1743, *in*-8. v. m.

1445 Gierufalemme liberata di T. Taffo. il Paftor fido, del Guarini. Filli di Sciro, del conte Bonarelli. L'Adone del Marino. *In Amfterdam*, *D. Elzevier*, 1678, 8 *vol. in*-24. fig. v. f.

1446 La Gierufalemme liberata poema eroico di Torquato Taffo. *In Parigi*, *Prault*, 1744, 2 *vol. in*-12. m. r.

1447 La Gierufalemme liberata di Torquato Taffo. *In Parigi*, *Delalain*, 1771, 2 *vol. in*-8. fig. m. verd.

1448 Opere poetiche del Conte Fulvio Tefti. *In Venetia*, *Balba*, 1644, 2 *vol. in*-12. v. b.

1449 Satire del Cavalier Dotti. *Ginevra*, *Cramer*, 1757, *in*-12. v. m.

1450 Le fceau enlevé, poëme héroï-comique,

trad. du Taſſoni. *Paris, de Luyne*, 1678, 2 *vol. in*-12. v, b.

1451 Il Torracchione deſolato di Bart. Corſini. *Londra, Prault*, 1768, 2 *vol. in*-12. v. m.

1452 Teatro Fiorentino. *In Firenze*, 1750, 6 *vol. in*-8. baſ.

1453 Teatro del Marcheſe Scipione Maffei. *In Verona, Tumermani*, 1730, *in*-8. rel. en cart.

1454 Poeſie drammatiche di Apoſtolo Zeno. *In Venezia, Paſquali*, 1744, 10 *vol. in*-8. v. m.

1455 Poeſie del Signor Abate Pietro Metaſtaſio. *Parigi, la vedova Quillau*, 1755, 10 *vol. in*-8. v. éc.

1456 Tragédies-Opera de Metaſtaſio, trad. en François. *Vienne*, 1751, 7 *vol. in*-12. v. m.

1457 Théâtre Eſpagnol. *Paris, Dehanſy*, 1770, 3 *vol. in*-12. v. m.

1458 Tragicomedia de Caliſto y Melibea, vulgarmente llamada Celeſtina, por Fernando de Royas. *En Pamplona, Labayen*, 1633, *in*-8. v. f.

1459 La Luſiade du Camoens, trad. par Duperron de Caſtera. *Paris, Huart*, 1735, 3 *vol. in*-12. fig. v. m.

Poëtes Allemands & Anglois.

1460 Œuvres de Geſſner, trad. par Huber. *Zuric, Geſſner*, 1774, 2 *vol. in*-12 v. f.

1461 Le Meſſie, poëme, trad. de l'Allemand de

de Klopſtock. *Paris*, *Vincent*, 1769, 2
tom. rel. en 1 *vol. in*-12. v. m.

1462 Miſcellany poëms, by the moſt eminent
hands, publiſh'd by M. Dryden. *London*,
Tonſon, 1716, 6 *vol. in*-12. v. b.

1463 The Works of celebrated authors. *London*, *Tonſon*, 1750, 2 *vol. in*-12. v. m.

1464 A collection of poems, from the beſt
authors, by Jam. Elphinſton. *London*, *Richardſon*, 1764, *in*-12. v. éc.

1465 The Works of the moſt celebrated minor poets. *London*, *Cogan*, 1749, 4 *vol.
in*-8. v. m.

1466 The Tea-table miſcellany, or, a collection of choice ſongs Scot and Engliſh,
publiſhed by All. Ramſay. *London*, *Millar*,
1740, 4 *tom. rel. en* 1 *vol. in*-12. v. m.

1467 Fingal, an ancient epic poem, by Oſſian
the ſon of Fingal, tranſlated by Jam. Macpherſon. *Dublin*, *Wilſon*, 1763. — Temora, an ancient epic poem, by Oſſian,
tranſlated by J. Macpherſon. *Dublin*, *Leathly*, 1763, *in*-12. v. m.

1468 Oſſian, fils de Fingal, Barde du troiſieme ſiecle, poéſies Galliques, trad. de l'Anglois de Macpherſon, par le Tourneur.
Paris, *Muſier*, 1777, 2 *tom. rel. en* 1
vol. in-8. v. m.

1469 The Canterbury tales of Chaucer, publiſh'h by M. Ogle. *London*, *Tonſon*, 1741,
3 *vol. in*-8. v. m.

1470 The Works of Spencer. *London*, *Tonſon*,
1750, 6 *vol. pet. in*-12. v. m.

1471 Paradiſe loſt, a poem, the author John

K

Milton. *Birmingham, John Baskerville,* 1759, 2 *vol. in*-4. v. éc.

1472 Paradife regain'd, a poem, by John Milton. *Glafgow, Foulis,* 1747, *in*-12. v. m.

1473 Hudibras, by Samuel Butler, with annotations by Zachary Grey. *Cambridge, J. Bentham,* 1744, 2 *vol. in*-8. *fig.* v. m.

1474 Hudibras, by Samuel Butler. *London, Innys,* 1750, *pet. in*-12. v. m.

1475 Hudibras, poeme, par Sam. Butler, trad. en vers françois. *Londres,* 1757, 3 *vol. in*-12. *fig.* v. m.

1476 Fables ancient and modern, tranflated by Dryden. *London, Tonfon,* 1745, *in*-12. v. m.

1477 The Works of Earls of Rochefter, Rof-comond, and Dorfet. *London,* 1739, 2 *tom.* rel. en 1 *vol. in* 12. v. m.

1478 Poems by Earl of Rofcomond, and others. *London, Tonfon,* 1717, *in*-8. v. m.

1479 Poems on feveral occafions, by M. Prior. *London, Knaplolck,* 1733, 5 *vol. in*-12. v. b.

1480 The Works of Thomas Southerne. *London, Tonfon,* 1721, 2 *vol. in*-12. v. m.

1481 Love of fame, the univerfal paffion, in feven charaĉteriftical fatires. *London, J. Tonfon,* 1728, *in*-8. m. r. dent.

1482 The Works of Edward Young. *Dublin, Risk,* 1730, 2 *vol. in* 12. v. m.

1483 The complaint : or nigth toughts, by Young. *London, Millar,* 1755, *in*-12. v. m.

1484 Les nuits d'Young, trad. par le Tourneur. *Paris, Le Jay*, 1769, 2 *vol. in-8.* v. m.

1485 Poems on several occasions, by John Hughes. *London, Tonson*, 1735, 2 *vol. in-12.* v. b.

1486 Poems on several occasions, by Th. Parnell, and published by M. Pope. *London, Lintot*, 1737, *in-8.* v. m.

1487 Leonidas, a poem. *London, Dodsley*, 1739, *in-12.* v. m.

1488 Poems on several occasions, by H. Jones. *London, R. Dodsley*, 1749, *in-8.* v. m.

1489 The Works of James Thomson. *London, Millar*, 1750, 4 *vol. in-12.* v. m.

1490 Poems on several occasions, by John Gay. *Glasgow, Foulis*, 1751, 2 *vol. in-8.* v. m.

1491 The Scribleriad : an heroic poem. *London, Dodsley*, 1751, *in-4. fig.* v. m.

1492 Designs by M. R. Bentley for six poems by M. T. Gray. *London, Dodsley*, 1753, *in-fol.* v. m.

1493 Virtue the source of pleasure. *London, Buckland*, 1757, *in-8.* br.

1494 The Epigoniad, a poem, by Will. Wilkie. *London, Millar*, 1759, *in-12.* v. éc.

1495 Poems, by C. Churchill. *London, W. Flexney*, 1763, *in-4.* v. m.

1496 Poems by William Mason. *London, Rob. Horsfield*, 1764, *in-8.* v. m.

1497 Poems on several occasions, by Earl of Had-ton. 1765, *in-12.* v. m. — Crazy tales. *London*, 1764; *in-12.* v. m.

1498 The poetical works of Will. Collins.

London , Becket , 1765 , *in-*12. v. m.

1499 The poetical works of John Langhorne. *London , Becket,* 1766, 2 *vol. in-*12. v. m.

1500 A View of our moſt celebrated dramatic pieces. *London , Nourſe,* 1747, 2 *tom. rel. en* 1 *vol. in-*12. v. éc.

1501 A ſelect collection of old plays. *London , Dodsley ,* 1744, 12 *vol. in-*12. v. b.

1502 The Works of Shakeſpear, with notes by M. Theobald. *London , Betteſworth ,* 1733, 7 *vol. in-*8.—Critical, hiſtorical, &c. notes on Shakeſpear, by Z. Gray. *London , Manby ,* 1754, 2 *vol. in-*8. v. m.

1503 The Works of Shakeſpear. *Birmingham ,* 1768, 9 *vol. in-*12. v. m.

1504 The Works of M. Françis Beaumont, and M. John Fletcher, with notes, by M. Theobald. *London , Tonſon,* 1750, 10 *vol. in-*8. v. b.

1505 The dramatic Works of Philip Maſſinger, reviſed and corrected by Th. Coxeter. *London , T. Davies ,* 1761, 4 *vol. in-*8. v. m.

1506 The dramatic Works of John Dryden. *London , Tonſon ,* 1735, 6 *vol. in-*12. v. b.

1507 Plays, by John Sheffield, Duke of Buckingham. *Glaſgow , Urie ,* 1751 , *in-*12. v. m. — Baſia Joannis Secundi , lat. & anglice. *London , Lintot ,* 1731, *in-*8. v. m.

1508 The Works of William Congreve. *London , Tonſon ,* 1730, 3 *vol. in-*12. v. b.

1509 The Works of William Congreve. *Bir.*

mingham, *John Baskerville*, 1761, 3 *vol. in*-8. v. m.

1510 The Works of Nic. Rowe. *London, Lintot*, 1747, 2 *vol. in*-12. v. m.

1511 The dramatic Works of Thom. Shadwell. *London, Knapton*, 1720, 4 *vol. in*-12. v. m.

1512 Six plays written by M. Mountfort. *London, Tonfon*, 1720, *in*-12. v. m.

1513 The dramatic Works of Nath. Lee. *London, Feales*, 1734, 3 *vol. in*-12. v. m.

1514 Elfrida, a dramatic poem, by M. Maffon. *London, Knapton*, 1752, *in*-8. v. m.

1515 Le Théâtre Anglois, trad. par M. de la Place. *Londres*, 1746, 11 *vol. in*-12. v. m.

1516 Le nouveau théâtre Anglois. *Paris, Humblot*, 1769, 2 *vol. in*-12. v. m.

Mythologie.

1517 Letters concerning Mythology. *London*, 1748, *in*-8. m. r. dent.

1518 Hiftoriæ Poeticæ fcriptores antiqui, Gr. & Lat. curante Th. Gale. *Parifiis, F. Muguet*, 1675, *in*-8. rel. en peau de Truie.

1519 Opufcula Mythologica, Gr. & Lat. curante Th. Gale. *Amftelodami, Wetftenius*, 1688, *in*-8. rel. en cart.

1520 Antonini Liberalis transformationum congeries, Gr. & Lat. Th. Munckerus recenfuit. *Amftelodami, Waefberge*, 1676, *in*-12. v. b.

1521 Antonini Liberalis transformationum congeries, Gr. & Lat. cum notis H. Verheyk. *Lugd. Bat. Sam. Luchtmans*, 1774, *in-*8. v. f.

1522 Mythographi Latini, cum notis variorum. *Amſtelodami, Jo. a Someren*, 1681, *in-*8. v. m.

1523 Le Temple des Muſes, orné de LX Tableaux, gravés par B. Picart. *Amſterdam, Chatelain*, 1733, *in-fol.* m. r.

1524 Hiſtoire du Ciel, conſidéré ſelon les idées des Poëtes, des Philoſophes, & de Moyſe, par Pluche. *La Haye, Neaulme*, 1740, 2 *vol. in-*12, fig. br.

1525 L'origine des Dieux du Paganiſme, & le ſens des fables découvert par une explication ſuivie des Poéſies d'Héſiode, par M. Bergier. *Paris, Humblot*, 1767, 2 *vol. in-*12. v. f.

1526 Explication des Fables, trad. de Noël le Comte, par J. de Montlyard. *Lyon, Frelon*, 1600, *in-*4. m. r.

1527 La Mythologie & les Fables, expliquées par l'hiſtoire, par l'Abbé Banier. *Paris, Briaſſon*, 1738, 3 *vol. in-*4. v. b.

1528 Hiſtoire véritable des temps fabuleux, par M. Guerin du Rocher. *Paris, Berton*, 1776, 3 *vol. in-*8. v. m.

1529 A New ſyſtem, or an analyſis of ancient Mythology, by Jac. Bryant. *London, Elmſly*, 1773, 3 *vol. in-*4. fig. broc. La ſuperbe Pierre gravée antique, qui repréſente les Noces de Pſyché & de Cupidon, deſſinée par Cypriani, & gravée par Bartolocci, qui manque dans plusieurs exemplaires, se trouve dans celui-ci.

Fables & Apologues.

1530 Fables d'Esope, avec celles de Philelphe. *Paris, veuve David*, 1763, 2 *vol. in-*12. fig. v. m.

1531 Esope en belle humeur, ou traduction de ses Fables. *Bruxelles, Foppens*, 1700, 2 *vol. in-*8. fig. v. b.

1532 Select Fables of Esop and other fabulists. *Birmingham, Baskerville*, 1764, *in-*8. m. r. dent.

1533 Flavii Aviani Fabulæ, cum notis variorum, cura H. Cannegieter. *Amstelodami, Mart. Schagen*, 1731, *in-*8. vél.

1534 Apologues & Contes Orientaux, par l'Abbé Blanchet. *Paris, Debure l'ainé*, 1784, *in-*8. rel. en cart.

Facéties, Plaisanteries, &c.

1535 L. Apuleii opera, cum notis Phil. Beroaldi. *Lugduni, de Harsy*, 1614, 2 *vol. in-*8. vél.

1536 Luc. Apuleii Philosophi Platonici opera. *Amstelodami, Janssonius*, 1628, *in-*24. m. cit.

1537 L. Apuleii Metamorphoseos libri XI, cum notis Jo. Pricæi. *Goudæ, Vander Hoeve*, 1650, *in-*8. v. b.

1538 L. Apuleii opera, interpretatione & notis illustravit Jul. Floridus, in usum Del-

phini. *Parisiis, Leonard,* 1688, *in-4.*
v. m.

1539 Les Œuvres de Maître François Rabelais.
(*Chez les Elzeviers,*) 1663, 2 *vol. in-*12.
m. r.

1540 Les Œuvres de Maître Franc. Rabelais,
avec les remarques de le Duchat. *Amsterdam,*
Bernard, 1741, 3 *vol. in-*4. fig. v. f.

1541 Œuvres choisies de Maître François Rabelais. *Genève, Barillot,* 1752, 3 *vol.*
*in-*12. v. m.

1542 Les Bigarrures du Seigneur des Accords.
Paris, Richer, 1614, *in-*12. vél.

1543 Recueil général des Œuvres & Fantaisies
de Tabarin. *Rouen, Dumesnil,* 1664,
*in-*12. v. b.

1544 Facetiæ Facetiarum. *Pathopoli, Severus,*
1647, 2 *vol. in-*18, v. m.

1545 Le petit Trésor des ris & de la joie,
dédié aux Révérends Peres de la Mélancolie.
Londres, 1741, *in-*12. v. m.

1546 L'art de désopiler la rate. *in-*12. v. m.

1547 Paradoxes, ou les opinions renversées
de la plupart des hommes. *Rouen, Cailloué,*
1638, *in-*12, v. f.

1548 Vinc. Obsopoeus de arte bibendi. Theses
inaugurales de virginibus; bonus mulier, &c.
Lugd. Bat. le Maire, 1654, *in-*18. v. m.

1549 L'Eloge de l'Yvresse. *Leide, Langerak,*
1715, *in-*12. v. m.

1550 Les heures de recréation & après dînées
de L. Guicciardin, trad. par Fr. de Belle-
Forest. *Paris, Buon,* 1578, *in-*18. m. r.
dent.

1551 Les Mondes Céleftes, Terreftres, & Infernaux, trad. de Doni, par Gab. Chappuis. *Lyon, Michel,* 1583, *in-8.* v. f.

Contes & Nouvelles.

1552 Il Decamerone di M. Giov. Boccaccio. *In Londra,* 1727, 2 *vol. in-12.* vél.

1553 Les Facétieufes nüits de Straparole. 1726, 2 *vol. in-12.* v. m.

1554 Novelle di Ant. F. Grazzini detto il Lafca. *In Londra, Nourfe,* 1756, *in-8.* v. m.

1555 Contes de Marguerite de Valois, Reine de Navarre. *Londres,* 1744, 2 *vol. in-12.* v. f.

1556 Les cent Nouvelles Nouvelles. *Cologne, Gaillard,* 1701, 2 *vol. in-8.* m. r. fig. détachées.

1557 Les Contes & Difcours d'Eutrapel, par le Seigneur de la Hériffaye. 1732, 3 *vol. in-12.* v. m.

1558 Les Contes de Bonaventure des Periers, avec les notes de la Monnoye. *Amfterdam, Chatelain,* 1735, 3 *vol. in-12.* v. m.

1559 Les cent Nouvelles Nouvelles, par Mme de Gomez. *Paris, Maudouyt,* 1735, 18 *vol. in-12.* v. b.

1560 Contes Moraux, par Marmontel. *Paris, Merlin,* 1765, 3 *vol. in 8.* fig. v. éc.

1561 Novelas exemplares de Miguel de Cervantes Saavedra. *En Haya, Neaulme,* 1739, 2 *vol. in-8.* fig. m. r.

Romans.

1562 De l'ufage des Romans, par Gordon

de Percel, (l'Abbé Lenglet Dufrefnoy).
Amfterdam, Poilras, 1734, 2 *vol. in-12,*
v. m.—L'Hiftoire juftifiée contre les Romans,
par le même. *Amfterdam,* 1735, *in-12,*
v. m.

1563 Nouvelle Bibliothèque de Campagne.
Paris, Lejay, 1776, 10 *vol. in-12,* v. m.

1564 Les affections de divers Amans, trad.
de Parthenius de Nicée. 1743, *in-8. v. f.*

1565 Heliodori Æthiopicorum libri X, Gr.
& Lat. Hieron. Commelini opera. *Apud
H. Commelinum,* 1596, *in-8.* vél.

1566 Heliodori Æthiopica, Græce, cum ani-
madverf. Jo. Bourdelotii, recenfuit J. Pet.
Shmidius. *Lipfiæ, G. T. Georgi,* 1772,
in-8. vél.

1567 Xenophontis Ephefiacorum libri V, de
amoribus Anthiæ & Abrocomæ, Græce,
cum Latina interpretatione Ant. Cocchii.
Londini, Gul. Bowyer, 1726.—Dionyfii
de fitu orbis liber, Græce, interprete An-
drea Papio. *Lugd. Bat. Gerard. Potuliet,*
1736, *in-8.* rel. en cart.

1568 Achillis Tatii de Clitophontis & Leucip-
pes amoribus libri VIII, Gr. & Lat. ex
editione Cl. Salmafii. *Lugd. Bat. Hegerus,*
1640, *in-12.* vél.

1569 Achillis Tatii de Clitophontis & Leucip-
pes amoribus libri VIII, Gr. & Lat. cum
notis varior. cura Benj. Gott. Laur. Boden.
Lipfiæ, Jo. Frid. Junius, 1776, *in-8.*
v. f.

1570 Sethos, par l'Abbé Teraffon. *Paris,
Guérin,* 1731, 3 *vol. in-12.* v. b.

1571 Les Aventures de Télémaque, fils d'Ulysse, par M. de Fénélon, avec des remarques. *Rotterdam, J. Hofhout*, 1725, *in-*12, fig. m. r.

1572 Cassandre, Roman. *Paris, Paulus Dumesnil*, 1752, 3 vol. *in-*12, v. m.

1573 Jo. Barclaii Argenis, cum notis variorum. *Lugd. Bat. ex offic. Hackiana*, 1664, 2 *vol. in-*8. v. b. — Ejusdem Satyricon cum notis variorum. *Lugd. Bat. ex officina Hackiana*, 1674, *in-*8. v. b.

1574 Jo. Barclaii Argenis, cum clave. *Lugd. Bat. ex offic. Elzeviriana*, 1630, *in-*12. v. b.

1575 Les Incas ou la destruction de l'empire du Pérou, par Marmontel. *Paris, Lacombe*, 1777, 2 *vol. in-*8. fig. v. f.

1576 Amours des Dames illustres de notre siecle. *Cologne*, 1680, *in-*12. m. bl.

1577 L'Astrée, par Honoré d'Urfé. *Paris*, 5 *vol. in-*8. parch.

1578 Le Diable boiteux, par le Sage. *Paris, Prault*, 1737, 2 *vol. in-*12. fig. v. m.

1579 Histoire des Sevarambes. *Amsterdam, Roger*, 1716, 2 *vol. in-*12 v. f.

1580 Les Journées amusantes, par Mme de Gomez. *Amsterdam*, 1734, 4 *vol. in-*12. v. f.

1581 The adventures of M. Lovell. *London, Cooper*, 1750, 2 *vol. in-*12. v. m.

1582 The adventures of Roderick Random. *London, Osborn*, 1748, 2 *vol. in-*12. v. m.

1583 Anna, or memoirs of a Welch heiress. *Dublin, White*, 1786, 2 *vol. in-*12. v. m.

1584 Chryfal, or, the adventures of a Guinea. *London, Becket,* 1761, 2 *vol. in*-12. v. m.

1585 Clariffa, by S. Richardfon. *London, Osborn,* 1751, 8 *vol. in*-12. v. m.

1586 The effufion of friendship, and fancy, in feveral letters. *London, Becket,* 1766, 2 *vol. in*-12. v. m.

1587 Hau Kiou Choaan, a tranflation from the Chinefe language. *London, Dodsley,* 1761, 4 *tom. rel. en* 2 *vol. in*-12. *fig.* v. m.

1588 The hiftory of Charlotte Summers. *Dublin, Long;* 1750, 2 *tom. rel. en* 1 *vol. in*-12. v. m.

1589 The hiftory of Lavinia Rawlins. *London, Owen,* 1756, 2 *vol. in*-12. v. b.

1590 The hiftory of mifs Indiana Danby. *London, Dodsley,* 1765, 2 *vol. in*-12. v. m.

1591 The hiftory of fir Charles Grandiffon, by S. Richardfon. *London, Hitch,* 1754, 6 *vol. in*-8. v. m.

1592 The hiftory of Sir William Harrington. *London, Bell,* 1772, 4 *vol. in*-12. v. m.

1593 The hiftory of two orphans, by Will. Toldervy. *London, Owen,* 1756, 4 *tom. rel. en* 2 *vol. in*-12. v. m.

1594 The life and opinions of Triftram Shandy. *London, Dodsley,* 1760, 4 *vol. in*-12. v. m.

1595 Memoirs of mifs Sidney Bidulph. *London, Dodsley,* 1761, 3 *vol. in*-12. v. m.

1596 Pamela; or, virtue rewarded, by S.

Richardſon. *London , Osborn ,* 1746, 4 *tom. rel. en* 2 *vol. in-*12. v. m.

1597 Les Mille & une Nuits , contes Arabes, trad. par Galland. *Paris ,* 1745 , 6 *vol. in-*12. v. m.

1598 Les Mille & un Jours, contes Perſans, trad. par Petis de la Croix. *Paris ,* 1766, 5 *vol. in-*12. v. m.

1599 Le Roman de Troyle, fils du Roi Priam, & comment il s'enamoura de la belle Criſei- da, pendant que les Grecs tenoient Troies aſſiégée, &c. tranſlaté en françois, par N. Beauveau, Sénéchal d'Anjou. *in-fol.* v. b. Manuſcrit ſur velin, orné de 10 jolies mi- niatures & de cadres autour de quelques pages.

1600 Vida y hechos del ingenioſo hidalgo Don Quixote de la Mancha , por Miguel de Cervantes. *En Haya , Goſſe ,* 1744, 4 *vol. in-*8. *fig.* m. cit.

PHILOLOGIE.

Critiques anciens & modernes.

1601 Elements of criticiſm. *Edinburgh , Millar,* 1763 , 3 *vol. in-*8. br.

1602 Jo. Clerici ars critica. *Amſtelædami , Waesbergius ,* 1712, 3 *vol. in-*12. v. f.

1603 Selecti Dionyſii Halycarnaſſenſis de priſ- cis ſcriptoribus tractatus , Gr. & Lat. Græca recenſuit Guil. Holwell. *Londini , Fletcher ,* 1766 , *in-*8. v. f.

1604 Athenæi Deipnoſophiſtarum libri XV, Gr. & Lat. ex recenſione Iſ. Caſauboni. *Lug.*

duni, *de Harſy*, 1612, 2 *tom. rel. en* 1 vol. *in-fol.* vél.

1605 Les quinze livres des Deipnoſophiſtes d'Athenée., trad. par l'Abbé de Marolles. *Paris*, *Langlois*, 1680, *in-4.* v. b.

1606 Auli Gellii noctes Atticæ. *Amſtelodami*, *Lud. Elzevirius*, 1651, *in-12.* m. r.

1607 Auli Gellii noctes Atticæ, cum notis varior. curante Ant. Thyſio. *Lugd. Bat.* *Pet. Leſſen*, 1666, *in-8.* vel.

1608 Auli Gellii noctes Atticæ, cum notis Jo. Fr. Gronovii. *Lugd. Bat. Du Vivié*, 1706, *in-4.* v. b.

1609 Auli Gellii noctes Atticæ, ex recenſione Jo. Lud. Conradi. *Lipſiæ*, *Georgi*, 1762, 2 vol. *in-8.* vel.

1610 Les Nuits Attiques d'Aulu Gelle, trad. par l'Abbé de V. *Paris*, *Dorez*, 1776, 3 vol. *in-12*, v. m.

1611 Aur. Theodoſii Macrobii opera, cum notis variorum. *Lugd. Bat. Arn. Doude*, 1670, *in-8.* vel.

1612 Aur. Theodoſii Macrobii opera, cum notis variorum. *Londini*, *Dricq*, 1694, *in-*8. v. m.

1613 Alexandri ab Alexandro genialium dierum libri ſex, cum notis variorum. *Lugd. Bat. ex Offic. Hackiana*, 1673, 2 vol. *in-*8. v. b.

1614 Lud. Cœlii Rhodigini lectiones antiquæ. *Francofurti*, *Gerlachius*, 1666, *in-fol.* v. b.

1615 Lampas, ſive fax artium liberalium, a Jano Grutero. *Francofurti*, *Rhodius*, 1602, 6 vol. *in-8.* v. b.

1616 H. Valeſii emendationum libri V, & de Critica libri II. edente P. Burmanno. *Amſlodami, Sal. Schouten,* 1740, *in*-4. v. m.

1617 Th. Pope Blount cenſura celebriorum authorum. *Genevæ, de Tournes,* 1696, *in*-4. v. b.

1618 Thomæ Gatakeri opera critica. *Traj. ad Rhen. Vande Water,* 1698, *in-fol.* v. b.

1619 Bern. Martini variarum lectionum libri quatuor, cura Did. Vander Kemp. *Traj. ad Rhen. Nic. a Vucht,* 1755, *in*-8. v. m.

1620 Triga opuſculorum criticorum rariorum, in quibus multa veterum auctorum loca explicantur. *Traj. ad Rhen. Mat. Viſch,* 1755, *in*-8. v. m.

1621 Epiſtola critica in qua Horatii loca aliquot & aliorum veterum emendantur, auct. Jer. Marklando. *Cantabrigiæ, Typ. Acad.* 1723, *in*-8. v. m.

1622 Jo. Jac. Reiske animadverſiones ad græcos auctores. *Lipſiæ, Litteris Loeperianis,* 1757, 5 *vol. in*-12. vel.

1623 Supplément à la philoſophie de l'hiſtoire, par M. Larcher. *Amſterdam, Changuion,* 1769, *in*-8. v. m.

1624 Le Diogene moderne, ou le deſaprobateur, par M. L. Caſtilhon. *Bouillon,* 1770, 2 *vol. in*-8. rel. en cart.

Satyres, Invectives, Défenſes, Apologies, &c.

1625 Elegantiores præſtantium virorum ſaty-

ræ. *Lugd. Bat. Maire*, 1655, 2 *tom. rel.
en* 1 *vol. in*-12. v. b.

1626 Titi Petronii Arbitri fatyricon, cum notis
variorum, concinnante Mich. Hadrianide.
Amſtel. Jo. Blaeu, 1669, *in*-8. vel.

1627 Titi Petronii Arbitri fatyricon, cui accedunt diverforum poetarum Luſus in Pria-
pum, Errores venerei, &c. cum notis
Bourdelotii. *Pariſiis, Audinet*, 1677, *in* 12.
v. f.

1628 T. Petronii Arbitri fatyricon, cum notis
variorum. *Traj. ad Rhen. Vande Water*,
1709, *in*-4. v b.

1629 La Satyre de Pétrone, trad. par Nodot.
Cologne, Grolh, 1694, 2 *vol. in*-12, fig. v. f.

1630 Jo. Barclaii fatyricon. *Lugd. Bat.
apud Elzevirios*, 1637, *in*-12. m. r.

1631 Sardi venaleſ. Satyra menippea, Pet.
Cunæus fcripſit. *Goudæ, Vander Hoeve*,
1665, *in*-18. vél.

1632 Satyres de Rabener, trad. par de Boiſ-
preaux. *Paris, Simon*, 1754, 4 *vol. in*-12.
v. m.

1633 L'art de plumer la Poule fans crier.
Cologne, 1710, *in*-12. v. m.

1634

1635 Querelles littéraires, par l'Abbé Irail.
Paris, Durand, 1761, 4 *vol. in*-12. v. m.

1636 Jo. Burch. Menckenii de Charlataneria
eruditorum declamationes duæ, cum notis
variorum. *Amſtelodami*, 1716, *in*-12. v. m.

1637 De la Charlatanerie des favans, par
Menken.

Menken. *La Haye*, *Van Duren*, 1721, *in*-12. v. m.

1638 Le Chef-d'œuvre d'un Inconnu, par Themiseuil de Saint-Hiacynthe. *Londres*, 1758, 2 *vol. in*-12. v. m.

1639 Histoire de Pierre de Montmaur, par de Sallengre. *La Haye*, *Van Lom*, 1715, 2 *vol. in*-12. fig. v. m.

1640 Le Conte du Tonneau, trad. de Swift. *La Haye*, *Scheurleer*, 1721, 2 *tom. rel. en* 1 *vol. in*-12, v. b.

1641 Apologie pour Hérodote, par H. Estienne, avec les remarques de le Duchat. *La Haye*, *Scheurleer*, 1735, 3 *vol. in*-8. v. m.

1642 Examen de la doctrine touchant le salut des Payens, ou nouvelle apologie pour Socrate, par J. Aug. Eberhard. *Amsterdam*, *Harrevelt*, 1773, *in*-8. v. m.

1643 Apologie pour les Grands Hommes soupçonnés de Magie, par Gab. Naudé. *Amsterdam*, *J. Fr. Bernard*, 1712, *in*-12. v. m.

1644 A reply to Dr Waterland's defense of his queries. *London*, *Knapton*, 1722, *in*-8. v. m.

Dissertations critiques, allégoriques, enjouées, &c.

1645 Eloge de l'Enfer. *La Haye*, *P. Gosse*, 1759, 2 *vol. in*-12. v. m.

1646 L'Eloge de la Folie, trad. d'Erasme, par Gueudeville. 1751, *in*-12. fig. v. m.

1647 Laus afini cum aliis feftivis opufculis. *Lugd. Bat. ex offic. Elzeviriana*, 1629, *in*-24. m. bl.

1648 H. Corn. Agrippa, fur la nobleffe & excellence du fexe feminin, trad. par Gueudeville. *Leiden*, *Haak*, 1726, *3 vol. in*-12. v. m.

1649 L'Apothéofe du beau fexe. *Londres*, *Vander Hoek*, 1712, *in*-12. vél.

1650 Les quinze Joies de Mariage. *La Haye*, *Rogiffart*, 1734, *in*-12. v. b.

1651 Tableau hiftorique des rufes & fubtilités des Femmes. *Paris*, *Billaine*, 1623, *in*-8. v. f.

Sentences, Apophtegmes, Adages, &c.

1652 Anthologia fententiarum Arabicarum, cum fcholiis Zamachsjarii Arab. & Lat. edidit H. Alb. Schultens. *Lugd. Bat. le Mair*, 1772, *in*-4. v. f.

1653 Morum philofophia poetica, a Th. Zuingero collecta. *Bafileæ*, *apud Epifcopios*, 1575, *2 vol. in*-8. v. m.

1654 Parodiæ morales Henr. Stephani, Gr. & Lat. *Excudebat H. Stephanus*, 1575, *in*-8. parch.

1655 Florilegium ethico-politicum, accedunt gnomæ parœmiæ que Græcorum, item proverbia Germanica, Italica, &c. recognofcente Jano Grutero. *Francofurti*, *Rhodius*, 1610, *3 vol. in*-8. v. b.

1656 Apophtegmata Græca Regum & Ducum, Philofophorum, ex Plutarcho & Diogene

Laertio, &c. Gr. & Lat. ex recensione H. Stephani. *Excudebat H. Stephanus*, 1568, *in*-12. v. m.

1657 Phocylidis carmina, Gr. & Lat. cum notis Jo. Ad. Schier. *Lipsiæ, Loewius*, 1751, *in*-8. v. m.

1658 Dionysii Catonis disticha de moribus, Gr. & Lat. cum notis varior. curante Ott. Arntzenio. *Amstelodami, ex offic. Schouteniana*, 1754, *in*-8. vél.

1659 Plutarchi de placitis Philosophorum libri V, Græce, Latine reddidit & recensuit Eduardus Corsinus. *Florentiæ, ex Imp. Typ.* 1750, *in*-4. v. m.

1660 Les Apophtegmes des anciens, tirés de Plutarque, &c. par Perrot d'Ablancourt. *Paris, Billaine*, 1664, *in*-4. v. b.

1661 Les Apophtegmes, ou bons mots des anciens, tirés de Plutarque, &c. par Perrot d'Ablancourt. *Paris, Delaulne*, 1694, *in*-12. m. r.

1662 Jo. Stobæi sententiæ, Gr. & Lat. edente Conrado Gesnero. *Basileæ, Oporinus*, 1549, *in-fol.* baf.

1663 L. Annæi Senecæ & Pub. Syri singulares sententiæ, cum notis variorum. *Lugd. Bat. du Vivier*, 1708, *in*-8. rel. en cart.

1664 Adagiorum D. Erasmi epitome. *Amstelodami, Lud. Elzevirius*, 1650, *in*-12. v. b.
—Epigrammatum delectus. *Parisiis, Savreux*, 1659, *in*-12. v. f.

1665 A compleat collection of English proverbs, also the most celebrated proverbs of the Scotch, Italian, French, &c with annotations and explications by John Ray author of the historia plantarum. *London*, 1768, *in*-8. v. m.

1666 Encyclopédie de penfées, de maximes, &c. *Paris, Guillyn*, 1761, *in*-8. v. m.

1667 Bibliotheque amufante & inftructive. *Paris, Duchefne*, 1755, 3 *vol. in*-12. v. m.

1668 L'efprit de Montaigne. *Berlin*, 1753, 2 *vol. in*-12. v. m.

1669 Efprit de Leibnitz. *Lyon, Bruyfet*, 1772, 2 *vol. in*-12. v. m.

1670 Les penfées de Voltaire. 1765. — Penfées de l'Abbé Prévoft. *Paris, Defaint*, 1764. — Efprit, faillies & fingularités du Pere Caftel. *Paris, Vincent*, 1763, 3 *vol. in*-12. v. porph.

1671 Les penfées de J. J. Rouffeau. *Paris, Panckoucke*, 1766, 2 *vol. in*-12. v. m.

1672 Poggiana. *Amfterdam, Humbert*, 1720, 2 *vol. in*-12 v. f.

1673 Menagiana. *Paris, Veuve Delaulne*, 1729, 4 *vol. in*-12. v. f.

1674 Parrhafiana. *Amfterdam, Schelte*, 1701, 2 *vol. in*-12. v. b.

1675 Ducatiana. *Amfterdam, Humbert*, 1738, 2 *vol. in*-12. v. m.

1676 Vafconiana, ou recueil des bons mots, des rencontres les plus vives des Gafcons. *Paris, Brunet*, 1710, *in*-12. v. f.

1677 Saillies d'efprit, par Gayot de Pitaval. *Paris, Briaffon*, 1732, 2 *vol. in*-12. v. b.

1678 Killegrew's jefts : or, a pocket companion for the wits. *London*, *Wareus*, 1759, *in*-12. v. m.

Hiéroglyphes, ou Emblêmes, Devises, &c.

1679 Ori Apollinis, de sacris notis & sculpturis libri duo, Gr. & Lat. ex recensione Jo. Merceri. *Parisiis, Kerver,* 1551, *in*-8. fig. v. m.

1680 Horapollinis Hieroglyphica, Gr. & Lat. edente Jo. Corn. de Paw. *Traj. ad Rhen. Charlois,* 1727, *in*-4. v. f.

1681 Amoris divini emblemata, studio & ære Othonis Vænii concinnata. *Antverpiæ, ex offic. Plantiniana,* 1660, *in*-4. fig. m. cit.

1682 Emblemata & aliquot nummi antiqui, operis Jo. Sambuci. *Antverpiæ, Plantin,* 1576, *in*-18. fig. v. f.

1683 Idea principis christiano politici symbolis CI expressa, à Didaco Saavedra. *Parisiis, Leonard,* 1660, *in*-12. fig. v. b.

Polygraphes anciens & modernes.

1684 Luciani Samosatensis opera, Gr. & Lat. cum notis variorum. *Amstelodami, Blaeu,* 1687, 2 *vol. in*-8. v. b.

1685 Luciani Samosatensis opera, Græce, cum nova versione Tib. Hemsterhusii, notas adjecit Jo. Fred. Reitzius. *Amstelodami, Jac. Wetstein,* 1743, 4 *vol. in*-4. v. éc.

1686 Philostratorum quæ supersunt omnia,

L iij

Gr. & Lat. ex recenfione Got. Olearii. *Lipfiæ, Fritfch*, 1709, *in-fol.* v. m.

1687 Marfilii Ficini opera. *Parifiis, Bechet*, 1641, 2 *vol. in-fol.* v. m.

1688 Pet. Pomponatii opera. *Bafileæ, Henric. Petrus*, 1567, *in-8.* v. b.

1689 God. Guil. Leibnitii opera omnia, ftud. Lud. Dutens. *Genevæ, de Tournes*, 1768, 6 *vol. in-4.* v. m.

1690 Jo. Gottlieb Heineccii opera ad univerfam Jurifprudentiam, Philofophiam, &c. pertinentia. *Genevæ, Cramer*, 1744, 8 *vol. in-4.* v. m.

1691 Monumenta medii ævi, produxit & præfatus eft Chrift. G. Fr. Walchius. *Gottingæ*, 1757, 3 *vol. in-12.* v. m.

1692 Defiderii Erafmi opera omnia, ex recenfione Jo. Clerici. *Lugd. Bat. Vander Aa*, 1703, 10 *vol. in-fol.* v. m.

1693 Dominici Baudii epiftolæ & orationes. *Amftelodami, Janfonius*, 1660, *in-12.* v. m.

1694 Jufti Lipfii opera omnia. *Vefaliæ, Hoogenhuyfen*, 1675, 4 *vol. in-8.* fig. v. m.

1695 Lilii Gregorii Gyraldi opera omnia, ex recenf. Jo. Jenfii. *Lugd. Bat. Hackius*, 1696, *in-fol.* fig. v. f.

1696 Had. Relandi differtationes mifcellaneæ. *Traj. ad Rhen. Broedelet*, 1716, 3 *vol. in-12.* v. m.

1697 Raymundi Lullii opera. *Argentorati, Zetznerus*, 1617, *in-8.* v. b.

1698 Franc. Baconi Baronis de Verulamio

opera quæ extant omnia. *Amstelodami*, *Wetstenius*, 1685, 6 *vol. in*-12. v. f.

1699 Roberti Boyle opera varia. *Genevæ*, *de Tournes*, 1714, 5 *vol. in*-4. v. m.

1700 Œuvres diverses de M. Abauzit. *Londres*, 1770, *in*-8. v. f.

1701 Mélanges de Littérature, d'Histoire & de Philosophie, par d'Alembert. *Amsterdam*, *Chatelain*, 1759, 5 *vol. in*-12. v. m.

1702 Mémoires historiques, &c. par Amelot de la Houssaye. *Amsterdam*, *Chatelain*, 1737, 3 *vol. in*-12. v. m.

1703 Mélange critique de Littérature, par Ancillon. *Basle*, *Konig*, 1698, 3 *vol. in*-12. v. b.

1704 Recueil de pièces fugitives, d'Histoire, de Littérature, &c. par l'Abbé Archimbaud. *Paris*, *Lamesle*, 1717, 4 *vol. in*-12. v. m.

1705 Les loisirs d'un ministre, ou essais dans le goût de ceux de Montaigne, (par le Marquis d'Argenson). *Liège*, *Plomteux*, 1786, 2 *tom. en* 1 *vol. in*-8. en cart.

1706 Mémoires d'Histoire, de Critique & de Littérature, par l'Abbé d'Artigny. *Paris*, *Debure l'ainé*, 1749 7 *vol. in*-12. v. m.

1707 Recueil de discours sur diverses matieres importantes, par J. Barbeyrac. *Amsterdam*, *Humbert*, 1731, 2 *vol. in*-12. v. m.

1708 Amusemens Littéraires, par de la Barre de Beaumarchais. *La Haye*, *Van Duren*, 1740, 3 *vol. in*-12. v. m.

1709 Œuvres de P. Bayle. *La Haye*, *Husson*, 1727, 4 *tom.* rel. *en* 5 *vol. in*-fol. v. b.

1710 Œuvres diverses de l'Abbé de Bellegarde. *La Haye, Gosse*, 1758, 9 *vol. in-12.* v. m.

1711 Les Œuvres de Benserade. *Paris, de Sercy*, 1697, 2 *vol. in-12.* m. r.

1712 Recueil de divers Ouvrages en prose & en vers, par le Pere Brumoy. *Paris, Coignard*, 1741, 3 *vol. in-12.* v. m.

1713 Mémoires Historiques, Critiques & Littéraires, par Bruys. *Paris, Hérissant*, 1751, 2 *vol. in 12.* v. m.

1714 Divers ouvrages de M. de Crousaz. *Amsterdam*, 1757, 2 *vol. in-12.* v. m.

1715 Mémoires de Littérature & d'Histoire, par le P. Desmolets. *Paris, Nyon*, 1749, *XI vol. in-12.* v. m.

1716 Œuvres de Diderot. *Amsterdam*, 1772, 6 *vol. in 12.* v. f.

1717 Œuvres diverses de Juste Van Effen. *Amsterdam, Vytwerf*, 1742, 5 *vol. in-12.* v. m.

1718 Œuvres de M. de Saint-Evremond. *Amsterdam, Covens*, 1726 5 *vol. in-12.* fig. v. f.

1719 Mélange curieux des meilleures pieces attribuées à M. de Saint-Evremond. *Amsterdam, Covens*, 1726, 2 *vol. in-12.* v. f.

1720 Théâtre critique, ou discours sur différentes matieres, trad. de l'Espagnol du P. Ben. Jer. Feijoo. *Paris, Clément*, 1742, 2 *vol. in-12.* v. m.

1721 Œuvres diverses de M. le Franc de Pompignan. *Paris, Chaubert*, 1750, 2 *vol. in-12.* v. m.

1722 Œuvres du Philofophe de Sans-Souci, Frédéric II, Roi de Pruffe. 1760, 4 *vol. in-*12. v. m.

1723 Œuvres diverfes de la Fontaine. *Paris, Chaubert*, 1744, 4 vol. *in-*12. v. f.

1724 Monde primitif, analyfé & comparé avec le Monde moderne, par M. Court de Gebelin. *Paris, Boudet*, 1773, 8 *vol. in-*4. br.

1725 Traduction de diverfes œuvres compofées en vers & en profe, par M. Jacobi. *Paris*, 1771, *in-*8. br.

1726 Mélanges hiftoriques & recueils de diverfes matieres, par P. de Saint-Julien. *Lyon, Rigaud*, 1589, *in* 8. vél.

1727 Les Œuvres de Remond de Saint Mard. *Amfterdam, Mortier*, 1749, 2 *vol. in-*12. v. m.

1728 Œuvres complettes de M. Marmontel. *Paris, Née de la Rochelle*, 1787, 17 *vol. in-*8. br.

1729 Les diverfes leçons de Pierre Meffie, trad. par Cl. Gruget. *Paris, Longis*, 1554; *in-*8. v. f.

1730 Œuvres de Moncrif. *Paris, Brunet*, 1751, 2 *vol. in-*12. v. m.

1731 Œuvres choifies de feu M. de la Monnoye. *Paris, Saugrain*, 1769, 3 *vol. in-*8. v. m.

1732 Les effais de Michel de Montaigne. *Paris, l'Angelier*, 1600, *in-*8. v. m.

1733 Les effais de Michel, Seigneur de Montaigne. *Bruxelles, Foppens*, 1659, 3 *vol. in-*12. m. r.

1734 Les essais de Michel de Montaigne. *Londres, Tonson,* 1724, 3 *vol. in-4.* v. m.

1735 Essais de Michel de Montaigne avec des notes par P. Coste. *La Haye, Gosse,* 1727, 5 *vol. in-12.* v. m.

1736 Essais de Montaigne, avec les notes de Coste. *Londres, Nourse,* 1754, 10 *vol. in-12.* v. m.

1737 Œuvres de Montesquieu. *Amsterdam, Arkstée,* 1758, 3 *vol. in-4.* v. m.

1738 Œuvres de François la Mothe le Vayer. *Dresde, Groell,* 1756, 14 *vol. in-8.* v. m.

1739 Œuvres de la Motte. *Paris, Prault,* 175●, 11 *vol. in-12.* v. m.

1740 Œuvres mêlées de l'Abbé Nadal. *Paris, Briasson,* 1738, 3 *vol. in-12.* v. m.

1741 Les Œuvres de le Noble. *Paris, Ribou,* 1718, 19 *vol. in-12.* v. b.

1742 Œuvres de Louis Racine. *Paris, Desaint,* 1747, 4 *vol. in-12.* v. m.

1743 Les Œuvres du Pere Rapin. *Amsterdam, Roger,* 1709, 2 *vol. in-12.* v. m.

1744 Œuvres de l'Abbé de Saint-Real. *Amsterdam, l'Honoré,* 1740, 6 *vol. in-12.* v. m.

1745 Dissertations historiques & critiques sur divers sujets, par P. Rival. *Amsterdam, Humbert,* 1726, 3 *vol. in-12.* v. m.

1746 Œuvres de J. J. Rousseau. *Amsterdam, Rey,* 1762, 11 *vol. in-12.* v. m.

1747 Variétés sérieuses & amusantes, par

Sablier. *Paris*, *Mufier*, 1769, 4 *vol. in-*12. v. m.

1748 Bibliotheque critique, ou recueil de diverfes pieces dont la plupart ne font pas imprimées, &c. par de Sainjore. *Amfterdam*, *de Lormes*, 1708, 4 *vol. in-*12. v. m.

1749 Recueil de Pieces galantes, en profe & en vers, de Mme de la Suze & de Peliffon. *Trevoux*, 1725, 4 tom. rel. en 2 *vol. in-*12. v. f.

1750 Œuvres de Tourreil. *Paris*, *Brunet*, 1721, 4 *vol. in-*12. v. m.

1751 Œuvres diverfes de M. le Comte de Treffan. *Paris*, *Cellot*, 1776, *in-*8. v. m.

1752 Effais fur divers fujets de Littérature & de Morale, par l'Abbé Trublet. *Paris*, *Briaffon*, 1768, 4 *vol. in-*12. v. m.

1753 Les diverfes Leçons d'Antoine du Verdier. *Tournon*, *Michel*, 1616, *in-*8. v. f.

1754 Mélanges d'Hiftoire & de Littérature, par de Vigneul Marville. *Paris*, *Prudhomme*, 1725, 3 *vol. in-*12. v. m.

1755 Œuvres de Mme de Villedieu. *Paris*, *Rollin*, 1741, 12 *vol. in-*12. v. m.

1756 Les Œuvres de Voiture. *Paris*, *Robuftel*, 1729, 2 *vol. in-*12. v. f.

1757 Œuvres de Voltaire. *Geneve*, 1768, 24 *vol. in-*4. br.

1758 Œuvres de M. de Voltaire. 1770, 42 *vol. in-*8. v. porph.

1759 Anecdotes Littéraires. *Paris*, *Durand*, 1750, 2 *vol. in-*12. v. m.

1760 Antilogies & fragmens philofophiques. *Paris*, *Vincent*, 1774, 2 *vol. in-*12. v. f.

1761 Differtations mêlées fur divers fujets importans & curieux. *Amfterdam, Bernard,* 1740, 2 *vol. in-*12 v. b.

1762 Eſſais fur divers fujets de Politique & de Morale. 1760, 2 *vol. in* 8. v. m.

1763 Récréations hiſtoriques, critiques, morales & d'érudition. *Paris, Robuftel,* 1767, 2 *vol. in* 12. v. m.

1764 Recueil de pieces curieuſes, tant en proſe qu'en vers. *La Haye, Moetjens,* 1694, 5 *vol in-*12. v. b.

1765 Recueil de pieces choifies, tant en proſe qu'en vers. *La Haye, Van Lom,* 1714, 2 *vol. in-*12. v. b.

1766 Recueil de pieces d'Hiſtoire & de Littérature. *Paris, Chaubert,* 1731, 2 *vol. in-*12. v. m.

1767 Recueil A — &. *Fontenoy,* 1745, 24 *tom. rel. en* 13 *vol. in-*12. v. m.

1768 Recueil philoſophique & littéraire. *Paris, Lacombe,* 1769, 4 *vol. in-*12. v. m.

1769 Variétés hiſtoriques, philoſophiques & littéraires. *Paris, Nyon,* 1752, 3 *vol. in-*12. v. m.

1770 Variétés littéraires. *Paris, Lacombe,* 1768, 4 *vol. in-*12. v. m.

1771 Opere in verſi, e in proſa, Italiane e Latine, di Lod. Arioſto. *In Venezia, Pitteri,* 1741, 4 *vol. in-*12. v. m.

1772 Dei diſcorſi Toſcani del dottore Antonio Cocchi. *In Firenze, Bonducci,* 1761, *in-*4. v. éc.

1773 Œuvres de Machiavel. *La Haye,* 1743, 6 *vol. in-*12. v. m.

1774 Opere fcelte di Ferrante Pallavicino. *In Villa Franca*, 1673, 2 *vol. in*-12. v. b.

1775 Opere del padre Paolo dell'ordine de Servi. *In Venetia*, *Meietti*, 1687, 6 *vol. in*-12. v. m.

1776 Le Opere volgari di Jac. Sanazzaro. *In Padova*, *Comino*, 1723, *in*-4. rel. en cart.

1777 Mifcellaneous works , of the late Jof. Addifon. *London*, *Tonfon*, 1746, 5 *vol. in*-12. v. m.

1778 The Works of Francis Bacon , Baron of Verufam. *London*, *Millar*, 1765 5 *vol. in*-4. v. m.

1779 The Works of Lord Bolingbroke. *London*, 1754, 5 *vol. in*-4. v. m.

1780 The Works of Th. Brown, in profe and verfe. *London*, *H. Lintot*, 1744, 4 *vol. in*-12. v. m.

1781 The Works of Duke of Buckingham. *London*, *Brifcoe*, 1715, 2 *vol. in*-8. v. f.

1782 The genuine remains in verfe and profe of Sam. Butler, author of Hudibras. with notes by R. Thyer. *London*, *Tonfon*, 1759, 2 *vol. in*-8. v. éc.

1783 A collection of tracts , on various fubjects, by Th. Chubb. *London*, *Cox*, 1754, 2 *tom. rel. en* 1 *vol. in* 8. v. m.

1784 The Works of George Farquhar. *London*, *Knapton*, 1728, 2 *vol. in*-12. v. b.

1785 The Works of Henry Fielding. *London*, *A. Millar*, 1762, 8 *vol. in*-8. v. éc.

1786 Political mifcellaneous , and philofophical pieces, writen by Benj. Franklin. *London, Johnson,* 1779, *in-4.* br.

1787 A Cordial for low spirits, being a collection of curious tracts, by Th. Gordon. *London, Wilson,* 1763, 3 *vol. in-12.* v. m.

1788 The Works in verse and prose, of George Granville, Lord Lansdowne. *London, Tonson,* 1736, 3 *vol. in-12.* v. b.

1789 Three treatises, the first, concerning Art, the second concerning Music, Painting, and Poetry, the third concerning Happiness, by J. H. *London, Woodfall,* 1744, *in-8.* v. m.

1790 The Harleian miscellany, or a collection of scarce, curious, and entertaining pamphlets, and tracts, &c. *London, Osborne,* 1753, 8 *vol. in-4.* v. m.

1791 A Review of the works of the Royal Society of London, containaing animadversions on Arts, Antiquities, Medecine, &c. by John Hill. *London, Griffiths,* 1751, *in-4.* v. m.

1792 The moral and political works of Th. Hobbes. *London,* 1750, *in-fol.* v. m.

1793 Essays and treatises on several subjects, by David Hume. *London, Millar,* 1760, 4 *vol. in-12.* v. m. —The History of the man after god's own heart, by the same. *London,* 1761, *in-12.* v. éc.

1794 The Works of John Locke. *London, Bettersworth,* 1727, 3 *vol. in-fol.* v. b.

1795 Œuvres diverses de Locke. *Amsterdam, Bernard,* 1732, 2 *vol. in-12.* v. m.

1796 The miscellaneous works of Conyers Middleton. *London*, *Manby*, 1755, 5 vol. *in*-8. v. f.

1797 The Works of John Milton, Historical, Political, &c. *London*, *Millar*, 1753, 2 vol. *in*-4. Peau de truie.

1798 The Works in verse and prose, of Th. Parnell. *Glasgow*, *Foulis*, 1755. — Fables, by M. Moor. *Glasgow*, *Urie*, 1765, *in*-12. v. m.

1799 The Works of Alexander Pope, with commentaries and notes of M. Warburton. *London*, *P. Knapton*, 1751, 9 vol. *in*-8. v. f.

1800 Œuvres diverses de Pope, trad. en François. *Amsterdam*, *Arkstée*, 1758, 6 vol. *in*-12. v. m.

1801 An Essay on the writings and genius of Pope. *London*, *Cooper*, 1756, *in*-8. v. m.

1802 The Works of Sir Walter Ralegh, collected by Th. Birch. *London*, *R. Dodsley*, 1751, 2 vol. *in*-8. v. m.

1803 The Works in verse and prose of Will. Shenstone. *London*, *Dodsley*, 1764, 2 vol. *in*-8. br.

1804 Swift's Works. *London*, *Ch. Bathurst*, 1742, 13 vol. *in*-12. v. b.

1805 Letters written by Jonathan Swift, with notes by John Hawkersworth. *London*, *R. Davis*, 1766, 3 vol. *in*-8. v. m.

1806 The posthumous works of Jonathan Swift. *Edinbourgh*, *Balfour*, 1766, 2 vol. *in*-12. v. m.

1807 Remarks on the life and writings of
Dr Jonat. Swift, in a feries of letters from
John Earl of Orrery. *London*, *A. Millar*,
1752, *in-8. v. m.*

1808 The Works of Sir Will. Temple.
London, *Churchill*, 1720, 2 *vol. in fol.*
v. b.

1809 The mifcellaneous works of M. John
Toland. *London*, *Whifton*, 1747, 2 *vol.*
in-8. v. b.

1810 The Works of Edmund Waller, in
verfe and profe. *London*, *Tonfon*, 1730,
in-12. v. m.

1811 Crito, or, effays on various fubjects.
London, *Dodfley*, 1766, 2 *tom. rel. en*
1 *vol. in-8. v. m.*

1812 Effays and letters on various and impor-
tant fubjects. *London*, *Hope*, 1763, *in-8.*
v. m.

1813 Effays on various fubjects. *London*,
Baldwin, 1751, 2 *vol. in-12. v. m.*

Dialogues & Entretiens.

1814 Def. Erafmi colloquia. *Lugd. Bat. ex*
offic. Elzeviriana, 1636, *in-12. m. r.*

1815 Def. Erafmi colloquia. *Amftelodami*,
Lud. Elzevirius, 1650, *in-18. m. bl.*

1816 Def. Erafmi colloquia, cum notis variorum. *Delphis*, *Ad. Beman*, 1729, *in-8.*
v. m.

1817 Les Colloques d'Erafme, trad. par
Gueudeville. *Leide*, *Vander Aa*, 1720,
6 *tom. rel. en* 5 *vol. in-12.* fig. v. éc.

1818 Colloquia, meditationes, confolationes, confilia, judicia, fententiæ, refponfa, facetiæ, &c. Matt. Lutheri, in menfa prandii & cœnæ, fideliter tranfcripta. *Francofurti ad Mænum, Nic. Boffus*, 2 *vol. in-*8. v. f.

1819 Cinq Dialogues faits à l'imitation des Anciens, par Oratius Tubero. *Francfort, Savius, 1716*, 2 *vol. in* 12. v. b.

1820 Dialogues des morts, par Fr. de Salignac de la Motte-Fénélon. *Paris, Delaulne, 1718*, 2 *vol. in-12*. v. b.

1821 Moral and political Dialogues between divers eminent perfons. *London, Millar, 1760, in-*8. v. m.

1822 Moral and political Dialogues, by Doctor Hurd. *London, Bowyer, 1771*, 3 *vol. in-*8. v. m.

1823 Socrates out of his fenfes : or Dialogues of Diogene of Sinope, tranflat. by Winterfted. *London, Davies, 1771, in-12.* v. m.

1824 Entretiens des ombres aux Champs-Elifées. *Amflerdam, Vytwerf, 1723*, 6 *vol. in-12.* v. b.

Epiftolaires.

1825 Principum & illuftrium virorum Epiftolæ. *Amflelodami, Lud. Elzevirius, 1644, in-12.* vél.

1826 Epiftolæ obfcurorum virorum. *Londini, Clements, 1710, in-12.* m. r.

1827 Les plus belles Lettres Françoifes fur toutes fortes de fujets, tirées des meilleurs

M

Auteurs, par P. Richelet. *La Haye, Van Dole*, 1708, 2 *vol. in* 12. v. m.

1828 Epistolæ Hippocratis, Democriti, &c. Gr. & Lat. nunc primum editæ per Eilh. Lubinum. *Ex officina Commeliniana*, 1601, *in*-8. vél.

1829 Alciphronis Epistolæ, Gr. & Lat. recensuit Steph. Bergler. *Lipsiæ, Fritsch*, 1715, *in*-8. v. f.

1830 Libanii Sophistæ Epistolæ, Gr. & Lat. ex recensione Jo. Christ. Wolfii. *Amstelodami, Waesberge*, 1738, *in-fol*. v. f.

1831 Aristæneti Epistolæ, Græce, cum versione latina & notis Jos. Mercerii, curante Jo. Corn. de Paw. *Traj. ad Rhen. H. Besseling*, 1737, *in*-8. vél.

1832 C. Plinii Secundi Epistolarum libri X & Panegyricus. *Lugd. Bat. ex offic. Elzeviriorum*, 1640, *in*-12. m. r.

1833 C. Plinii Secundi Epistolarum libri decem, cum notis varior. ex recensione J. Veenhusii. *Lugd. Bat. ex officina Hackiana*, 1669, *in*-8. vél.

1834 C. Plinii Cœcilii Secundi Epistolarum libri X, cum notis varior. ex recensione P. Dan. Longolii. *Amstelodami, Janssonius a Waesberge*, 1734, *in*-4. v. f.

1835 Caii Plinii Secundi opera quæ supersunt omnia. *Glasguæ, Foulis*, 1751, 3 *vol. in*-12. br.

1836 C. Plinii Secundi Epistolarum libri decem, ejusdem Panegyricus, cum annotationibus Jo. Mat. Gesneri. *Lipsiæ, Casp. Fritsch*, 1770, *in* 8. vél.

1837 Lettres de Pline le Jeune, trad. par de Sacy. *Paris*, 1760, 2 *vol. in*-12. v. m.

1838 The Letters of Pliny the Younger; with obfervations by John Earl of Orrery. *London, J. Bettenham*, 1752, 2 *vol. in*-8. v. m.

1839 Le Philofophe Payen, ou penfées de Pline, avec un commentaire, par Formey. *Leide, Luzac*, 1759, 3 *vol. in*-12. v. m.

1840 Jac. Tollii Epiftolæ itinerariæ. *Amftelodami, Halma,* 1700. — Galliæ antiquitates quædam felectæ. *Parifiis, Ofmont,* 1733. — H. Cannegieteri differtatio de Brittenburgo, &c. *Hagæ Comit. de Hondt,* 1734, *in*-4. vél.

1841 Lettres de Mme de Sévigné. *Leide, Verbeek*, 1736, 6 *vol. in*-12. v. m.

1842 Lettres choifies de Guy Patin. *Paris, Petit*, 1692, 3 *vol. in*-12. v. m.

1843 Lettres choifies de Simon. *Amfterdam, Mortier*, 1730, 4 *vol. in*-12. v. m.

1844 Lettres nouvelles de Bourfault. *Luxembourg, Chevalier*, 1702, 2 *vol. in*-12. v. m.

1845 Lettres de J. Bapt. Rouffeau. *Geneve, Barillot*, 1750, 5 *vol. in*-12. v. f.

1846 Lettres Perfannes, par Montefquieu. *Londres, Kelmarneck*, 1759, 2 *vol. in*-12. v. éc.

1847 Lettres de l'Abbé le Blanc. *Amfterdam*, 1751, 3 *vol. in*-12. v. m.

1848 Lettres familieres du Baron de Bielfeld.

La Haye, Goffe, 1763, 2 *vol. in-12.*
v. m.

1849 Lettres Juives, par le Marquis d'Argens. *La Haye, Paupie*, 1738, 6 *vol. in-12.* rel. en cart.

1850 Lettres Chinoifes, par le Marquis d'Argens. *La Haye, Goffe*, 1751, 5 *vol. in-12.* v. m.

1851 Lettres cabaliftiques, par le Marquis d'Argens. *La Haye, Paupie*, 1754, 7 *vol. in-12.* v. m.

1852 Lettres & Vie du Pape Clément XIV, Ganganelli. *Paris, Lottin*, 1776, 4 *vol. in-12.* v. f.

1853 Letters of Algernon Sydney, to Henry Savile, Ambaffador in France, in the year 1679. *London, Dodfley*, 1742, *in-8.* v. m.

1854 Lettres de Mylord Chefterfield. *Amfterdam, Van Harrevelt*, 1776, 4 *vol. in-12.* v. m.

1855 Letters, on the fpirit of Patriotifm. *London, Millar*, 1750, *in-8.* v. m.

1856 The Letters of Sir Thomas Fitzofborne. *London, R. Dodfley*, 1750, *in-8.* v. m.

1857 Epiftles philofophical and moral. *London, Wilcox*, 1759, *in-8.* v. porph.

1858 Letters of Lady Vortley Montague. *London, Becket*, 1763, 3 *tom.* rel. en 1 *vol. in-12.* v. m.

1859 Letters to Lord Mansfield, from And. Stuart. *London*, 1773, *in-4.* br.

1860 Lettres d'un Philofophe Chinois, trad.

de l'Anglois. *Amſterdam , Boite, 1763, 3 tom. rel. en 1 vol. in-12. v. porph.*

HISTOIRE.

Introduction à l'étude de l'Hiſtoire.

1861 ELÉMENS de l'Hiſtoire , par l'Abbé de Vallemont. *Amſterdam , de Coup , 1714 , 3 vol. in-12. v. b.*

1862 Méthode pour étudier l'Hiſtoire ; par l'Abbé Lenglet Dufreſnoy. *Paris , Gandouin , 1729 , 6 vol. in-4.* Gr. Pap. v. f.

1863 Traité des différentes ſortes de preuves qui ſervent à établir la vérité de l'Hiſtoire, par le P. H. Griffet. *Liege , Baſſompierre, 1769, in-12. v. m.*

Géographie.

1864 Notitia orbis antiqui , auctore Chriſt. Cellario. *Lipſiæ , Gleditſchius , 1731 , 2 vol. in-4. v. m.*

1865 Géographie ancienne abrégée , par d'Anville. *Paris , Merlin , 1768 , 3 vol. in-12. v. m.*

1866 Geographiæ veteris ſcriptores Græci minores , Gr. & Lat. ex recenſione Jo. Hudſon. *Oxoniæ , e Th. Sheldoniano , 1698 , 4 vol. in-8. v. m.*

1867 Strabonis rerum geographicarum libri XVII, Græc. & Lat. cum notis variorum , ex recenſ. Th. Janſſonii ab Almeloveen.

Amſtelod. Jo. Wolters, 1707, *in-fol.* vél.

1868 Strabonis de ſitu orbis libri XVII, a Guarino Veronenſi & Greg. Triſernate latinitate donati. *Amſtelodami, Janſſonius*, 1652, 2 *vol. in-12.* v. f.

1869 Stephanus Byzantinus de urbibus, Gr. & Lat. ed. Ab. Berkelio. *Lugd. Bat. Haaring*, 1694. — Lucæ Holſtenii notæ in Stephanum Byzantinum. *Lugd. Bat. Van-der Aa*, 1684, 2 *vol. in-fol.* v. m.

1870 Pomponius Mela, Solini Polyhiſtor. *Lugd. Bat.* 1645. — Dictys Cretenſis & Dares Phrygius de excidio Trojæ. *Amſtel.* 1630. — Hiſtoriæ Romanæ epitome. *Amſtel.* 1625, 3 *vol. in-18.* v. b. & vél.

1871 Pomponii Melæ de ſitu, orbis libri tres, cum notis variorum, curante Ab. Gronovio. *Lugd. Bat. Sam. Luchtmans*, 1748, 1 *tom. rel. en 2 vol. in-8.* m. r.

1872 Cl. Salmaſii Plinianæ exercitationes in Caii Julii Solini Polyhiſtora. *Ultrajecti, Vande Water*, 1689, 2 *vol. in-fol.* vél.

1873 Vetera Romanorum itineraria, ſive Antonii Auguſti itinerarium, curante Pet. Weſſelingio. *Lugd. Bat. Wetſtein*, 1735, *in-4.* v. f.

1874 Géographie hiſtorique, eccléſiaſtique, &c. par Dom Joſ. Vaiſſette. *Paris, Deſaint*, 1755, 4 *vol. in-4.* v. m.

1875 Géographie générale, trad. de Varenius. *Paris, Vincent*, 1755, 4 *vol. in-12.* v. m.

1876 Deſcription de l'Univers, par Allain Maneſſon Mallet. *Paris, Thierry*, 1683, 5 *vol. in-8.* fig. vél.

1877 Orbis antiqui tabulæ geographicæ secundum Cl. Ptolomœum. *Amstelod. Weistenii*, 1730, *in-fol.* v. f.

1878 Atlas, par Delisle, Jaillot & autres. 2 *vol. in-fol.* v. m.

1879 Atlas de la Navigation & du Commerce. *Amsterdam, Renard,* 1715, *in-fol.* v. b.

1880 Atlas de l'Europe, en 158 Cartes, par Jean-Bapt. Homann. 2 *vol. in-fol.* rel. en peau.

1881 Atlas historique de la France ancienne & moderne, par Rizzi Zannoni. *Paris,* 1765, *in-4.* v. m.

1882 Atlas chorographique, historique, &c. des Elections du Royaume. *Paris, Savoye,* 1763, *in-4.* v. m.

1883 Cartes géographiques de l'Electorat de Saxe, &c. *in-fol.* en peau.

1884 Tablettes géographiques pour l'intelligence des historiens & des poëtes Latins. *Paris, Lottin,* 1755, 2 *vol. in-12.* v. m.

1885 Dictionnaire des noms Latins de la géographie ancienne & moderne. *Paris, Lacombe,* 1777, *in-8.* v. m.

Voyages.

1886 De l'utilité des Voyages, par Baudelot de Dairval. *Paris, Aubouin,* 1686, 2 *vol. in-12.* fig. v. b.

1887 Mémoires instructifs pour un voyageur dans les divers Etats de l'Europe. *Amsterdam, du Sauzet,* 1738, 2 *vol. in-12.* v. m.

1888 Le curieux Antiquaire, ou recueil géographique & hiftorique des chofes les plus remarquables qu'on trouve dans les quatre parties de l'Univers, par Berkenmeyer. *Leide, Vander Aa,* 1729, 3 *vol. in*-8. fig. v. m.

1889 The World in miniature, or entertaining traveller. *London, Birt,* 1752, 2 *vol. in*-12. fig. v. m.

1890 Hiftoire générale des Voyages, par l'Abbé Ant. Fr. Prevoft. *Paris, Didot,* 1746, 19 *vol. in*-4. fig. v. m.

1891 Voyages faits principalement en Afie dans les XII-XVᵉ fiecles, recueillis par P. Bergeron. *La Haye, Neaulme,* 1735, *in*-4. v. éc.

1892 A new collection of Voyages, difcoveries and travels. *London, Knox,* 1767, 7 *vol. in*-8. fig. v. f.

1893 A collection of Voyages and difcoveries, by John Barrow. *London, Knox,* 1765, 3 *vol. in*-12. fig. v. porph.

1894 Les Voyageurs modernes, ou abrégé de plufieurs Voyages faits en Europe, Afie, & Afrique, trad. de l'Anglois. *Paris, Nyon,* 1760, 4 *vol. in*-12. v. m.

1895 Recueil des Voyages qui ont fervi à l'établiffement & aux progrès de la Compagnie des Indes Orientales, formée dans les Pays Bas. *Amfterdam, Bernard,* 1725, 10 *vol. in*-12. v. b.

1896 Hiftoire des navigations aux Terres Auftrales (par le Préfident de Broffes), *Paris, Durand,* 1756, 2 *vol. in*-4. v. m.

1897 Voyage autour du Monde, par G. Dampier. *Amsterdam, Marret,* 1711, 5 *vol. in*-12. fig. v. b.

1898 Voyage autour du Monde, par George Anson. *Paris, Quillau,* 1750, 5 *vol. in*-12. fig. v. m.

1899 Voyage autour du Monde, par M. de Bougainville. *Paris, Saillant,* 1772, 2 *vol. in*-8. v. m.

1900 Supplément au Voyage de M. de Bougainville. *Paris, Saillant,* 1772, *in*-8. v. m.

1901 Relation des Voyages entrepris par ordre de Sa Majefté Britannique, par le Capitaine Cook. *Paris, Saillant,* 1774, 4 *vol. in*-4. br.

1902 Troifieme Voyage du Capitaine Cook. *Paris, Piffot,* 1782, *in*-8. br.

1903 Voyage au Cap de Bonne-Efpérance, & autour du Monde, avec le Capitaine Cook, & principalement dans le Pays des Hottentots, par André Sparrman. *Paris, Buiffon,* 1787, 3 *vol. in*-8. fig. v. m.

1904 A Journal of a Voyage to the South Seas, by Sydney Parkinfon. *London, Richardfon,* 1773, *in*-4. fig. m. r. Gr. Pap. Sup. Rel. Angloife.

1905 Voyages dans la Mer du Sud, par les Efpagnols, trad. de Dalrymple, par de Freville. *Paris, Saillant,* 1774, *in*-8. v. m.

1906 Hiftoire des nouvelles découvertes faites dans la Mer du Sud, par M. de Freville. *Paris, Dehanfy,* 1774, 2 *vol. in*-8. v. m.

1907 Voyages de Thévenot en Europe, Afie

& Afrique. *Paris*, *Angot*, 1689, 5 vol. *in*-12. fig. v. b.

1908 Voyages de la Motraye en Europe, Afie, &c. *La Haye*, *Johnfon*, 1727, 3 *vol. in-fol.* fig. v. f.

1909 Voyages en Europe, en Afie & en Afrique, par Makintosh. *Paris*, *Regnault*, 1786, 2 *vol. in*-8. rel. en cart.

1910 Voyages de Paul Lucas dans la Turquie, l'Afie, &c. *Paris*, *Briaffon*, 1724, 3 *vol. in*-12. fig. v. b.

1911 Travels through part of Europe, Afia Minor, &c. by Ægid. Van Egmont. *London*, *Davis*, 1759, 2 *vol. in*-8. fig. v. éc.

1912 Voyage d'Italie, de Dalmatie, &c. par Spon & Wheler. *Amfterdam*, *Boom*, 1679, 2 *vol. in*-12. fig. v. b.

1913 Voyage de Dalmatie, de Grece & du Levant, par G. Wheler. *La Haye*, *Alberts*, 1723, 2 *vol. in*-12. fig. v. m.

1914 Voyages de Dumont en France, en Italie, &c. *La Haye*, *Foulque*, 1699, 4 *vol. in*-12. fig. v. b.

1915 Voyage en France, en Italie & aux Ifles de l'Archipel. *Paris*, *Charpentier*, 1763, 4 *vol. in*-12. v. m.

1916 Travels through Sicily, Magna Græcia, Egypt, by J. R. Forfter. *London*, *Edward*, 1773, *in*-8. br.

1917 A Tour through Sicily and Malta, by P. Brydone. *London*, *Strahan*, 1774, 2 *vol. in*-8. v. m.

1918 Travels through Holland, Germany, &c.

by M. de Blainville. *Dublin , Ewing ,* 1743, *in-*8. v. m.

1919 Travels through different cities of Germany , Italy , Greece , &c. by Alex. Drummont. *London W. Strahan ,* 1754 , *in-fol.* fig. v. éc.

1920 Voyages and travels through the Ruffian Empire, Tartary , &c. by John Cook. *Edinburgh ,* 1770 , 2 *vol. in-*8. v. m.

1921 Voyage en Pologne, Ruffie, Suede, &c. par Will. Coxe, trad. par Mallet. *Geneve, Barde,* 1786, 4 *vol. in-*8. rel. en cart.

1922 Les Voyages de Mandeflo & Olearius. *Leide, Vander Aa,* 1719, 2 *vol. in-fol.* fig. v. m.

1923 Les Voyages de J. Bapt. Tavernier en Turquie, en Perfe & aux Indes. *Suivant la Copie imp. à Paris,* 1703, 3 *vol. in-*12. fig. v. b.

1924 Voyage de Corn. le Brun, par la Mofcovie, en Perfe, & aux Indes Orientales. *Amflerdam, Weiflein,* 1718, 2 *vol. in-fol.* fig. v. b.

1925 Voyage au Levant, par Corn. le Brun. *Delft, Kroonevelt,* 1700, *in-fol.* fig. v. b.

1926 Les Voyages de Jean Struys en Mofcovie, en Tartarie & en Perfe. *Amflerdam, Van Meurs,* 1681, *in-*4. fig. v. b.

1927 Voyages du Chevalier Chardin en Perfe & autres lieux de l'Orient. *Amflerdam,* 1735, 4 *vol. in-*4. fig. v. m.

1928 Voyage aux Indes orientales & à la

Chine, par Sonnerat. *Paris, Froullé*, 1782, 3 vol. *in*-8. fig. br.

1929 Voyages de Shaw en Barbarie & au Levant. *La Haye, Neaulme*, 1743, 2 tom. rel. en 1 vol. *in*-4. fig. v. m.

1930 Voyages intéreffans dans différentes Colonies Françoifes, Efpagnoles, &c. *Paris, Baftien*, 1788, *in*-8. rel. en cart.

1931 Journal du Voyage de Michel de Montaigne en Italie. *Paris, le Jay*, 1774, 3 vol. *in*-12. br.

1932 Voyage de Michel de Montaigne en Italie. *Paris, le Jay*, 1774, *in*-4. br.

1933 Nouveau Voyage d'Italie, par Miffon. *La Haye, Van Bulderen*, 1702, 3 vol. *in*-8. fig. v. b.

1934 Voyage d'Italie, par Cochin. *Paris, Jombert*, 1758, 3 vol. *in*-12. v. m.

1935 Voyage en Allemagne, par le Baron de Riefbeck. *Paris, Buiffon*, 1788, 3 vol. *in*-8. rel. en cart.

1936 A Journey to the Weftern Iflands of Scotland. *London, Strahan*, 1775, *in*-8. br.

1937 Voyage de Gautier Schouten aux Indes Orientales. *Amfterdam, Roger*, 1707, 2 vol. *in*-12. v. b.

1938 Relation d'un Voyage du Levant, par Pitton de Tournefort. *Paris, de l'Imprimerie Royale*, 1717, 2 vol. *in*-4. fig. v. f. Papier Fin.

1939 Voyage en Sibérie, par Gmelin, trad. par M. de Keralio. *Paris, Defaint*, 1767, 2 vol. *in*-12. v. m.

1940 Voyage en Sibérie, par l'Abbé Chappe d'Auteroche. *Amſterdam, Rey,* 1769, 2 *vol. in-*12. fig. v. m.

1941 Travels in Egypt and Nubia, by Fred. Lewis Norden, tranſlated by P. Templeman. *London, Davis,* 1757, 2 *vol. in-fol.* fig. v. m.

1942 Voyage de Guinée, par G. Boſman. *Utrecht, Schouten,* 1705, *in-*12. fig. v. b.

1943 Voyage à l'Iſle de France, à l'Iſle de Bourbon, &c. *Paris, Merlin,* 1773, 2 *tom.* rel. en 1 *vol. in-*8. v. m.

1944 Voyages du Baron de la Hontan dans l'Amérique Septentrionale. *La Haye, l'Honoré,* 1703, 3 *vol. in-*12. fig. v. m.

1945 Voyages de M. le Marquis de Chatellux dans l'Amérique ſeptentrionale. *Paris, Prault,* 1786, 2 *vol. in-*8. rel. en cart.

1946 A New deſcription of Merryland. *London, Curll,* 1742.——The natural ſecret hiſtory of both ſexes, by Luke Ogle. *London,* 1740, *in-*8. br. en cart.

1947 Relation abrégée d'un Voyage fait dans l'intérieur de l'Amérique Méridionale, par de la Condamine. *Paris, veuve Piſſot,* 1745, *in-*8. v. m.

1948 Journal du Voyage fait à l'Equateur, pour la meſure des trois premiers degrés du méridien, par de la Condamine. *Paris, de l'Imprimerie Royale,* 1751, *in-*4. v. m.

1949 Voyage de la Riviere des Amazones, par de la Condamine. 1749, *in-*4. v. m.

1950 An account of the great diſtreſſes ſuffered by Commodore Byron and his companions on the coaſt of Patagonia, from the year 1740-1746. *London*, *Baker*, 1768, *in*-8.. br.

1951 Journal d'un Voyage fait aux Iſles Maloüines, par Dom Pernetty. *Berlin*, *de Bourdeaux*, 1769, 2 *tom. rel. en* 1 *vol. in*-8. v. m.

1952 Le Voyageur Philoſophe dans un Pays inconnu aux habitans de la terre, par de Liſtonai. *Amſterdam*, 1761, 2 *vol. in*-12. v. m.

Chronologie.

1953 Le Chronologiſte manuel. *Paris*, le-Jay, 1770, *in*-18. m. verd.

1954 D. Petavii rationarium temporum. *Lugd. Bat. Vander Aa*, 1710, *in*-8. fig. vél.

1955 L'antiquité des tems rétablie & défendue contre les Juifs & les nouveaux Chronologiſtes, par Pezron. *Paris*, *Marchand*, 1702, *in*-12. v. b.

1956 Défenſe de la Chronologie contre le ſyſtême de Newton, par Freret. *Paris*, *Durand*, 1758, *in*-4. v. m.

1957 Tablettes Chronologiques de l'Hiſtoire univerſelle, ſacrée & prophane, par l'Abbé Lenglet du Freſnoy. *Paris*, *Debure*, 1763, 2 *vol. in*-8. v. m.

1958 L'art de vérifier les dates. *Paris*, *Deſprez*, 1770, *in-fol.* br.

Hiſtoire univerſelle.

1959 Juſtini hiſtoriæ, cum notis Iſaaci Voſſii.

Lugd. Bat. ex offic. Elzeviriana, 1640, *in*-12. m. r.

1960 Juſtini hiſtoriæ cum notis varior. curante Ab. Gronovio. *Lugd. Bat. Sam. Lucht-mans*, 1760, *in*-8. vél.

1961 Pauli Oroſii hiſtoriarum libri ſeptem, edente Sig. Havercampo. *Lugd. Bat. Lucht-mans*, 1767, *in*-4. v. m.

1962 La Salade, laquelle fait mention de tous les Pays du Monde, par Ant. de la Salle. *Paris, Ph. le Noir*, 1527, *in-fol.* fig. v. f.

1963 The hiſtory of the World, by Walter Ralegh. *London, Baſſet*, 1687, *in-fol. fig.* v. b.

1964 Diſcours ſur l'Hiſtoire univerſelle, par Boſſuet. *Paris, David*, 1707, 2 *vol. in*-12. v. b.

1965 Introduction à l'Hiſtoire générale & politique de l'Univers, par le Baron de Pufendorff, continuée par Bruzen de la Martiniere. *Amſterdam, Chatelain*, 1743, 10 *vol. in*-12. v. m.

1966 An univerſal Hiſtory, from the earlieſt account of time to the preſent. *Dublin, Owen*, 1745, 67 *vol. in*-8. fig. br. en cart.

1967 Abrégé de l'Hiſtoire univerſelle, par le Comte de Boulainvilliers. 2 *vol. in-fol.* v. b. Manuſcrit ſur papier.

1968 Le grand Théâtre hiſtorique, par de Gueudeville. *Leide, Vander Aa*, 1703, 3 *vol. in-fol.* fig. v. b.

1969 Le nouveau Théâtre du Monde, par

Guendeville. *Leide*, *Vander Aa*, 1713, *in-fol.* v. f.

1970 Hiſtoire des Empires & des Républiques depuis le Déluge juſqu'à Jeſus-Chriſt, par l'Abbé Guyon. *Paris*, *Guerin*, 1736, 12 *vol. in*-12. v. m.

1971 Réflections on the riſe and fall of the ancient Republiks, by E. W. Montagu. *London*, *Millar*, 1759, *in*-8. v. m.

1972 Hiſtoire des inaugurations des Rois, Empereurs, &c. *Paris*, *Moutard*, 1776, *in*-8. v. m.

1973 Les Souverains du monde. *Paris*, *Cavelier*, 1734, 5 *vol. in*-12. v. m.

1974 Hiſtoire prophane, par L. El. du Pin. *Anvers*, *Lucas*, 1717, 5 *vol. in*-12. v. b.

1975 Hiſtoire ancienne des peuples de l'Europe, par le Comte du Buat. *Paris*, *Veuve Deſaint*, 1772, 12 *vol. in*-12. v. m.

1976 Hiſtoire univerſelle de Jacq. Auguſte de Thou. *Londres*, 1734, 16 *vol. in*-4. v. m.

1977 Hiſtoire du ſeizieme ſiecle, par Durand. *La Haye*, *de Hondt*, 1734, 4 *vol. in*-12. v. f.

1978 L'Eſpion dans les Cours des Princes Chrétiens, par Marana. *Cologne*, *Kinkius*, 1739, 7 *vol. in*-12. v. f.

1979 Hiſtoire du traité de Weſtphalie, par le Pere Bougeant. *Paris*, *Mariette*, 1744, 6 *vol. in*-12. v. b.

1980 Hiſtoire politique du ſiecle. *Leipſick*, *Fritſch*, 1758, *in*-8. v. m.

1981

1981 Mémoires pour fervir à l'Histoire de l'Europe, depuis 1740-1748. *Amsterdam*, 1749, 4 *vol. in-*12. v. m.

1982 The prefent ftate of Europe. *London*, *Longman*, 1752, *in-*8. v. m.

1983 Mémoires du Baron de Pollnitz, contenant les obfervations qu'il a faites dans fes Voyages, & le caractere des perfonnes qui compofent les principales Cours de l'Europe. *Liege*, *Demen*, 1734, 5 *vol. in-*12. v. b.

1984 Origine des premieres fociétés des Peuples, des Sciences, &c. *Paris*, *Lacombe*, 1769, *in-*8. v. m.

1985 L'efprit des ufages & des coutumes des différens Peuples, par M. Démeunier. *Paris*, *Piffot*, 1776, 3 *vol. in-*8. v. m.

1986 A new eftimate of manners and principles, being a comparifon betwen ancient and modern times. *Cambridge*, *Bentham*, 1760, *in* 8. v. m.

1987 De la félicité publique, ou confidérations fur le fort des hommes dans les différentes époques de l'Hiftoire, par le Marquis de Chatellux. *Amsterdam*, *Rey*, 1772, *in-*8. v. porph.

Hiftoire Eccléfiaftique générale.

1988 Jo. Laur. Moshemii inftitutionum Hiftoriæ Ecclefiafticæ antiquæ & recenfioris libri IV. *Helmftadii*, *Weygaud*, 1755, *in-*4 v. m.

1989 P. Ernefti Jablonski inftitutiones Hiftoriæ

Chriſtianæ. *Francofurti*, *Braun*, 1766, 3 vol. *in-8.* v. m.

1990 Jo. Lamii de eruditione Apoſtolorum liber, in quo multa quæ primitivorum Chriſtianorum litteras, doctrinas, ſcripta, placita, ſtudia, ritus, &c. attinent, exponuntur & illuſtrantur. *Florentiæ*, 1738, *in-8.* v. m.

1991 Joſ. Binghami opera quæ extant, ſcilicet, origines & antiquitates Eccleſiaſticæ, &c. ex lingua Angl. in Lat. convertit Jo. H. Griſchovius. *Halæ Magdeburgicæ*, 1751, 6 vol. *in-4.* v. m.

1992 Hiſtoire de l'établiſſement du Chriſtianiſme, tirée des ſeuls Auteurs Juifs & Payens, par Bullet. *Paris*, *Humblot*, 1764, *in-4.* v. m.

1993 Euſebii Pamphili, Socratis, Sozomeni, &c. Hiſtoria Eccleſiaſtica, Gr. & Lat. cum notis Henr. Valeſii & obſervationibus Guil. Reading. *Cantabrigiæ*, *Crownfield*, 1720, 3 vol. *in-fol.* v. f.

1994 Hiſtoire de l'Egliſe, écrite par Euſebe, trad. par Couſin. *Paris*, *Rocolet*, 1675, 4 vol. *in-4.* v. m.

1995 Hiſtoire de l'Egliſe, écrite par Euſebe, Socrate & Sozomene, trad. par Couſin. *Suivant la Copie imprimée à Paris*, 1686, 6 vol. *in-12.* vél.

1996 Sulpitii Severi Hiſtoria Sacra. *Lugd. Bat. ex offic. Elzeviriana*, 1643, *in-12.* v. f.

1997 Sulpitii Severi opera omnia, cum notis varior. accurante G. Hornio. *Lugd. Bat. Fr. Hackius*, 1647, *in-8.* v. f.

1998 Hiſtoire Eccléſiaſtique, par Fleury. *Paris*,

Defaint, 1758, 40 *vol. in-*12. v. porph.

1999 Abrégé de l'Histoire Ecclésiastique de Fleury, trad. de l'Anglois. *Berne*, 1766, *in-*12. v. m.

2000 Histoire de l'Eglise, par Basnage. *Rotterdam*, *Leers*, 1699, 2 *vol. in-fol.* v. m.

2001 A general Ecclesiastical History, by Laur. Echard. *London*, *Tonson*, 1729, 2 *tom. rel. en* 1 *vol. in* 8. v. porph.

2002 Histoire de l'Eglise & de l'Empire, par J. le Sueur. *Amsterdam*, *Mortier*, 1730, 7 *vol. in-*4. v. b.

2003 The history of the propagation of Christianity, and the overthrow of Paganism, by Rob. Millar. *London*, *Millar*, 1731, 2 *vol. in-*8. v. m.

2004 Histoire de l'Eglise en abrégé, par L. El. du Pin. *Paris*, *Vincent*, 1732, 4 *vol. in-*12. v. m.

2005 Abrégé de l'Histoire Ecclésiastique, par Racine. *Utrecht*, 1748, 15 *vol. in-*12. v. m.

2006 Abrégé chronologique de l'Histoire Ecclésiastique. *Paris*, *Hérissant*, 1751, 2 *vol. in-*8. v. m.

Histoire Ecclésiastique particuliere.

2007 Godefr. Hechtii Germania sacra & litterata. *Vuembergæ*, *Zimmerman*, 1717, *in-*12. v. m.

2008 Histoire Ecclésiastique d'Allemagne. *Bruxelles*, *Foppens*, 1722, 2 *vol. in-*8. fig. v. m.

2009 Bavaria sancta descripta a Matth. Radero, cum figuris Raph. Sadeler. *Monaci*, 1615, 2 *vol. in-fol.* m. r. Ch. Mag.

Histoire des Conciles.

2010 Histoire du Concile de Pise, par J. Lenfant. *Amsterdam, Humbert*, 1724, 2 *tom.* rel. en 1 *vol. in-4.* fig. v. f.

2011 Histoire du Concile de Constance, par J. Lenfant. *Amsterdam, Humbert*, 1727, 2 *vol. in-4.* fig. v. f.

2012 Histoire de la Guerre des Hussites & du Concile de Basle, par J. Lenfant. *Amsterdam, Humbert*, 1731, 2 *tom.* rel. en 1 *vol. in-4.* fig. v. f.

2013 Histoire du Concile de Trente, par Fra Paolo Sarpi, trad. par P. Fr. le Courayer. *Amsterdam, Wetstein*, 1736, 2 *vol. in-4.* v. f.

2014 Les nouvelles lumieres politiques pour le gouvernement de l'Eglise, ou l'Evangile nouveau du Cardinal Palavicin, révélé par lui dans son Histoire du Concile de Trente. *Cologne, Marteau*, 1687, *in-12.* m. viol.

Histoire des Papes, &c.

2015 B. Platinæ opus de vitis ac gestis summorum pontificum. 1664, *in-12.* vel.

2016 Histoire des Papes, par Bruys. *La Haye, Scheurleer*, 1732, 5 *vol. in-4.* v. f.

2017 A compendious history of the Popes, translated of C. W. F. Walch. *London, Rivington*, 1759, *in-8.* v. m.

2018 Hiftoire abrégée des Papes. *Paris, Moutard*, 1776, 2 *vol. in* 12. v. m.

2019 De Joanna Papiffa, auct. Dav. Blondello. *Amftelod. Blacu*, 1657, *in* 8. vel.
— Familier éclairciffement de la queftion fi une femme a été affife au Siége Papal de Rome, par Dav. Blondel. *Amflerd. Blaeu*, 1647, *in* 8. vel.

2020 Hiftoire de la Papeffe Jeanne, par Spanheim. *La Haie, Vanden Kieboom*, 1736, 2 *vol. in*-12. v. m.

2021 Hiftoria arcana five de vita Alexandri VI, Papæ, edita a God. Guill. Leibnizio, *Hannoveræ, Forflerus*, 1697, *in*-4. v. m.

2022 La vie du Pape Alexandre VI, & de fon fils Céfar Borgia. *Amfterdam, Mortier*, 1751, 2 *vol. in*-12. v. m.

2023 Dialogue entre S. Pierre & Jules II, à la porte du Paradis. 1727, *in*-12. rel. en cart.

2024 La vie du Pape Sixte V, trad. de Gregorio Leti. *Anvers, Foppens*, 1704, 2 *vol. in*-12. *fig.* v. b.

2025 Hiftoire des conclaves depuis Clément V, jufqu'à prefent. *Cologne*, 1703, 2 *vol. in*-8. *fig.* v. b.

2026 Tableau de la cour de Rome, dans lequel font repréfentés au naturel, fa politique & fon gouvernement tant fpirituel, que temporel. *La Haye, Neaulme*, 1726, *in*-12. v. f.

2027 L'état du fiége de Rome, fes Papes, leurs familles, leurs inclinations, &c. *Co-*

logne, *Marteau*, 1707, 2 *tom. rel. en* **1** *vol. in-*12. v. b.

Hiſtoire Monaſtique.

2028 Hiſtoire ou Antiquités de l'état monaſ-
tique & religieux. *Paris*, *Pralard*, 1698,
4 *vol. in-*12. v. b.

2029 Hiſtoire des Ordres monaſtiques. *Berlin*,
1751, 4 *vol. in-*12. v. m.

2030 Hiſtoire du Clergé ſéculier & régulier,
tirée de Bonanni, Hermant, &c. *Amſterdam*, *Brunel*, 1716, 4 *vol. in-*8. *fig.* v.
b. Gr. Pap.

2031 Liber aureus inſcriptus liber conformi-
tatum vitæ B. Franciſci, ad vitam D. N.
Jeſu Chriſti auct. Bart. de Piſis. *Bononiæ*,
Benatius, 1590, *in-fol.* m. r.

2032 Traduction du livre des conformités.
Amſterdam, 1734, 3 *vol. in-*12. m. r. *fig.*
de B. Picart.

2033 La guerre ſeraphique, ou Hiſtoire des
perils qu'a courus la barbe des Capucins
par les violentes attaques des Cordeliers.
La Haye, *de Hondt*, 1740, *in-*12. v. f.

2034 Mémoires pour ſervir à l'hiſtoire de
Port-Royal, par Fontaine & du Foſſé. *Cologne*, 1738, 3 *vol. in-*12. v. m.

2035 Hiſtoire de l'Abbaye de Port-Royal. *Cologne*, 1752, 7 *vol. in-*12. v. m.

2036 Hiſtoire générale de la Compagnie de
Jéſus. 1761, 4 *vol. in* 12. v. m.

2037 Hiſtoiré des Religieux de la Compagnie
de Jéſus. *Utrecht*, *Palfin*, 1741, 3 *vol.
in-*12. v. f.

2038 Hiftoire de l'admirable Don Inigo de Guipufcoa, par Rafiel de Selva. *La Haye, Le Vier*, 1736, 2 *tom. rel. en* 1 *vol in-*12. v. m.

Hiftoire des Ordres militaires & de Chevalerie.

2039 Hiftoire des Ordres militaires ou des Chevaliers, tirés de Giuftiniani, &c. *Amfterdam, Brunel*, 1721, 4 *vol. in-8. fig.* v. m.

2040 Nic. Gurtleri hiftoria Templariorum. *Amftelod. Weiftein*, 1691, *in-*12. v. b. — Hiftoire de la condamnation des Templiers, par P. Dupuy. *Bruxelles, Foppens*, 1713, 2 *vol. in* 12. v. b.

2041 Hiftoire des Chevaliers de S. Jean de Jérufalem, par l'Abbé de Vertot. *Paris, Quillau*, 1726, 4 *vol. in-*4. *fig.* Gr. Pap. v. b.

Actes des Martyrs, Paffions & Martyrologes.

2042 De vita & morte Mofis libri tres cum obfervationibus Gilb. Gaulmini, &c. cum præfatione Jo. Alb. Fabricii. *Hamburgi, Liebezeit*, 1714, *in-*8. baf.

2043 Les véritables Actes des Martyrs recueillis par Dom Thierry Ruinart, trad. par Drouet de Maupertuis. *Paris, Guerin*, 1732, 2 *vol. in* 12. v. m.

2044 Les Vies des Saints, par Adrien Baillet. *Paris, Veuve Roulland*, 1724, 4 *vol. in fol.* v. m.

2045 Les Vies des SS. Peres des Déferts, trad.

par Arnauld d'Andilly. *Paris, Joſſe,* 1701, 3 *vol. in-8. v. b.*

2046 Les Vies des SS. Peres des Déſerts d'Orient. *Paris, Deſaint,* 1757, 5 *vol. in-*12. *fig.* v. m.

2047 La Vie du Pere Paul, de l'ordre des Servites. *Amſterdam, Raveſtein,* 1663, *in-*12. m. r.

2048 Mémoires touchant la vie de M. de S. Cyran, par Lancelot. *Cologne,* 1738, 2 *vol. in-*12. v. m.

2049 La vie de Madame Guion. *Cologne, La Pierre,* 1720, 3 *vol. in-*12. v. f.

2050 La vie de la vénérable Mere Marguerite Marie (Alacoque,) par J. Joſ. Languet. *Paris, Veuve-Mazieres,* 1729, *in-*4. v. b.

Hiſtoire générale des Religions, Sectes & Héréſies.

2051 De l'importance des Opinions Religieuſes, par M. Necker. *Paris,* 1788, *in-*8. rel. en cart.

2052 Dictionnaire hiſtorique des Cultes Religieux. *Paris, Vincent,* 1770, 3 *vol. in-*8. v. m.

2053 Ant. Van Dale diſſertationes de origine ac progreſſu idololatriæ & ſuperſtitionum. *Amſtelodami, Boom,* 1696, *in-*4. vél.

2054 The hiſtory of falſe Religion in the earlier pagan world, by H. Coventry. *Glaſgow, Urie,* 1761, *in-*12. v. porph.

2055 La porte ouverte pour parvenir à la connoiſſance du Paganiſme caché, par Ab.

Roger, trad. par Th. la Grue. *Amsterdam,
Schipper*, 1670, *in-4.* fig. v. b.

2056 Les Religions du monde, par Alexandre
Ross, trad. par Th. la Grue. *Amsterdam,
Wolfgang*, 1686, 3 *vol. in-12.* fig. v. b.

2057 Histoire critique des dogmes & des
cultes qui ont été dans l'Eglise depuis Adam
jusqu'à Jesus-Christ, par Jurieu. *Amster.am,
l'Honoré*, 1704, *in-4.* v. b.

2058 Cérémonies & coutumes Religieuses de
tous les Peuples du monde, représentées
par des figures gravées par B. Picart. *Amsterdam, Bernard*, 1723, 11 *vol. in-fol.* Gr.
Pap. v. f. Très belles Epreuves avec le
Frontispice.

2059 The ceremonies and Religious customs
of the various Nations of the world. *London, Proprietor*, 1741, *in-fol.* br.

2060 Examen des principales opinions, cérémonies & institutions Religieuses des différens Peuples de la terre. *Amsterdam*,
1766, *in-4.* v. f.

2061 Costumes civils actuels de tous les
Peuples connus, dessinés d'après nature,
gravés & coloriés, avec une notice historique, par M. Sylvain Maréchal. *Paris,
Pavard*, 1788, 4 *vol. in-4.* v. m.

2062 Histoire des cérémonies & des superstitions
qui se font introduites dans l'Eglise, par
Bernard. *Amsterdam, Bernard*, 1717,
in-12. m. r.

2063 Histoire critique des pratiques super-
stitieuses, par le Pere. P. le Brun. *Paris,
Delaulne*, 1732, 4 *vol. in-12.* v. b.

2064 Essai sur les erreurs & les superstitions anciennes & modernes, par Castilhon. *Francfort, Knoe*, 1766, *in*-8. v. m.

2065 Histoire du Christianisme des Indes, par la Croze. *La Haye*, 1758, 2 *vol. in*-12. v. m.

2066 Conformité des coutumes des Indiens Orientaux, avec celles des Juifs, & des autres Peuples de l'antiquité. *Bruxelles, Backer*, 1704, *in*-12. fig. m. r.

2067 Zend-Avesta, ouvrage de Zoroastre, trad. en François, par M. Anquetil du Perron. *Paris, Tilliard*, 1771, 3 *vol. in*-4. v. m.

2068 Zoroastre, Confucius & Mahomet, comparés comme sectaires, &c. par M. de Pastoret. *Paris, Buisson*, 1787, *in*-8. rel. en cart.

2069 Le Chou-King, un des livres sacrés des Chinois, recueilli par Confucius, trad. par le P. Gaubil, & corrigé par M. de Guignes. *Paris, Tilliard*, 1770, *in*-4. v. m.

2070 L'Ezour-Vedam, ou ancien commentaire du Vedam, trad. du Samscretan par un Brame, publié par M. le Baron de Sainte-Croix. *Yverdon, de Félice*, 1778, 2 *vol. in*-12. v. m.

2071 Histoire de la Religion des Banians, contenant leurs loix, &c. trad. de Henri Lord. *Paris, de Ninville*, 1667, *in*-12. v. b.

2072 Dictionnaire des hérésies, par M. l'Abbé Pluquet. *Paris, Nyon*, 1762, 2 *vol. in*-8. v. m.

2073 The hiftory of perfecution, by Sam. Chandler. *London*, *Gray*, 1736, *in*-8. v. m.

2074 Hiftoria Atheifmi, a Jenkino Thomafio. *Altorfii Noricorum, Kohlefius,* 1713, *in*-12. v. b.

2075 Manichæifmus ante Manichæos, auct. Jo. Chrift. Wolfio. *Hamburgi*, *Liebezeit*, 1707, *in*-12. v. b.

2076 La Religion ancienne & moderne des Mofcovites. *Cologne*, *Marteau*, 1698, *in*-8. fig. v. b.

2077 Hiftoire des Flagellans, par Boileau. *Amfterdam*, *Plaats*, 1701, *in*-12. v. f.

2078 Hiftoire de la réformation, trad. de Jean Sleidan, par P. Fr. le Courayer. *La Haye*, *Staatman*, 1767, *3 vol. in*-4. v. f.

2079 Hiftoire du Calvinifme & celle du Papifme mifes en parallèle, par Jurieu. *Rotterdam*, *Leers*, 1683, 4 *vol. in*-12. v. b.

2080 Critique générale de l'hiftoire du Calvinifme de Mainbourg. *Villefranche*, 1685, 4 *vol. in*-12. v. b.

2081 Hiftoire des troubles des Cevennes, ou de la guerre des Camifards. *Villefranche*, 1760, 3 *vol. in*-12. v. m.

2082 Hiftoire de la réformation de la Suiffe, par Ruchet. *Geneve*, *Goffe*, 1740, 6 *vol. in*-12. v. m.

2083 Hiftoire des Anabaptiftes. *Amfterdam*, *Desbordes*, 1695, *in*-12. fig. v. b. ——Hiftoire

du Wiclefianifme. *Suivant la copie imp.*
à Lyon, 1696, *in*-12. v. f.

2084 Hiftoire des cinq propofitions de Janfenius, par Dumas. *Liege, Monmal*, 1699,
in-12. v. b. — Hiftoire du Janfenifme, par
Dom Gerberon. *Amfterdam, de Lorme*,
1700, 3 *vol. in*-12. v. b.

2085 Mémoires pour fervir à l'hiftoire de
la fête des Foux, par du Tillot. *Laufanne*,
1751, *in*-8. fig. v. m.

Hiftoire des Inquifitions.

2086 Phil. a Limborch hiftoria inquifitionis.
Amftelodami, 1692, *in-fol.* vél.

2087 Hiftoire de l'inquifition & fon origine,
par Marfollier. *Cologne, Marteau*, 1693,
in-12. v. b. — Le manuel des Inquifiteurs.
Lifbonne, 1762, *in*-12. v. m.

2088 Hiftoire des inquifitions. *Cologne, Marteau*, 1759, 2 *vol. in*-12. fig. v. m.

2089 Authentic memoirs concerning the Por-
tuguefe inquifition, alfo, reflections on ancient
and modern Popery. *London, Sandby*, 1761,
in-8. v. m.

2090 Relation de l'inquifition de Goa. *Paris,
Hortemels*, 1688, *in*-12. fig. v. b.

2091 Le manuel des Inquifiteurs. *Lifbonne*,
1762, *in*-12. v. f. — Procédures curieufes
de l'inquifition de Portugal contre les Francs-
Maçons. *in*-12. v. m.

HISTOIRE PROPHANE.

Histoire des Juifs.

2092 Flavii Josephi opera omnia, Gr. & Lat. cum notis Sigeberti Havercampi. *Amstelo-dami, Wetstenii,* 1726, 2 *vol. in-fol.* v. f.

2093 Histoire des Juifs, par Fl. Joseph, trad. par Arnauld d'Andilly. *Bruxelles, Frick,* 1701, 5 *vol. in-8.* fig. v. b.

2094 The sacred and prophane history of the world, by Sam. Shuckford. *London, Knaplock,* 1728, 2 *vol. in-8.* v. m.

2095 Histoire des Juifs, par Prideaux. *Amsterd. du Sauzet,* 1728, 6 *vol. in-12.* fig. v. m.

2096 Histoire des Juifs, par Basnage. *La Haye, Scheurleer,* 1716, 15 *vol. in-12.* v. m.

2097 Histoire du Peuple de Dieu, depuis la naissance du Messie, par le Pere Berruyer. *La Haye, Neaulme,* 1753, 8 *vol. in-12.* v. m.

2098 Had. Relandi Palæstina ex monumentis veteribus illustrata. *Traj. Bat. G. Broedelet,* 1714, 2 *vol. in-4.* vél.

Histoire des Monarchies anciennes, &c.

2099 Discours sur l'Histoire ancienne. *Paris, Saugrain,* 1766, *in-12.* v. m. —Discours sur l'Histoire moderne. *Paris,* 1769, *in-12.* v. m.

2100 Histoire ancienne par Rollin. *Paris,
Veuve Estienne*, 1731, 14 *vol. in-*12.
v. b. Il manque les tomes 2 & 3.

2101 Réflexions critiques fur les histoires des
anciens Peuples, par Fourmont. *Paris,
Musier*, 1735, 2 tom en 1 *vol. in-*4. v. b.

2102 Observations and inquiries relating to various parts of ancient history, by Jac.
Bryant. *Cambridge, Merrill*, 1767, *in-*4.
v. m.

2103 Mémoires fur l'Egypte, par d'Anville.
Paris, de l'Imprimerie Royale, 1766,
*in-*4. v. m.

2104 L'Egypte ancienne, par M. d'Origny.
Paris, Vincent, 1762, 2 *vol. in-*12. v. m.

2105 Jac. Perizonii Ægyptiarum originum
& temporum antiquissimorum investigatio.
Lugd. Bat. Vander Linden, 1711, 2 *vol.
in-*8. v. b.

2106 Recherches fur les Egyptiens & les
Chinois, par M. de Pauw. *Berlin, Decker*,
1773, 2 *vol. in-*12. v. f.

2107 Chronologie des Rois des Egyptiens.
Paris, Vincent, 1765, 2 *vol. in-*12. v. éc.

2108 Dictys Cretensis & Dares Phrygius de
bello Trojano, cum interpretatione Annæ
Daceriæ, in usum Delphini, curâ Jac.
Perizonii. *Amstelod. G. Gallet*, 1702,
*in-*8. v. m.

2109 Traité historique fur les Amazones, par
Pierre Petit. *Leide, Langerak*, 1718, 2
tom. rel. en 1 *vol. in-*12. fig. v. b.

Histoire Grecque.

2110 Paufaniæ Græciæ defcriptio accurata, Gr. & Lat. cum annotationibus Joach. Kuhnii. *Lipfiæ, Th. Fritfch,* 1696, *in-fol.* v. b.

2111 Paufanias, ou Voyage hiftorique de la Grèce, trad. par l'Abbé Gedoyn. *Amfterdam,* 1733, 4 *vol. in*-12. v. éc.

2112 Voyage du jeune Anacharfis en Grèce, par M. l'Abbé Barthelemy. *Paris, De Bure l'aîné,* 1788, 7 *vol. in*-8. & 1 *vol. in*-4. de Cartes, &c. br.

2113 Herodoti Hiftoria, Gr. & Lat. *Glafguæ, Foulis,* 1761, 9 *vol. in*-8. v. f.

2114 Herodoti hiftoriarum libri IX, Gr. & Lat. cum notis variorum, ex recenfione Pet. Weffelingii. *Amftelodami, Schoutenius,* 1763, 1 *tom. rel. en* 2 *vol in-fol.* v. f.

2115 Hiftoire d'Herodote, traduite du Grec, par M. Larcher. *Paris, Mufier,* 1786, 7 *vol. in*-4. Pap. d'Annonay, br.

2116 Petri Weffelingii differtatio Herodotea. *Traj. ad Rhen. G. T. a Paddenburg,* 1758, *in*-8. br.

2117 Thucydidis hiftoriæ, Gr. & Lat. cum animadverfionibus Car. And. Dukeri. *Amftelod. R. & J. Wetftenii,* 1731, *in-fol.* v. m.

2118 Thucydidis bellum Peloponefiacum, Gr. & Lat. *Glafguæ, Foulis,* 1759, 8 *vol. in*-8. v. f.

2119 Hiftoire de Thucydide, trad. par Perrot

d'Ablancourt. *Amsterdam*, 1713, 3 *vol.*
in 12. v. b.

2120 Xenophontis quæ extant opera, Gr. &
Lat. opera Jo. Leunclavii. *Lut. Parif. Typis*
Regiis, 1625, 2 *vol. in fol.* v. f.

2121 Xenophontis opera, Gr. & Lat. ex recenfione Ed. Wells, cura Car. Aug. Thieme,
cum præfatione Jo. Aug. Ernefti. *Lipfiæ*,
ex officin. Gleditfchiana, 1763, 4 *vol.*
in-8. v. m.

2122 Xenophontis inftitutio Cyri, expeditio,
& Græcorum res geftæ, Gr. & Lat. *Glaf-*
guæ, *Foulis*, 1767, 12 *vol. in*-8. v. f.

2123 Xenophontis Œconomicus, Apologia Socratis, &c. Græce, cum animadverfionibus
Jo. Aug. Bachii. *Lipfiæ*, *Fritfchius*,
1749, *in*-8. v. f.

2124 La Cyropédie de Xenophon, trad. par
M. Dacier. *Paris*, *les Freres De Bure*,
1777, 2 *vol. in*-12. v. m.

2125 Diodori Siculi Bibliothecæ hiftoricæ
libri qui fuperfunt, Gr. & Lat. recenfuit
Pet. Wefielingius. *Amftelodami*, *Jac. Wetf-*
tein, 1746, 2 *vol. in fol.* v. f.

2126 Hiftoire univerfelle de Diodore de Sicile,
trad. par l'Abbé Terraffon. *Paris*, *De Bure*,
1737, 7 *vol. in*-12. v. m.

2127 Arriani de expeditione Alexandri Magni
libri VII, ejufdem Indica, Tactica, &c.
Gr. & Lat. ex recenfione Nic. Blancardi.
Amftelod. Jo. Janffonius a Waefberge,
1668, 2 *vol. in*-8. v. b.

2128 Arriani expeditionis Alexandri Magni
libri feptem, & hiftoria Indica, Gr. & Lat.
cum

cum annotationibus G. Rapheli: *Amstelod. Wetstenius*, 1757, *in*-8. v. m.

2129 Quinti Curtii de rebus gestis Alexandri Magni libri superstites, cum notis variorum. *Lugd. Bat. Vander Aa*, 1696, *in*-8. fig. vél.

2130 Quinti Curtii Rufi de rebus gestis Alexandri Magni libri superstites, cum notis varior. curavit H. Snakenburg. *Delphis*, *Ad. Beman*, 1724, 2 *vol. in*-4. v. f.

2131 Quinte Curce de la vie & des actions d'Alexandre le Grand, trad. par Vaugelas. *La Haye*, *Alberts*, 1727., 2 *vol. in*-12. br.

2132 The history of ancient Greece, by John Gillies. *London*, *Strahan*, 1786, 2 *vol. in*-4. v. m.

2133 Recherches philosophiques sur les Grecs, par M. de Paw. *Berlin*, *Decker*, 1788, 2 *vol. in*-8. rel. en cart.

2134 Lamberti Bos antiquitates Græcæ, cum observationibus Jo. Frid. Leisneri. *Lipsiæ*, *Fritsch*, 1767, *in*-12. v. porph.

2135 Antiquités de la Grèce, trad. de Lambert Bos, par Lagrange. *Paris*, *Bleuet*, 1769, *in*-12. m. r.

Histoire Romaine, &c.

2136 Dionysii Halicarnassensis antiquitatum romanarum libri quotquot supersunt, Gr. & Lat. ex recensione Jo. Hudson. *Oxoniæ*, *e Th. Sheldoniano*, 1704, 2 *vol. in*-fol. v. m.

O

2137 Dionysii Halicarnassensis opera omnia, Gr. & Lat. ex recensione Jo. Jac. Reiske. *Lipsiæ, Georgi*, 1774, 5 *vol. in-*8. vél.

2138 Les Antiquités romaines de Denys d'Halicarnasse, trad. par Bellanger. *Paris, Lottin*, 1723, 2 *vol. in-*4. Gr. Pap. v. f.

2139 Titi Livii historiarum libri. *Amstelodami, Blaeu*, 1633, *in-*12. v. b.

2140 Titi Livii historiarum libri, ex recensione Heinsiana. *Lugd. Bat. ex offic. Elzeviriana*, 1634, 3 *vol. in-*12. m. r.

2141 Jo. Fred. Gronovii ad Titi Livii libros superstites notæ. *Lugd. Bat. ex officina Elzeviriorum*, 1645, *in-*12. m. r.

2142 Titi Livii historiarum quod extat, cum notis varior. ex recensione Jac. Gronovii. *Amstelod. Dan. Elzevirius*, 1679, 3 *vol. in-*8. v. b.

2143 Titi Livii Patavini historiarum libri qui supersunt, cum notis varior. curante Arn. Drakenborch. *Amstelod. J. Wetstenius*, 1738, 7 *vol. in* 4. vél.

2144 Titi Livii historiæ, edente Aug. Guil. Ernesti. *Lipsiæ, Weidman*, 1769, 3 *vol. in-*8. v. m.

2145 Histoire Romaine de Tite-Live, trad. par Guerin. *La Haye, Neaulme*, 1740, 10 *vol. in-*12. v. f.

2146 L. Annæus Florus, Cl. Salmasius addidit Lucium Ampelium, antehac numquam editum. *Lugd. Bat. apud Elzevirios*, 1638, *in-*12. m. r.

2147 L. Annæi Flori epitome rerum romanarum, cum notis variorum, curante Car.

And. Dukero. *Lugd. Bat. Sam. Luchtmans,* 1744, *in-8.* vél.

2148 C. Velleii Paterculi quæ fuperfunt, cùm notis varior. curante Pet. Burmanno. *Lugd. Bat. Sam. Luchtmans,* 1719, *in-8.* vél.

2149 C. Velleii Paterculi hiftoriæ romanæ quæ fuperfunt. *Glafguæ, Foulis,* 1752, *in-8.* v. f.

2150 Eutropii hiftoriæ romanæ breviarium, cura Jo. Stirling. *Londini,* 1736, *in-8.* v. b.

2151 Eutropii breviarium hiftoriæ romanæ. *Parifiis, Mérigot,* 1746, *in-12.* m. r.

2152 Eutropii breviarium hiftoriæ romanæ, cum metaphrafi Græca Peanii, & notis varior. accedit Rufus Feftus, ex recenf. Henr. Verheyk. *Lugd. Bat. Sam. Luchtmans,* 1762, *in-8.* v. f.

2153 S. Aurelii Victoris hiftoriæ romanæ breviarium, cum notis varior. cura Sam. Pitifci. *Traj. ad Rhen. Fr. Halma,* 1696, *in-8.* v. b.

2154 Sexti Aurelii Victoris hiftoria romana, cum notis varior. curante Jo. Arntzenio. *Amftelod. Janffonius a Waefberge,* 1733, *in-4.* vél.

2155 Polybii Lycortæ hiftoriarum libri qui fuperfunt, Gr. & Lat. ex recenfione Ifaaci Cafauboni. *Parifiis, H. Drouart,* 1609, *in-fol.* v. b.

2156 Polybii hiftoriæ quæ fuperfunt, Gr. & Lat. cum notis varior. curante Jac. Gronovio. *Amftelodami, Jo. Janffonius a Waefberge,* 1670, *3 vol. in-8.* v. b.

2157 Histoire de Polybe, trad. par Dom Vinc. Thuillier, avec le commentaire & les notes du Chevalier Folard. *Paris, Gandouin,* 1727, 7 *vol. in*-4. fig. v. f.

2158 Appiani Alexandrini historiæ, Gr. & Lat. cum notis varior. ex recensione Al. Tollii. *Amstelod. Jo. Janssonius a Waesberge,* 1670, 2 *vol. in*-8. v. b.

2159 Caius Sallustius Crispus. *Lugd. Bat. ex offic. Elzeviriana,* 1634, *in*-12. m. r.

2160 C. Crispi Sallustii opera omnia, cum notis variorum. *Lugd. Bat. ex offic. Hackiana,* 1677, *in*-8. v. b.

2161 C. Crispi Sallustii quæ extant, cum notis variorum, cura Sig. Havercampi. *Amstelodami, Fr. Changuion,* 1742, 2 *vol. in*-4. v. m.

2162 C. Crispus Sallustius, & L. Annæus Florus. *Birminghamiæ, Jo. Baskerville,* 1773, *in*-4. m. r.

2163 Discours politiques sur Salluste, par Gordon. 1759, 2 *vol. in*-12 v. m.

2164 C. Julii Cæsaris quæ extant. *Amstelodami, J. Janssonius,* 1628, *in*-18. m. r. l. r.

2165 C. Julii Cæsaris quæ extant, ex emendatione Jos. Scaligeri. *Lugd. Bat. ex offic. Elzeviriana,* 1635, *in*-12. m. r. Edition originale.

2166 C. Julii Cæsaris quæ extant, cum annotationibus Samuelis Clarke. *Londini, Tonson,* 1712, *in-fol.* fig. m. r. l. r. Superbe Exemplaire.

2167 C. Julii Cæsaris quæ extant omnia,

cum notis variorum, ex recenf. J. G. Grævii.
Lugd. Bat. S: Luchtmans, 1713, 1 tom.
rel. en 2 *vol. in-*8. fig. vél.

2168 C. Julii Cæfaris commentarii de bello
Gallico, &c. cum notis varior. cura Franc.
Oudendorpii. *Lugd. Bat. Sam. Luchtmans*,
1737, 2 *tom. rel. en* 1 *vol. in-*4. m. r.
C. M.

2169 Les Commentaires de Céfar, traduits
en François: *Amfterdam, Arkftée*, 1763,
2 *vol. in-*12. fig. v. m.

2170 C. Cornelii Taciti hiftoriæ, cum notis
Hug. Grotii. *Lugd. Bat. ex offic. Elzeviriana*, 1640, 2 *vol. in-*12. m. à compart.
dent.

2171 C. Corn. Taciti opera, cum notis
varior. recenfuit Jo. Frid. Gronovius. *Amftelodami, ex Typ. Blaviana*, 1685, 2 *vol.
in-*8. v. m.

2172 C. Corn. Taciti opera, cum animadverfionibus Th. Ryckii. *Lugd. Bat. Hackius*,
1687, 2 *tom. rel. en* 1 *vol. in-*8. vél. Ch.
Mag.

2173 Caii Corn. Taciti opera ex recenfione
Jac. Gronovii. *Traj. Bat. Jac. a Poolfum*,
1721, 2 *vol. in-*4. v. b.

2174 C. Corn. Taciti opera, fupplevit ac
recenfuit Gab. Brotier. *Parifiis, Delatour*,
1771, 4 *vol. in-*4. v. m.

2175 Tacite, avec des notes politiques &
hiftoriques, par Amelot de la Houffaye.
Amfterdam, le Cene, 1731, 10 *vol. in-*12.
v. f.

2176 Annales de Tacite, trad. par J. H.

Dotteville. *Paris, Moutard*, 1774, 2 *vol.* *in*-12. v. m.

2177 Hiſtoire de Tacite, trad. par J. H. Dotteville. *Paris, Moutard*, 1772, 2 *vol.* *in*-12. v. m.

2178 Traduction de quelques Œuvres de Tacite, par l'Abbé de la Bleterie. *Paris, Duchefne*, 1755, 2 *tom. rel. en* 1 *vol. in*-12. v. m.

2179 Opere di G. Corn. Tacito, trad. da Bernardo Davanzati. *In Parigi, la vedova Quillau*, 1760, 2 *vol.* *in*-12. v. f.

2180 The works of Tacitus. to which are prefixed, political diſcours, by Th. Gordon. *Dublin, Rhames*, 1728, 4 *vol.* *in*-8. v. m.

2181 Diſcours politiques ſur Tacite, par Th. Gordon. *Amſterdam, Changuion*, 1747, 2 *vol. in*-12. m. verd.

2182 H. Savilii in Taciti hiſtorias Commentarius. *Amſtelodami, Lud. Elzevirius*, 1649, *in*-12. vél.

2183 C. Suetonius Tranquillus. *Amſtelodami, Janſſonius*, 1627, *in*-18. m. r. l. r.

2184 C. Suetonius Tranquillus, ex recenſione Jo. Georgi Grævii. *Traj. ad Rhen. Guil. a Poolfum*, 1708, *in*-4. vél.

2185 C. Suetonii Tranquilli opera, & in illa commentarius Sam. Pitiſci. *Leovardiæ, Fr. Halma*, 1714, 2 *vol. in*-4. vél.

2186 C. Suetonius Tranquillus, ex recenſione Fr. Oudendorpii & cum notis Cat. And. Dukeri. *Lugd. Bat. Luchtmans*, 1751, *in*-8. v. f.

2187 L'hiſtoire des Empereurs Romains, trad. de Suetone, par du Teil. *Lyon, Molin*, 1689, 2 *vol. in-*12. v. m.

2188 Les douze Céſars, trad. du latin de Suetone, par M. de la Harpe. *Paris, La-combe*, 1770, 2 *vol. in-*8. v. m,.

2189 Caſſii Dionis Hiſtoriæ romanæ quæ ſuper-ſunt, Gr. & Lat. ex recenſione H. Sam. Reimari. *Hamburgi, Chriſt. Heroldus*, 1750, 2 *vol. in-fol.* v. f.

2190 Herodiani hiſtoriæ, Gr. & Lat. *Oxoniæ, e Th. Sheld.* 1704, *in-*8. vél.

2191 Herodiani Hiſtoriarum libri VIII, Gr. & Lat. *Edinburgi, Ruddimannus*, 1724, *in-*8. v. éc.

2192 Zoſimi hiſtoriæ novæ, libri ſex, Gr. & Lat. notis illuſtrati. *Oxonii, e Th. Sheld.* 1679, *in-*8. v. b.

2193 Hiſtoire Romaine écrite par Xiphilin, par Zonare, & par Zoſime, trad. par Couſin. *Paris, Rocolet*, 1678, *in-*4. v. m.

2194 Hiſtoire Romaine, écrite par Xiphilin, trad. par Couſin. *Suivant la Copie imp. à Paris*, 1686, 2 *vol. in-*12. v. b.

2195 Ammiani Marcellini rerum geſtarum libri qui ſuperſunt, ex recenſione Valeſio-Gronoviana, in lucem emiſit Aug. Guil. Erneſti. *Lipſiæ, Weidmann*, 1773, *in-*8. vél.

2196 Ammian Marcellin, traduit en François, par l'Abbé de Marolles. *Paris, Barbin*, 1672, 3 *vol. in-*12. v. b.

2197 Ammian Marcellin, trad. en François. *Berlin, Becker*, 1775, 3 *vol. in-*12. v. m.

2198 Hiſtoriæ Auguſtæ ſcriptores, cum notis M. Zuerii Boxhornii. *Lugd. Bat. Jo. Maire,* 1632, 4 *vol. pet. in*-12. v. m.

2199 Hiſtoriæ Auguſtæ ſcriptores ſex, cum notis variorum. *Lugd. Bat. ex offic. Hackiana,* 1671, 2 *vol. in*-8. v. b.

2200 Juliani Imperatoris opera quæ ſuperſunt omnia, & S. Cyrilli contra Julianum libri X, Gr. & Lat. cum notis Ezech. Spanhemii. *Lipſiæ, Hæredes Weidmanni,* 1696 *in-fol.* v. b.

2201 Les Céſars de l'Empereur Julien, trad. par Spanheim. *Amſterdam, l'Honoré,* 1728, *in*-4. fig. v. m.

2202 Les Impératrices Romaines, par de Serviez. *Paris, Guillyn,* 1758, 3 *vol. in*-12. baſ.

2203 Hiſtoire Romaine, trad. de Laurent Echard. *Paris, Guerin,* 1728, 16 *vol. in*-12. v. b.

2204 Hiſtoire Romaine, par M. Rollin. *Paris, Veuve Eſtienne,* 1740, 16 *vol. in*-12. v. m.

2205 The Roman Hiſtory, by N. Hooke. *London, Hawkins,* 1757, 4 *vol. in*-4. fig. v. m.

2206 The Roman Hiſtory, from the foundation of the city of Rome, to the deſtruction of the weſtern Empire, by Dr Goldſmith. *London, S. Baker,* 1770, 2 *vol. in*-8. v. m.

2207 The Hiſtory of the decline and fall of the Roman Empire, by Ed. Gibbon. *London, Strahan,* 1776, *in*-4. v. m. Tome premier.

2208 Histoire des révolutions romaines, de Suede & de Portugal, par l'Abbé de Vertot. *La Haye, Van Dole,* 1734, *in*-4. v. m.

2209 Histoire des révolutions de l'Empire romain, par Linguet. *Paris, Desaint,* 1766, 2 *vol. in*-12. v. éc.

2210 La République romaine, ou plan général de l'ancien gouvernement de Rome, par de Beaufort. *La Haye, Van Daalen,* 1766, *in*-4. v. m.

2211 Traité des Loix politiques des Romains, du tems de la République, par de Pilati de Tassulo. *La Haye,* 1780, 2 *vol. in*-8. rel. en cart.

2212 Histoire des Empereurs, par Tillemont. *Paris, (* Bruxelles *),* 1692, 13 *vol. in*-12. v. b.

2213 Histoire des Empereurs Romains, depuis Auguste jusqu'à Constantin, par Crevier. *Paris, Desaint,* 1749, 12 *vol. in*-12. v. m.

2214 Abrégé chronologique de l'Histoire des Empereurs. *Paris, David,* 1754, 2 *vol. in*-8. v. m.

2215 Memoirs of the court of Augustus, by Th. Blackwell. *Edimburgh, Hamilton,* 1753, 3 *vol. in*-4. v. f.

2216 Histoire des grands chemins de l'Empire Romain, par Nic. Bergier. *Bruxelles, J. Leonard,* 1728, 2 *vol. in*-4. Gr. Pap. v. m.

2217 Observations sur les Romains, par l'Abbé de Mably. *Geneve,* 1751, 2 *vol. in*-12. v. m. — Parallèle des Romains & des François, par rapport au Gouvernement. *Paris, Didot*, 1740, 2 *vol. in-*12. v. m.

Histoire Byzantine.

2218 Imperium Orientale, five antiquitates Conftantinopolitanæ, ftud. Dom. Anf. Banduri. *Pariftis, Coignard*, 1711, 2 *vol. in-fol.* Ch. Mag. fig. v. f.

2219 Hiftoire de Conftantinople, par Coufin. *Paris, Rocolet*, 1672, 8 *vol. in-*4. v. m.

2220 Hiftoire de Conftantinople, trad. fur les originaux Grecs, par Coufin. *Suivant la Copie imp. à Paris*, 1685, 10 *vol. in-*12. v. b.

2221 Hiftoire du bas Empire, par le Beau. *Paris, Defaint*, 1758, 22 *vol. in-*12. v. m. Il manque le tome premier.

2222 Vie de l'Empereur Julien, par de la Bleterie. *Paris, Defaint*, 1746, *in-*12. v. m.

2223 Hiftoire de l'Empereur Jovien, par de la Bleterie. *Paris, Prault*, 1748, 2 *vol. in-*12. v. m.

2224 Hiftoire des révolutions de Conftantinople, par de Burigny. *Paris, Debure*, 1750, 3 *vol. in-*12. v. m.

HISTOIRE MODERNE.

Histoire d'Italie.

2225 Modern Hiftory : or the prefent ftate of all nations, by M. Salmon. *London*,

Longman, 1744, 3 *vol. in-fol.* fig. v. m.

2226 Hiftoire moderne des Chinois, &c. *Paris*, *Defaint*, 1754, 24 *vol. in-*12. v. m.

2227 Hiftoire des différens Peuples du monde, par M. Contant Dorville. *Paris*, *Edme*, 1772, 6 *vol. in-*8. v. m.

2228 Obfervations hiftoriques & géographiques fur les Peuples barbares qui ont habité les bords du Danube & du Pont-Euxin, par M. de Peyffonel. *Paris*, *Tilliard*, 1765, *in-*4. v. m.

2229 Nouveaux Mémoires, ou obfervations fur l'Italie & fur les Italiens. *Londres*, *Nourfe*, 1764, 3 *vol. in-*12. v. m.

2230 Les origines, ou l'ancien gouvernement de la France, de l'Allemagne & de l'Italie. *La Haye*, 1757, 4 *vol. in-*12. v. m.

2231 Di una riforma d'Italia offia de i mezzi di riformare i piu cattivi coftumi e le piu perniciofe leggi d'Italia. *In Villa Franca*, 1767, *in-*8. v. m.

2232 Nouveau Théâtre d'Italie. *Amfterdam*, *Mortier*, 4 *tom. rel. en* 2 *vol. in-fol.* v. f.

2233 Les délices de l'Italie. *Amfterdam*, *Mortier*, 1743, 4 *vol. in-*12. fig. v. f.

2234 Hiftoire des Guerres civiles d'Italie, trad. de Franc. Guichardin. *Londres*, *Vaillant*, 1738, 3 *vol. in-*4. Gr. Pap. v. m.

2235 Révolutions d'Italie, trad. de Denina, par l'Abbé Jardin. *Paris*, *Lejay*, 1771, 8 *vol. in-*12. v. m.

2236 Rome, ancienne & moderne, par Fr. Defeine. *Leide*, *Vander Aa*, 1713, 10 *vol. in-*12. fig. v. b.

2237 Hiſtoire du Royaume de Naples, trad. de Pierre Giannone. *La Haye, Goſſe,* 1742, 4 *vol. in-*4. v. m.

2238 Hiſtoire de Sicile, par de Burigny. *La Haye, Beauregard,* 1745, 2 *vol. in-*4. v. éc.

2239 Hiſtoire des Rois des deux Siciles de la Maiſon de France, par d'Egly. *Paris, Nyon,* 1741, 4 *vol. in-*12. v. m.

2240 Voyage pittoreſque de Naples & de Sicile, par M. l'Abbé de Saint-Non. *Paris,* 1781, 5 *vol. in-fol.* fig. br.

2241 Hiſtoire des révolutions de Florence, ſous les Médicis, trad. de Ren. Varchi, par Requier. *Paris, Muſier,* 1765, 3 *vol. in-*12. v. porph.

2242 Scelta di XXIV vedute delle principali Contrade, Piazze, Palazzi, &c. della citta di Firenze. *Firenze, Allegrini, in-fol.* v. m.

2243 Hiſtoire de la République de Veniſe, par Nani. *Cologne, Marteau,* 1682, 4 *vol. in-*12. v. b.

2244 Hiſtoire de la République de Veniſe, par Laugier. *Paris, Ducheſne,* 1759, 12 *vol. in-*12. v. m.

2245 Hiſtoire du Gouvernement de Veniſe, par Amelot de la Houſſaye. *Paris, Leonard,* 1685, 2 *vol. in-*8. v. b.

2246 Hiſtoire de la Ligue faite à Cambray contre la République de Veniſe, par Dubos. *Paris, Chaubert,* 1728, 2 *vol. in-*12. v. m.

2247 Foreſtiere illuminato intorno le coſe più

rare, e curiose, antiche, e moderne della citta di Venezia. *In Venezia, Albrizzi,* 1740, *in-8.* fig. v. m.

2248 Il Teatro di Venezia, ouvero raccolta delle principali pitture che in essa si contengono. *in-fol.* v. m.

2249 Histoire de la République de Gênes. *Amsterdam,* 1742, 3 *vol. in-*12. v. f.

2250 Théâtre de Piémont. *La Haye, Moet-jens,* 1700, 2 *tom. rel. en* 1 *vol. in-fol.* fig. v. f.

2251 The History of the Island of Minorca, by J. Armstrong. *London, Davis,* 1756, *in-8.* fig. v. m.

HISTOIRE DE FRANCE.

Topographie de la France.

2252 Description de la France ancienne & moderne, par l'Abbé de Longuerue. *Paris, Pralard,* 1719, *in-fol.* v. b.

2253 Description de la France, par Piganiol de la Force. *Paris, Poirion,* 1753, 15 *vol. in-*12. v. m.

2254 Description générale & particuliere de la France. *Paris, Pierres,* 1782, *in-fol.* 50 *Livraisons avec le Discours.* Il manque les Livraisons 33, 34, 47 & 49.

2255 Dictionnaire universel de la France, par Rob. de Hesselin. *Paris, Desaint,* 1771, 6 *vol. in-*8, v. éc.

Préliminaires de l'Histoire de France.

2256 Notice de l'ancienne Gaule, par d'Anville. *Paris, Desaint,* 1760, *in*-4. v. m.

2257 Antiquité de la Nation & de la Langue des Celtes, par Dom P. Pezron. *Paris, Boudot,* 1703, *in*-12. v. b.

2258 Histoire des Celtes, par S. Pelloutier, édition revue par M. de Chiniac. *Paris, Quillau,* 1770, 10 *vol. in*-12. v. f.

2259 Histoire de l'établissement des Bretons dans les Gaules, par l'Abbé de Vertot. *Paris, Nyon,* 1730, 2 *vol. in*-12. v. m.

2260 Histoire de l'établissement de la Monarchie Françoise dans les Gaules, par Dubos. *Paris, Nyon,* 1742, 4 *vol. in*-12. v. m.

2261 Les Œuvres d'Etienne Pasquier. *Amsterdam,* 1723, 2 *vol. in-fol.* v. m.

2262 Histoire de l'ancien Gouvernement de la France, par Boulainvilliers. *La Haye,* 1727, 4 *vol. in*-12. v. b.

2263 Variations de la Monarchie Françoise, dans son Gouvernement, par M. Gautier de Sibert. *Paris, Saillant,* 1765, 4 *vol. in*-12. v. porph.

2264 Les Monumens de la Monarchie Françoise, par Dom Bern. de Montfaucon. *Paris, Gandouin,* 1729, 5 *vol. in-fol.* fig. v. m. Gr. Pap.

2265 Dictionnaire historique des mœurs, usages & coutumes des François. *Paris, Vincent,* 1767, 3 *vol. in*-8. v. m.

2266 Le Mode François, ou difcours fur les principaux ufages de la Nation Françoife. *Londres*, 1787, *in-*8. rel. en cart.

2267 Etat de la France, par le Comte de Boulainvilliers. *Londres*, *Wood*, 1727, *3 vol. in-fol.* br. en cart.

2268 Etat de la France. *Paris*, *Ganeau*, 1749, *6 vol. in-*12. v. m.

Hiftoire générale de France.

2269 Recueil des Hiftoriens des Gaules & de la France, par Dom Mart. Bouquet. *Paris*, 1738, *12 vol. in-fol.* v. m.

2270 Hiftoriæ Normannorum fcriptores anti-qui, edidit Andreas du Chefne. *Lut. Parif.* 1619, *in-fol.* v. b.

2271 L'hiftoire des François de Saint-Grégoire de Tours, trad. par l'Abbé de Marolles. *Paris*, *Leonard*, 1668, *2 vol. in-*8. v. b.

2272 Hiftoire de France, par Fr. Eudes du Mezeray. *Paris*, *Guillemot*, 1643, *3 vol. in-fol.* fig. v. f.

2273 Hiftoire de France, par Velly. *Paris*, *Defaint*, 1757, *24 vol. in-*12. v. b.

2274 Abrégé chronologique de l'Hiftoire de France, avec l'avant-Clovis, par de Mezeray. *Amflerdam*, *Wolfgang*, 1673, *7 vol. in-*12. fig. vél.

2275 Elémens de l'Hiftoire de France, par l'Abbé Millot. *Paris*, *Durand*, 1768, *2 vol. in-*12. v. m.

2276 Hiftoire de la rivalité de la France &

l'Angleterre, par M. Gaillard. *Paris*, *Sail-lant*, 1771, 7 *vol. in*-12. v. porph.

2277 Obfervations fur l'Hiftoire de France, par l'Abbé de Mably. 6 *vol. in*-12. br.

2278 Mémoires hiftoriques, critiques, & anecdotes de France. *Amfterdam*, *Neaulme*, 1764, 4 *vol. in*-12. v. m.

Hiftoire de France fous des Regnes particuliers.

2279 Tablettes anecdotes & hiftoriques des Rois de France, par Dreux du Radier. *Paris*, *Clément*, 1759, 3 *vol. in*-12. v. m.

2280 Portraits des Rois de France, par M. Mercier. *Neufchatel*, 1783, 4 *vol. in*-8. v. m.

2281 Hiftoire de Charlemagne, par M. Gaillard. *Paris*, *Moutard*, 1782, 4 *vol. in*-12. br.

2282 Hiftoire de Suger, Abbé de Saint-Denys. *Paris*, *Barrois*, 1721, 3 *vol. in*-12. v. b.

2283 Mémoires de Jean, Sire de Joinville. *Paris*, *Mauger*, 1666, *in*-12. v. b.

2284 Hiftoire de Bertrand du Guefclin, par M. Guyard de Berville. *Paris*, *Déhanfy*, 1767, 2 *vol. in*-12. v. m.

2285 Mémoires de Philippe de Cominés, avec les notes de Godefroy. *Bruxelles*, *Foppens*, 1723, 5 *vol. in*-8. v. b.

2286 Hiftoire de Louis XI, par Duclos. *La Haye*, *Neaulme*, 1745, 3 *vol. in*-12. v. m.

2287 Hiftoire de Louis XII. *Paris*, *Lottin*, 1755, 3 *vol. in*-12. v. m.

2288

2288 Vie du Cardinal d'Amboiſe, par Louis le Gendre. *Rouen, Machuel,* 1724, 2 *vol. in-*12. v. m.

2289 Hiſtoire de François Premier, par M. Gaillard. *Paris, Saillant,* 1766, 7 *vol. in-*12. v. porph.

2290 Mémoires de Martin & Guillaume du Bellai-Langei. *Paris, Prault,* 1753, 7 *vol. in-*12. v. m.

2291 Commentaires de Blaiſe de Montluc, Maréchal de France. *Paris, Nyon,* 1746, 4 *vol. in-*12 v. f.

2292 Mémoires de la vie de Fr. de Scépeaux, Sire de Vieilleville, Maréchal de France, compoſés par Vinc. Carloix, ſon Secrétaire. *Paris, Guerin,* 1757, 5 *vol. in-*8. v. m.

2293 Diſcours merveilleux de la vie, actions & déportemens de la Reine Catherine de Médicis. *La Haye, Ulacq,* 1663, *in-*12. vél. verd.

2294 Commentaires de l'état de la Religion & République ſous les Rois Henri & François Seconds & Charles IX, par de la Place. 1565, *in-*8. v. m.

2295 Hiſtoire de l'état de France, tant de la République que de la Religion, ſous le Regne de François II, par la Planche. 1576, *in-*8. m. r.

2296 Du grand & loyal devoir, fidélité & obéiſſance de MM. de Paris envers le Roi. 1565.——Le réveil-matin des François & de leurs voiſins, par Euſ. Philadelphe. *Edinbourg,* 1574, *in-*8. v. f.

2297 Journal de Henri III, Roi de France

& de Pologne, par P. de l'Eſtoile, avec les remarques de l'Abbé Lenglet du Freſnoy. *La Haye, Goſſe*, 1744, 5 *vol. in*-8. v. f.

2298 Le Cabinet du Roi de France, dans lequel il y a trois perles précieuſes d'ineſtimable valeur, par Nic. Froumenteau. 1581, *in*-8. v. f.

2299 Legende de Dom Claude de Guyſe, Abbé de Cluny. 1581, *in*-8. v. b.

2300 Hiſtoire des troubles & guerres civiles advenues tant en France qu'en Flandre, &c. par Jean le Frere de Laval. *Paris, de la Noue*, 1584, *in*-8. v. f.

2301 Les Mémoires de la Ligue, ſous Henri III & Henri IV, Rois de France. 1602, 6 *vol. in*-8. v. m.

2302 L'eſprit de la Ligue, par M. Anquetil. *Paris, Hériſſant*, 1767, 3 *vol. in*-12. v. m.

2303 Mémoires de Condé. *Londres, du Boſc*, 1740, 6 *vol. in*-12. v. m. Gr. Pap.

2304 Mémoires de Condé, avec les notes de MM. Secouſſe & Lenglet du Freſnoy. *Paris, Rollin*, 1743, 6 *vol. in*-4. v. m.

2305 De juſta Henrici III abdicatione e Francorum Regno, libri quatuor. *Pariſiis, Nivellius*, 1589, *in*-8. m. r.

2306 Journal du Regne de Henri IV, Roi de France, par P. de l'Eſtoile, avec les remarques de l'Abbé Lenglet du Freſnoy. *La Haye, Vaillant*, 1741, 4 *vol. in*-8. v. f.

2307 Hiſtoire du Roi Henri le Grand, par

Hardouin de Perefixe. *Amſterdam*, *L. &*
Dan. Elzevier, 1661, *in*-12. v. f.

2308 Mémoires des ſages & royales économies
d'Etat, domeſtiques, politiques & militaires
de Henri le Grand, par Maximilien de
Bethune, Duc de Sully. *Amſterdam*,
aux VVV verts, 2 *vol. in-fol.* baſ. groſſes
lettres.

2309 Mémoires de Maximilien de Bethune,
Duc de Sully. *Londres*, **1745**, *3 vol. in*-4.
v. f. avec les Portraits d'Odieuvre.

2310 Lettres du Cardinal d'Oſſat, avec les
notes d'Amelot de la Houſſaye. *Amſterdam*,
Humbert, 1708, *5 vol. in*-12. v. b.

2311 Mémoires de la vie de Théodore Agrippa
d'Aubigné. *Amſterdam*, *Bernard*, **1731**,
2 *tom. rel. en* 1 *vol. in*-12. v. b.

2312 Les aventures du Baron de Fœneſte,
par Théodore Agrippa d'Aubigné. *Cologne*,
1729, 2 *tom. rel. en* 1 *vol. in*-8. v. m.

2313 Satyre Menippée. *Ratiſbonne*, *Kerner*,
1664, *in*-12. vél.

2314 Satyre Menippée, de la vertu du Catho-
licon d'Eſpagne, & de la tenue des Etats
de Paris. *Ratiſbonne*, *Kerner*, **1714**, **3** *vol.*
in-8. v. b.

2315 Philippiques, contre les Bulles & autres
pratiques de la faction d'Eſpagne. *Tours*,
1611, *in*-8. v. m.

2316 Dialogue entre le Maheuſtre & le Ma-
nant. 1594, *in*-8. v. éc.

2317 Sermons de la ſimulée converſion &
nullité de la prétendue abſolution de Henri
de Bourbon, Prince de Béarn, par Jean

Boucher. *Paris*, *Chaudiere*, 1594, *in-8.*
v. f. Edition Originale.

2318 Apologie pour Jean Chaftel, par Fr.
de Vérone, (Jean Boucher). 1595, *in-12.*
v. b.

2319 Hiftoire de la vie du Duc d'Efpernon,
par Girard. *Paris*, *Montalant*, 1730, 4 *vol.*
in-12. v. b.

2320 Mémoires de Bellievre & de Sillery. *La*
Haye, *Moetjens*, 1696, 2 *vol.* *in-12.*
v. b.

2321 Mémoires pour fervir à l'Hiftoire de
France, depuis 1515 - 1611, par P. de
l'Eftoile. *Cologne*, *Demen*, 1719, 2 *vol.*
in-8. v. m.

2322 L'Affaffinat du Roi, ou maximes du vieil
de la Montagne Vaticane, & de fes affaffins,
pratiquées en la perfonne de Henri le Grand.
1613, *in-8.* v. m.

2323 Mémoires de Michel de Marolles. *Amfter-*
dam, 1755, 3 *vol. in-12.* v. m.

2324 L'intrigue du cabinet fous Henri IV &
Louis XIII, terminée par la Fronde, par
M. Anquetil. *Paris*, *Moutard*, 1780, 4
vol. in-12. v. m.

2325 Hiftoire de la Mere & du Fils, c'eft-
à-dire, de Marie de Médicis, & de Louis
XIII, par Mezeray. *Amfterdam*, *le Cene*,
1731, 2 *vol. in-12.* v. m.

2326 Mémoires concernant les affaires de
France fous la Régence de Marie de Médicis.
La Haye, *Johnfon*, 1720, 2 *vol. in-12.*
v. m.

2327 Mémoires du Maréchal de Baffompierre.

Cologne, *Marteau*, 1692, 2 *vol. in*-12.
v. m.

2328 Le véritable Pere Joſeph, Capucin,
nommé au Cardinalat, hiſtoire anecdote
du Cardinal de Richelieu. *Saint-Jean de
Maurienne, Butler*, 1750, 2 *vol. in*-12.
v. m.

2329 Hiſtoire des Diables de Loudun & de la
condamnation d'Urbain Grandier. *Amſterdam, Roger*, 1716, *in* 12. v. m.

2330 Teſtament politique du Cardinal de Richelieu. *Paris, le Breton*, 1764, 2 *tom.
rel. en* 1 *vol. in*-8. v. porph.

2331 Hiſtoire de la vie & du Regne de Louis
XIV, par Bruzen de la Martiniere. *La
Haye, Van Duren*, 1740, 5 *vol. in*-4.
v. m.

2332 Mémoires de la minorité de Louis XIV.
Amſterdam, 1723, 2 *vol. in*-12. v. m.

2333 Mémoires de Guy Joli. *Geneve, Fabry*,
1751, 3 *vol. in*-12. v. m.

2334 Hiſtoire du Miniſtere du Cardinal Ma-
zarin, par Galeazzo Gualdo Priorato.
Amſterdam, Boom, 1671, 2 *vol. in*-12.
v. b.

2335 Mémoires pour ſervir à l'Hiſtoire d'Anne
d'Autriche, par Mme de Motteville. *Amſterdam, Changuion*, 1725, 5 *vol. in*-12.
v. m.

2336 Mémoires ſecrets du Comte de Buſſy
Rabutin. *Amſterdam, Goſſe*, 1768, 2 *vol.
in*-12. v. m.

2337 Mémoires du Comte de Brienne. *Amſterdam, Bernard*, 1719, 3 *vol. in*-12. m. cit.

2338 Mémoires de Montglat. *Amsterdam*, 1727, 4 *vol. in-12.* v. b.

2339 Mémoires de Gourville. *Paris, Ganeau*, 1724, 2 *vol. in-12.* v. m.

2340 Mémoires de Bordeaux, Intendant des Finances. *Amsterdam*, 1758, 4 *vol. in-12.* v. m.

2341 Mémoires de M. d'Artagnan. *Cologne, Marteau*, 1700, 3 *vol. in-12* v. b.

2342 Mémoires de M. Rob. Arnauld d'Andilly. *Hambourg, Vander Hoeck*, 1734, *in 8.* v. f.

2343 Mémoires du Comte de Forbin. *Amsterdam, Girardi*, 1748, 2 *vol. in 12.* v. m.

2344 Mémoires & Lettres de Mme de Maintenon. *Amsterdam*, 1755, 15 *tom. rel. en* 8 *vol. in-12.* v. m.

2345 Mémoires d'Anne de Gonzagues, Princesse Palatine. *Paris*, 1786, *in-8.* rel. en cart.

2346 Lettres historiques de Pelisson. *Paris, Nyon*, 1729, 3 *vol. in-12.* v. b.

2347 Les souvenirs de Mme de Caylus. *Amsterdam, Rey*, 1770, *in-12* v. m.

2348 Histoire de Henri de la Tour d'Auvergne, Duc de Bouillon, par Marsollier. *Paris, Barrois*, 1719, 3 *vol. in-12.* v. b.

2349 Vie du Marquis de Fabert, Maréchal de France, par le P. Barre. *Paris, Hérissant*, 1752, 2 *vol. in 12.* v. m.

2350 Histoire du Grand Condé, par M. Desormeaux. *Paris, Saillant*, 1766, 4 *vol. in-12.* v. m.

2351 Lettres, Mémoires & Négociations du

Comte d'Eſtrades. *Bruxelles, le Jeune,* 1709, 5 *vol. in-*12. v. b.

2352 Négociations de M. le Comte d'Avaux en Hollande, depuis 1679-1684. *Paris, Durand,* 1752, 3 *vol. in-*12. v. m.

2353 La Monarchie univerſelle de Louis XIV, trad. de Greg. Leti. *Amſterdam, Wolf-gang,* 1701, 2 *vol. in-*12. v. m.

2354 Recueil de Lettres pour ſervir d'éclairciſſement à l'hiſtoire Militaire du Regne de Louis XIV. *Paris, Boudet,* 1760, 4 *vol. in-*12. v. porph.

2355 Remontrance faite au Roi, ſur le pouvoir & autorité que Sa Majeſté a ſur le temporel de l'état Eccléſiaſtique, pour le ſoulagement de tous ſes autres Sujets, tant Nobles que du Tiers-Etat. *Paris, Eſtienne,* 1651, *in-*4. v. m.

2356 Apologie de Louis XIV & de ſon Conſeil ſur la révocation de l'édit de Nantes. 1758, *in-*8. v. m.

2357 Mémoires politiques & militaires, pour ſervir à l'Hiſtoire de Louis XIV & de Louis XV, par le Maréchal de Noailles, publiés par l'Abbé Millot. *Paris, Moutard,* 1777, 6 *vol. in-*12. v. m.

2358 Mémoires de la Régence de S. Alt. Roy. M. le Duc d'Orléans. *La Haye, Van Duren,* 1736, 3 *vol. in-*12. v. f.

2359 Mémoires de l'Abbé de Montgon. 1750, 5 *vol. in-*12. v. m.

2360 Lettres, Mémoires & Négociations du Chevalier d'Eon. *La Haye, Scheurleer,* 1764, *in-*4. br.

2361 Mémoires pour servir à l'Histoire de Louis Dauphin de France. *Paris, Simon,* 1777, 2 *vol. in*-12. v. m.

2362 Aux manes de Louis XV. *Aux Deux-Ponts*, 1776, 2 *tom. rel. en* 1 *vol. in*-8. v. f.

Histoire des Villes & Provinces de France.

2363 Recherches critiques, historiques & topographiques sur la ville de Paris, par Jaillot. *Paris, Lottin,* 1775, 5 *vol. in*-8. v. m.

2364 Plan de Paris, par l'Abbé de la Grive. *Paris,* 1741, *in-fol.* v. m.

2365 Plans des différens quartiers de Paris, par Jaillot. *in-fol.* v. m.

2366 Le Géographe Parifien. *Paris, Valleyre,* 1769, 2 *tom. rel. en* 1 *vol. in*-8. peau de truie.

2367 Dictionnaire historique de la ville de Paris & de ses environs, par Hurtaut. *Paris, Moutard,* 1779, 4 *vol. in*-8. v. m.

2368 Histoire de la ville de Paris. *Paris, Delespine,* 1735, 5 *vol. in*-12. v. m.

2369 Histoire de la ville & de tout le Diocefe de Paris, par l'Abbé Lebeuf. *Paris, Prault,* 1754, 15 *vol. in*-12. v. m.

2370 Effais historiques fur Paris, par de Saint-foix. *Paris, veuve Duchefne,* 1766, 5 *vol. in*-12. v. m.

2371 Tableau de Paris, par Mercier. *Amfterdam,* 1782, 4 *vol. in*-8. rel. en cart.

2372 Curiofités de Paris, de Verfailles, &c. *Paris,* 1771, 2 *vol. in*-12. fig. v. m.

2373 Defcription de Verfailles, de Trianon

& de Marly, par Piganiol de la Force. *Amster-dam*, *Mortier*, 1715, 2 *vol. in-*12. fig. v. b.

2374 Histoire du Comté de Ponthieu, de Montreuil & de la ville d'Abbeville. *Abbe-ville, de Vérité*, 1767, 2 *vol. in-*12 v. m.

2375 L'histoire & chronique de Normandie. *Rouen, le Mégissier*, 1578, *in-*8. v. m.

2376 Histoire des Comtes de Champagne & de Erie. *Paris, Huart*, 1753, 2 *vol. in-*12. bas.

2377 Mémoires historiques de la Province de Champagne, par Baugier. *Châlons, Bou-chard*, 1721, 2 *vol. in-*8. v. m.

2378 Histoire de la Province d'Alsace, par L. Laguille. *Strasbourg, Doulssecker*, 1727, *in-fol.* v. b.

2379 Histoire des Ducs de Bretagne. *Paris, Rollin*, 1739, 6 *vol. in-*12. v. m.

2380 Histoire des Ducs de Bourgogne, par de Fabert. *Cologne, Marteau*, 1689, 2 *vol. in-*12. v. f.

2381 Les Annales d'Aquitaine, par J. Bou-chet, augmentées de plusieurs pieces rares, &c., par Cl. Mounin. *Poitiers, Mounin*, 1644, *in-fol.* v. f.

2382 Histoire des Dauphins de Viennois, par le Quien de la Neufville. *Paris, Desprez*, 1760, 2 *vol. in-*12. v. m.

Mélanges de l'Histoire de France.

2383 L'Ami des François. 1771, *in-*8. m. r.
2384 Le Sacre royal, ou les droits de la

Nation Françoise, reconnus & confirmés par cette cérémonie. *Amsterdam*, 1776, 2 *vol. in*-12. v. f.

2385 Histoire de l'Ordre du Saint-Esprit, par de Saintfoix. *Paris, veuve Duchesne*, 1767, 3 *vol. in*-12. v. f.

2386 Les quatre âges de la Pairie de France, par de Zemganno (Goesmann.) *Maestricht, Dufour*, 1775, 2 *tom. rel. en* 1 *vol. in*-8. v. m.

2387 Tableau historique des trois Cours Souveraines de France. *La Haye, le Neutre*, 1772, *in*-8. v. m.

Histoire d'Allemagne.

2388 Jo. Georg. Eccardi de origine Germanorum eorumque coloniis, migrationibus, libri duo. *Gottingæ, Schmidius*, 1750, *in*-4. fig. v. m.

2389 Burch. Gott. Struvii corpus historiæ Germanicæ. *Inæ, Bielckius*, 1730, *in-fol.* v. b.

2390 Histoire générale d'Allemagne, par le Perc Barre. *Paris, Delespine*, 1748, 11 *vol. in*-4. Gr. Pap. v. m.

2391 Abrégé de l'histoire de l'Empire, depuis l'an 1273, par l'Abbé L ***. *Londres*, 1757, 2 *vol. in*-12. v. m.

2392 Lud. Pet. Giovanni Germania princeps. *Ulmæ, Gaum*, 1752, *in*-8. v. m.

2393 Les droits de l'Empire sur l'état Ecclésiastique, recherchés & pleinement éclaircis à l'occasion de la dispute de Comacchio,

& les droits de la Maison d'Este sur cette ville. *Utrecht, Vande Water,* 1713, *in*-4. v. f.

2394 La vie de l'Empereur Charles V, trad. de G. Leti. *Bruxelles, de Grieck,* 1710, 4 *vol. in*-12. fig. v. b.

2395 Histoire du regne de l'Empereur Charles-Quint, par Robertson. *Paris, Saillant,* 1771, 6 *vol. in*-12. v. éc.

2396 Histoire de l'Empereur Charles VI, par P. A. La Lande. *La Haye, Neaulme,* 1743, 6 *vol. in*-12. v. éc.

2397 Scriptores rerum Austriacarum, studio Pet. H. Pez. *Viennæ, Kraus,* 1743, 2 *vol. in-fol.* br. en cart.

2398 Scriptores rerum Brunsvicensium, cura God. Guil. Leibnitii. *Hanoveræ, Foersterus,* 1707, *in-fol.* v. f.

2399 Mémoires de la Colonie, Maréchal de Camp des Armées de l'Electeur de Baviere. *Bruxelles,* 1737, 2 *vol. in*-12. v. m.

2400 Mémoires du Marquis Maffei, Lieute-nant-Général des Troupes de l'Electeur de Baviere. *La Haye, Neaulme,* 1740, 2 *vol. in* 12. v. f.

2401 Mémoires pour servir à l'histoire de Brandebourg. 1751, *in*-12. v. f. — Histoire de Frédéric Guillaume I, Roi de Prusse. *Amsterdam, Arkstée,* 1741, 2 *vol. in*-12. v. f.

2402 Vie de Frédéric II, Roi de Prusse. *Strasbourg, Treutel,* 1787, 4 *vol. in* 12. rel. en cart.

Histoire des Pays-Bas.

2403 Les délices des Pays-Bas. *Bruxelles, Foppens*, 1711, 3 *vol. in*-12 fig. v. b.

2404 Le grand Théâtre sacré du Duché de Brabant. *La Haye*, 1734, 2 *vol. in-fol.* fig. Gr. Pap. v. m.

2405 Les Trophés sacrés & prophanes du Duché de Brabant, par Christ. Butkens. *La Haye*, 1724, 4 *vol. in-fol.* fig. Gr. Pap. br.

2406 Theatrum Urbium Belgicæ Regiæ. *in-fol.* v. m.

2407 Différentes vues de Châteaux, &c. du Duché de Brabant, par Jac. le Roy. *La Haye, Van Lom*, 1730, *in-fol.* fig. vél. En Flamand.

2408 Histoire des Comtes de Flandre. *La Haye, Vytwerf*, 1698, *in*-12 v. f.

Histoire des Provinces-Unies des Pays-Bas.

2409 Les délices de la Hollande. *La Haye, Vytwerf*, 1710, 2 *vol. in*-12 fig. v. b.

2410 Histoire de la guerre des Pays-Bas, par Strada, trad. par du Ryer. *Bruxelles, Frick*, 1739, 5 *vol. in*-12 fig. v. b.

2411 Histoire de la réformation des Pays-Bas, par Ger. Brandt. *La Haye, Gosse*, 1726, 3 *vol. in*-12. v. f.

2412 Histoire des Provinces-Unies des Pays-Bas, par le Clerc. *Amsterdam, l'Honoré*, 1723, 2 *vol. in-fol.* v. f.

2413 Hiftoire générale des Provinces-Unies, par M. D ***. *Paris*, *Simon*, 1757, 8 vol. *in*-4. v. m.

2414 Tableau de l'hiftoire générale des Provinces-Unies. *Utrecht*, *Schoonhoven*, 1777, 2 vol. *in*-12. v. m.

2415 Annales des Provinces-Unies, depuis les négociations pour la paix de Munfter, par Bafnage. *La Haye*, *le Vier*, 1719, 2 vol. *in-fol.* v. f.

2416 Mémoires du Comte de Guiche, concernant les Provinces-Unies des Pays-Bas. *Utrecht*, *Vander Aa*, 1744, 2 vol. *in*-12. v. b.

2417 Avis fidele aux véritables Hollandois, contenant ce qui s'eft paffé dans les villages de Bodegrave, &c. 1673, *in* 4. vélin fig. de Rom. de Hooge.

2418 Les délices de Leide. *Leide*, *Vander Aa*, 1712, *in*-12. fig. v. b.

2419 Les délices de la campagne à l'entour de la ville de Leide,, par G. Goris. *Leide*, *Haak*, 1712, *in*-12. fig. v. b.

Hiftoire des Suiffes, &c.

2420 L'état & les délices de la Suiffe. *Amfterdam*, *Wetftein*, 1730, 4 vol. *in*-12. fig. v. b.

2421 Etat & délices de la Suiffe. *Neuchâtel*, *Fauche*, 1778, 2 vol. *in*-4. fig. br.

2422 Tableaux topographiques, pittorefques, &c. de la Suiffe & de l'Italie, par M. de la Borde. *Paris*, *Née*, 1779, 49 *livraifons*, *in-fol.* br.

2423 Mémoires fur divers points de l'hiftoire ancienne de la Suiffe, par de Bochat. *Laufanne*, *Boufquet*, 1749, 3 *vol. in-12.* v. m.

2424 Hiftoire de Geneve, par Spon. *Geneve*, *Fabry*, 1730, 4 *vol. in-12.* br.

Hiftoire d'Efpagne & de Portugal.

2425 Les délices de l'Efpagne & du Portugal, par de Colmenar. *Leide*, *Vander Aa*, 1715, 6 *tom. rel. en* 3 *vol. in-12.* fig. v. m.

2426 Hiftoire générale d'Efpagne tirée de Mariana. *Paris*, *Pralard*, 1723, 9 *vol. in-12.* v. b.

2427 Hiftoire des révolutions d'Efpagne, par le Pere d'Orléans. *Paris*, *Rollin*, 1737, 5 *vol. in-12.* v. b.

2428 Hiftoire des Rois Ferdinand & Ifabelle. *Paris*, *le Clerc*, 1766, 2 *vol. in-12.* v. porph.

2429 Hiftoire du Cardinal Ximenès, par Fléchier. *Amfterdam*, 1700, 2 *vol. in-12.* v. b.

2430 La vie de Philippe II, Roi d'Efpagne, trad. de Grégorio Léti. *Amfterdam*, *Mortier*, 1734, 6 *vol. in-12.* v. f.

2431 Hiftoire du regne de Philippe II, Roi d'Efpagne, par Watfon. *Amfterdam*, *Changuion*, 1777, 4 *vol. in-12.* v. m.

2432 Hiftoire de Ferdinand Alvarez de Tolede,

Duc d'Albe. *Paris, Guignard*, 1698, 3 *vol. in-*12. v. f.

2433 La Vie de Don Pedro Giron, Duc d'Ossonne, trad. de Leti. *Amsterdam, Gallet*, 1701, 4 *vol. in-*12. v. b.

2434 Mémoires & Négociations secretes du Comte d'Harrach à la Cour de Madrid, par de la Torre. *La Haye, Husson*, 1720, 2 *vol. in-*12. v. m.

2435 Mémoires de M. de Torcy, pour servir à l'histoire des négociations depuis le traité de Riswick. *La Haye*, 1756, 3 *vol. in-*12. v. m.

2436 Mémoires pour servir à l'histoire d'Espagne, sous le regne de Philippe V, par le Marquis de Saint-Philippe. *Amsterdam, Chatelain*, 1756, 4 *vol. in-*12. v. m.

2437 Histoire du Cardinal Alberoni. *La Haye, Moetjens*, 1720, 2 *vol. in-*12. v. b.

2438 La vie du Duc de Riperda. *Amsterdam, Ryckhoff*, 1739, 2 *vol. in-*12. v. m.

2439 Letters concerning the Spanish nation, by Ed. Clarke. *London, Becket*, 1763, *in-*4. v. m.

2440 Histoire générale de Portugal, par de la Clede. *Paris, Rollin*, 1735, 8 *vol. in-*12. v. b.

2441 Mémoires concernant le Portugal, par le Chevalier d'Oliveyra. *La Haye, Moetjens*, 1743, 2 *vol. in-*12. v. m.

2442 Mémoires du Marquis de Pombal. *Lisbonne*, 1784, 2 *vol. in* 12. v. éc.

Histoire d'Angleterre , d'Ecosse & d'Irlande:

2443 Théâtre de la Grande Bretagne. *Londres, Mortier,* 1715 , 4 *tom. rel. en* 2 *vol. in-fol.* fig. v. m.

2444 Les délices de la Grande Bretagne, par Jam. Beeverell. *Leide , Vander Aa,* 1707, 8 *tom. rel. en* 4 *vol. in*-12. fig. v. b.

2445 The beauties of England. *London , Davis,* 1764 , *in*-12. v. m.

2446 A Tour thro'the whole Island of Great Britain. *London , Browne,* 1762 , 4 *vol. in*-12. v. m.

2447 Histoire d'Angleterre , par Larrey. *Rotterdam , Leers ,* 1707 , 4 *vol. in-fol.* fig. v. b.

2448 Histoire d'Angleterre, par Rapin Thoyras. *La Haye , Rogissart,* 1727, 13 *vol. in*-4. v. b.

2449 A complete history of England, by T. Smollet. *London , Rivington,* 1758, 14 *vol. in*-8. fig. v. m.

2450 The history of England , by David Hume. *London , Millar,* 1763, 8 *vol. in*-8. v. m.

2451 The history of England, by Dr Goldsmith. *London , Davies,* 1771, 4 *vol. in*-8. v. m.

2452 Abrégé chronologique de l'histoire d'Angleterre, par Salmon. *Paris , Rollin,* 1751 , 2 *vol. in*-8. v. m.

2453 A short view of the English history,

by

by B. Higgons. *Hague, Jonston,* 1737, *in*-8.
v. m.

2454 Histoire de la rébellion & des guerres civiles d'Angleterre, par Edward, Comte de Clarendon. *La Haye, Van Dole,* 1704, 6 *vol. in*-12. v. b.

2455 Memoirs of Great Britain and Ireland, by John Dalrymple. *Edinburgh, Strachan,* 1771, *in*-4. v. m.

2456 Mémoires de la Grande Bretagne & de l'Irlande, par Dalrymple. *Londres,* 1776, 2 *vol. in*-8. v. m.

2457 The history of England from the accession of James I, to the elevation of the house of Hanover, by Cath. Macaulay. *London, Dilly,* 1769, 4 *vol. in*-8. v. m.

2458 L'histoire d'Angleterre & des événemens remarquables arrivés en Europe, depuis la paix d'Utrecht, jusqu'à la conclusion du traité d'Hanover. *Leipsic,* 1755, *in*-4. v. m.

2459 Lettres philosophiques & politiques sur l'histoire de l'Angleterre. *Paris, Regnault,* 1786, 2 *vol. in*-8. rel. en cart.

2460 Histoire véritable & secrete des vies & des regnes de tous les Rois & Reines d'Angleterre depuis Guillaume I. *Amsterdam, Wetstein,* 1729, 3 *vol. in*-12. v. b.

2461 Les Mémoires d'Edmond Ludlow, contenant ce qui s'est passé de plus remarquable sous le regne de Charles I. *Amsterdam, Marret,* 1699, 2 *vol. in*-12. v. b.

Q

2462 The life of Olivier Cromwell. *London*, *Brotherton*, 1731, *in-8*. v. b.

2463 A journal of the Swedish Ambafly, in the years 1653 and 1654, from the commonwealth of England, Scotland and Ireland, written by the Ambaffador the Lord Commiffioner Whitelocke. *London*, *Becket*, 1772, 2 *vol. in-4*. br.

2464 An hiftorical account of the advantages that have accrued to England, by the fucceffion in the illuftrious houfe of Hanover. *London*, 1722, *in-8*. v. b.

2465 Hiftoire de Guillaume III, Roi de la Grande Bretagne. *Amfterdam*, *Brunel*, 1703, 2 *vol. in-12*. v. b.

2466 The hiftory of the four laft years of the Queen, by Jon. Swift. *London*, *Millar*, 1758, *in-8*. v. m.

2467 Mémoires du regne de George I, Roi de la Grande Bretagne. *La Haye*, *Van Duren*, 1729, 5 *vol. in-12*. v. m.

2468 Oxonia depicta five collegiorum & aularum in Academia Oxonienfi ichonographica delineatio, a G. Williams. *in-fol*. v. éc.

2469 A topographical and hiftorical defcription of Cornwall, by J. Norden. *London*, *Pearfon*, 1728, *in-4*. v. m. Large Paper.

2470 Antiquities of the county of Cornwall, by W. Borlafe. *London*, *Baker*, 1769, *in-fol*. fig. v. m.

2471 Mona antiqua reftaurata, an archæological difcourfe on the antiquities of the ifle of Anglefey, the ancient feat of the british

Druids, by H. Rowlands. *London*, *Knox*, 1766, *in*-4. fig. v. m.

2472 An essay on the constitution of England. *London*, *Becket*, 1766, *in*-8. v. m. — The investigator. *London*, 1762, *in*-8. v. m.

2473 The history of the high court of Parliament. *London*, *Knaplock*, 1731, 2 *vol. in*-8. v. f.

2474 Of the use and abuse of Parliaments, in two historical discourses. *London*, 1744, 2 *vol. in*-8. v. b.

2475 An essay towards a general history of feudal property in Great Britain, by John Dalrymple. *London*, *Millar*, 1758, *in*-8. rel. en cart.

2476 The history of our costoms, aids, subsides, national debts, &c. from William the conqueror, to the present year 1764, by T. Cunningham. *London*, *Kearsly*, 1764, *in*-8. v. m.

2477 Political essays concerning the present state of the British Empire. *London*, *Strahan*, 1772, *in*-4. v. m.

2478 The North Briton. *London*, *Williams*, 1763, 3 *vol. in*-12. v. éc.

2479 The speeches of John Wilkes, in the Parliament. *London*, 1777, 2 *tom.* rel. en 1 *vol. in*-12. v. f.

2480 Rerum Scoticarum historia, auctore Georg. Buchanano. *Ultrajecti*, *Pet. Elzevirius*, 1668, *in*-8. vél.

2481 The history of Scotland, by Will. Robertſon. *London*, *Millar*, 1761, 2 *vol. in*-8. v. m.

2482 Hiſtoire d'Irlande, par l'Abbé Ma-Geo-ghegan. *Paris*, *Boudet*, 1758, 3 *vol. in*-4. v. m.

2483 Hiſtoire d'Irlande, depuis l'invaſion d'Henri II, trad. de Th. Leland. *Maeſtricht*, *Dufour*, 1779, 7 *vol. in*-12. br.

2484 Louthiana : or, an introduction to the antiquities of Ireland, by Th. Wright. *London*, *T. Payne*, 1758, *in*-4. fig. v. m.

Hiſtoire des Pays Septentrionaux.

2485 Abrégé chronologique de l'hiſtoire du Nord, par Lacombe. *Paris*, *Hériſſant*, 1762, 2 *vol. in*-8. v. m.

2486 Hiſtoire de Dannemarck, par des Roches. *Paris*, *Rollin*, 1732, 9 *vol. in*-12. v. m.

2487 Hiſtoire de Dannemarck, par Mallet. *Geneve*, 1763, 6 *vol. in*-12. v. m.

2488 Deſcription circonſtanciée de la réſidence royale & capitale de Copenhague, en Danois & en François. 1748, *in*-4. fig. v. b.

2489 The hiſtory of Guſtavus Ericſon, King of Sweden, by H. Aug. Raymond. *London*, *Millar*, 1761, *in*-8. v. f.

2490 Hiſtoire de Guſtave Adolphe, Roi de Suede, par Arkenholtz. *Amſterdam*, *Chatelain*, 1764, 4 *vol. in*-12. v. porph.

2491 Hiſtoire de la derniere révolution de Suede, trad. de Sheridan. *Londres*, 1783, *in*-8. v. m.

2492 Description historique de l'Empire Russien, trad. de Strahlenberg. *Paris, Desaint,* 1757, 2 *vol. in-*12. v. f.

2493 Histoire de Russie, par M. Lévesque. *Paris, Debure,* 1782, 7 *vol. in-*12. v. m.

2494 Mémoires historiques sur la Russie, par le Général de Manstein. *Leipsic,* 1771, *in-*8. vél.

2495 Mémoirs of Russia, translated from the original manuscript of General Manstein. *London, Becket,* 1770, *in-*4. v. m.

2496 La relation de trois Ambassades du Comte de Carlisle vers le Czar & les Rois de Suede & de Dannemark. *Amsterdam, Blaeu,* 1669 *in-*12. m. viol.

2497 Mémoires du regne de Pierre le Grand, Empereur de Russie, par B. J. Nestesuranoi. *Amsterdam, Wetstein,* 1740, 5 *vol. in-*12. v. f.

2498 Histoire de l'Empire de Russie, sous Pierre le Grand, par Voltaire. 1759, 2 *vol. in-*8. v. f.

2499 Histoire de la guerre entre la Russie & la Turquie. *Saint-Pétersbourg,* 1773, *in-*4. v. m.

2500 Annales de la petite Russie, ou histoire des Cosaques Saporogues, par J. B. Scherer. *Paris, Cuchet,* 1788, 2 *vol. in-*8. rel. en cart.

2501 Histoire générale de Pologne, par de Solignac. *Paris, Hérissant,* 1750, 5 *vol. in-*12. v. m.

2502 Histoire des révolutions de Pologne, par

l'Abbé Desfontaines. *Amsterdam, l'Honoré,* 1735, 3 *vol. in-*12. v. f.

2503 Les fastes de la Pologne & de la Russie. *Paris, Costard,* 1770, 2 *vol. in-*8. v. m.
— Histoire des révolutions de l'Empire de Russie, par Lacombe. *Paris, Hérissant,* 1760, *in-*12. v. m.

2504 Histoire de Pologne, sous le regne d'Auguste II, par l'Abbé de Parthenay. *La Haye,* 1733, 2 *vol. in-*12. v. m.

2505 Nic. Isthuanfi historiarum de rebus Ungaricis libri XXXIV. *Viennæ, Trattner,* 1758, *in-fol.* vél.

2506 Histoire générale de Hongrie, par M. de Sacy. *Paris, Demonville,* 1778, 2 *vol. in-*12. v. m.

2507 Histoire des révolutions de Hongrie. *La Haye, Neaulme,* 1739, 6 *vol. in-*12. v. m.

2508 Jo. Christ. de Jordan de originibus Slavicis opus. *Vindobonæ, Kurtzbock,* 1745, *in-fol.* vél.

HISTOIRE ORIENTALE.

Histoire des Arabes, des Sarrazins, &c.

2509 Mémoires géographiques, physiques & historiques sur l'Asie, l'Afrique & l'Amérique. *Paris, Durand,* 1767, 4 *vol. in-*12. v. m.

2510 Histoire de l'Asie, de l'Afrique & de l'Amérique. *Paris, Desventes,* 1770, 15 *vol. in-*12. v. m.

2511 Recueil d'obſervations curieuſes ſur les mœurs, les uſages, &c. des différens Peuples de l'Aſie, de l'Afrique & de l'Amérique. *Paris, Prault*, 1749, 4 *vol. in*-12. v. m.

2512 A deſcription of the Eaſt, by Rich. Pococke. *London, Bowier*, 1743, 3 *vol. in fol.* fig. v. éc.

2513 Bibliotheque Orientale, par d'Herbelot. *Paris*, 1697, *in-fol.* v. m.

2514 Bibliotheque Orientale, par d'Herbelot. *Paris, Moutard*, 1781, 6 *vol. in*-8. v. m.

2515 Hiſtoire générale des Huns, des Turcs, &c. par M. de Guignes. *Paris, Deſaint*, 1756, 5 *vol. in*-4. v. m.

2516 Compendium theatri Orientalis, de Arabum, Perſarum, Turcarum, &c. ſtatu politico, eccleſiaſtico, &c. auctore Jo. H. Hottingero. *Heidelbergæ, Broun*, 1662, *in*-8. v. b.

2517 Deſcription de l'Arabie, par Niebuhr. *Paris, Brunet*, 1779, 2 *vol. in*-4. fig. br.

2518 Hiſtoire des Arabes ſous le gouvernement des Califes, par Marigny. *Paris, veuve Eſtienne*, 1750, 4 *vol. in*-12. v. m.

2519 Hiſtoire des Sarrazins, trad. de Sim. Ockley. *Paris, Nyon*, 1748, 2 *vol. in*-12. v. f.

2520 Hiſtoire de l'Empire Ottoman, par le Prince Demetrius Cantimir, trad. par de Joncquieres. *Paris, Savoye*, 1743, 4 *vol. in*-12. v. m.

2521 Hiſtoire de l'Empire Ottoman, par

Mignot. *Paris, le Clerc*, 1771, 4 *vol. in*-12.
v. m.

2522 Histoire de l'état préfent de l'Empire
Ottoman, trad. de Ricaut, par Briot.
Amfterdam, *Wolfgang*, 1671, *in*-12. fig.
v. f.

2523 Abrégé chronologique de l'hiftoire
Ottomane, par de la Croix. *Paris, Vincent*,
1768, 2 *vol. in*-8. v. m.

2524 Tableau général de l'Empire Ottoman,
par M. de M *** d'Ohffon. *Paris, de
l'Imprimerie de Monfieur*, 1788, 2 *vol.
in*-8. br.

2525 Mémoires du Baron de Tott, fur les
Turcs & les Tartares. *Amfterdam*, 1784,
4 *tom. rel. en 2 vol. in*-8. en cart.

2526 Mœurs & ufages des Turcs, par Guer.
Paris, Couftelier, 1746, 2 *vol. in*-4. Gr.
Pap. fig. v. m.

HISTOIRE ASIATIQUE.

Hiftoire de la Grece Afiatique, &c.

2527 Voyage pittorefque de la Grece, par
M. le Comte de Choifeul-Gouffier. 12 *cahiers
in-fol.* fig. br.

2528 Voyage littéraire de la Grece, par M.
Guys. *Paris, veuve Duchefne*, 1776, 2
vol. in-8. v. m.

2529 Defcription des Ifles de l'Archipel,
par d'O. Dapper. *Amfterdam, Gallet*, 1703,
in-fol. fig. v. m.

2530 Defcription géographique & hiftorique

de la Morée, par le Pere Coronelli. *Paris, Barbin*, 1686, *in*-8. fig. v. b.

2531 Hiftoire des Rois de Chypre, de la Maifon de Lufignan, trad. de H. Giblet. *Paris, Saugrain*, 1732, 2 *vol. in*-12. v. m.

2532 Hiftoire de Perfe, depuis le commencement de ce fiecle. *Paris, Jombert*, 1750, 3 *vol. in* 12. v. m.

2533 Hiftoire de Nader-Chah, connu fous le nom de Thahmas-Kuli-Khan, trad. du Perfan, par M. Jones. *Londres, Elmfly*, 1770, *in*-4. v. m.

2534 Hiftoire des Indes Orientales, par l'Abbé Guyon. *Paris, veuve Pierres*, 1744, 3 *vol. in*-12. v. m.

2535 Hiftoire du commerce des Européens dans les deux Indes. *La Haye, Goffe*, 1774, 7 *vol. in*-8. v. f.

2536 Hiftoire du commerce des Européens dans les Indes. *Geneve, Pellet*, 1780, 10 *vol. in*-8. br.

2537 Hiftorical events, relative to the Provinces of Bengal, by Z. Helwell. *London, Becket*, 1766, 3 *vol. in*-8. br.

2538 Affaires de l'Inde, trad. de l'Anglois. *Paris, Buiffon*, 1788, 2 *v. in*-8. rel. en cart.

2539 Hiftoire de Sumatra, par Will. Marsden, trad. par M. Parraud. *Paris, Buiffon*, 1788, 2 *vol. in*-8. rel. en cart.

2540 Defcription du Royaume de Siam, par de la Loubere. *Amflerdam, Mortier*, 1714, 2 *vol. in*-12. fig. v. b.

2541 Athan. Kircheri China, monumentis qua

sacris qua profanis, illustrata. *Amstelodami,
Waesberge*, 1677, *in-fol.* fig. v. b.

2542 Description de la Chine, par le Pere
J. B. du Halde. *Paris, le Mercier,* 1735,
4 *vol. in-fol.* fig. v. b.

2543 Description générale de la Chine, par
l'Abbé Grosier. *Paris, Moutard,* 1785, *in-*4.
br.

2544 Histoire générale de la Chine, trad.
par le Pere Jos. An. M. de Moyriac de
Mailla, pub. par l'Abbé Grosier. *Paris,
Pierres,* 1777, 12 *vol. in-*4. br.

2545 Histoire de la conquête de la Chine,
par les Tartares Mantchoux, par Vojen de
Brunem. *Lyon, Duplain,* 1754, 2 *vol.
in-*12. v. m.

2546 Nouveaux mémoires sur l'état présent
de la Chine, par le Pere Louis le Comte.
Paris, Anisson, 1696, 3 *vol. in-*12.
v. b.

2547 Eloge de la ville de Moukden, Poëme,
par Kien-Long, trad. par le P. Amiot.
Paris, Tilliard, 1770, *in-*8. v. m.

2548 L'Ambassade de la Compagnie Orientale
des Provinces-Unies vers l'Empereur de la
Chine. *Leide, de Meurs,* 1665, *in-fol.* fig.
v. b.

2549 An Embassy from the East-India Company of the United Provinces, to the grand
Tartar Cham Emperour of China, by John
Nieuhoff. *London, Macoek,* 1669, *in-fol.*
fig. v. b. Ch. Mag.

2550 Yu le Grand & Confucius, histoire Chinoife, par M. Clerc. *Soiffons, Courtois*, 1769, *in-4*. v. m.

2551 A relation of remarquable paffages in two Embaffies from the Eaft-India Company of the United Provinces to the Vice-Roy Slingamong, &c. *London, Johnfon*, 1671, *in-fol*. fig. v. b.

2552 Hiftoire naturelle & civile de l'Empire du Japon, trad. de Kœmpfer, par Scheuch-zer. *La Haye, Neaulme*, 1732, 3 *vol. in-12*. v. m.

2553 Hiftoire du Japon, par le Pere de Charlevoix. *Paris, Giffart*, 1754, 6 *vol. in-12*. fig. v. m.

2554 Ambaffades de la Compagnie des Indes Orientales des Provinces-Unies vers les Em-pereurs du Japon. *Amfterdam, de Meurs*, 1680, *in-fol*. fig. v. b.

2555 Hiftoire du Kamtfchatka, des Ifles Ku-rilski, &c. *Lyon, Duplain*, 1767, 2 *tom. rel. en* 1 *vol. in-12*. v. m.

2556 Hiftoire du Kamtchatka, par Krachen-ninnikow. *Amfterdam, Rey*, 1770, 2 *vol. in-12*. fig. v. m.

2557 The hiftory of Kamtfchatka, and Ki-rilski Iflands, publifhed in the Ruffian lan-guage, and tranflated into English, by James Grieve. *Glocefter*, 1764, *in-4*. fig. v. m.

Hiftoire d'Afrique.

2558 Defcription de l'Afrique, par d'O.

Dapper. *Amsterdam*, *Wolfgang*, 1686, *in-fol.* fig. v. b.

2559 Histoire de l'Afrique & de l'Espagne, sous la domination des Arabes, par Cardonne. *Paris*, *Saillant*, 1765, 3 *vol. in-*12. v. porph.

2560 Recherches historiques sur les Maures, par M. de Chénier. *Paris*, *Bailly*, 1787, 3 *vol. in-*8. rel. en cart.

2561 Description de l'Egypte, composée sur les mémoires de M. de Maillet, par l'Abbé le Mascrier. *La Haye*, *Beauregard*, 1740, 2 *vol. in-*12. fig. v. m.

2562 Lettres sur l'Egypte & sur la Grece, par M. Savary. *Paris*, *Onfroy*, 1785, 3 *vol. in-*8. rel. en cart.

Histoire de l'Amérique.

2563 Essai sur cette question : Quand & comment l'Amérique a-t-elle été peuplée d'hommes & d'animaux. *Amsterdam*, *Rey*, 1767, 5 *tom.* rel en 4 *vol. in-*12. v. m.

2564 Recherches sur les Américains, par M. de Pauw. *Berlin*, *Decker*, 1768, 3 *vol. in-*8. v. f.

2565 Examen des recherches philosophiques sur l'Amérique & les Américains. *Berlin*, *Decker*, 1771, 2 *vol. in-*12. vél.

2566 Mémoires philosophiques, historiques concernant la découverte de l'Amérique, trad. de Ulloa. *Paris*, *Buisson*, 1787, 2 *vol. in-*8. rel. en cart.

2567 Narratio regionum Indicarum per Hispanos devastatarum, per Barth. Casaum.

Oppenheimii, de Bry, 1614, *in*-4. fig. parch.

2568 Histoire des découvertes & conquêtes des Portugais dans le nouveau Monde par le Pere Lafitau. *Paris, Saugrain,* 1734, 4 *vol. in*-12. fig. v. b.

2569 An account of the European settlements in America. *London, Dodsley,* 1757, 2 *vol. in*-8. v. m.

2570 Mœurs des sauvages Américains, par le Pere Lafitau. *Paris, Saugrain,* 1724, 4 *vol. in*-12. fig. v. b.

2571 A concise history of the Spanish America. *London, Stag,* 1741, *in*-8. v. m.

2572 Histoire de l'Isle Espagnole, ou de Saint-Domingue, par le Pere P. François-Xavier de Charlevoix. *Amsterdam, Fr. l'Honoré,* 1733, 4 *vol. in*-12. v. m.

2573 Histoire de l'Amérique Septentrionale, par de la Potherie. *Paris, Nyon,* 1753, 4 *vol. in*-12. fig. v. m.

2574 Histoire de la Louisiane, par le Page du Pratz. *Paris, Debure,* 1758, 3 *vol. in*-12. v. m.

2575 Recherches historiques sur les Etats-Unis de l'Amérique Septentrionale. *Paris, Froulé,* 1788, 4 *vol. in*-8. rel. en cart.

2576 Constitution des 13 Etats-Unis de l'Amérique. *Paris, Pierres,* 1783, *in*-8. br.

2577 A defense of the constitutions of government of the United States of America, by John Adams. *London, Dilly,* 1787, 2 *vol. in*-8. v. m.

2578 The history of the Province of New-

York, by Will. Smith. *London*, *Wilcox*, 1757, *in*-4. br.

2579 Observations fur la Virginie. *Paris*, *Barrois*, 1786, *in*-8. rel. en cart.

2580 Relation historique de l'expédition contre les Indiens de l'Ohio, par Henri Bouquet, trad. par Dumas. *Amsterdam*, *Rey*, 1769, *in*-8. fig. v. m.

2581 Histoire de la conquête du Mexique, trad. de Solis, par Citry de la Guette. *Paris*, 1704, 2 *vol. in*-12. fig. v. b.

2582 Description historique, géographique, &c. de la Colonie de Surinam, par Phil. Fermin. *Amsterdam*, *Harrevelt*, 1769, 2 tom. rel. en 1 vol. *in*-8. fig. v. m.

2583 A natural and civil history of California. *London*, *Rivington*, 1759, 2 *vol. in*-8. v. m.

2584 Histoire naturelle & civile de l'Orenoque, trad. de Gumilla, par Eidous. *Paris*, *Defaint*, 1758, 3 *vol. in*-12, v. m.

2585 Histoire de la conquête du Pérou, trad. d'Aug. de Zarate. *Paris*, 1706, 2 *vol. in*-12. fig. v. b.

2586 Histoire des Yncas, Rois du Pérou. *Amsterdam*, *Bernard*, 1737, 2 *vol. in*-4. fig. v. f.

2587 Description géographique de la Guiane. *Paris*, *Didot*, 1763, *in*-4. v. m.

2588 Histoire des Avanturiers Flibustiers, par Al. Ol. Oexmelin. *Trévoux*, 1744, 4 *vol. in*-12. fig. v. m.

Hiſtoire Héraldique.

2589 Antonii Matthæi de Nobilitate libri IV. *Amſtelodami, Waesberge*, 1686, *in-4.* v. b.

2590 Mémoires ſur l'ancienne Chevalerie, par M. de Sainte-Palaye. *Paris, Ducheſne,* 1759, 2 *vol. in-12.* v. m.

2591 Dictionnaire des Ennobliſſemens, ou recueil des lettres de Nobleſſe depuis leur origine, tiré des regiſtres de la Chambre des Comptes & de la Cour des Aides de Paris. *Paris,* 1788, 2 *vol. in-8.* br.

2592 Armorial des principales Maiſons & Familles du Royaume, par Dubuiſſon. *Paris, Guerin,* 1757, 2 *vol. in-12.* v. m.

2593 Jac. Wilh. Imhofii notitia S. Rom. Germanici Imperii procerum. *Stutgardiæ, Cotta,* 1699, *in-fol.* v. b.

Antiquités.

2594 L'Antiquité expliquée & repréſentée en figures, par Dom. Bern. de Montfaucon. *Paris,* 1719 & 1724, 15 *vol. in-fol.* Gr. Pap. fig. v. b.

2595 Recueil d'Antiquités Egyptiennes, Etruſques, Grecques & Romaines, par le Comte de Caylus. *Paris, Deſaint,* 1761, 7 *vol. in-4. fig.* v. éc.

2596 L'Antiquité dévoilée par ſes uſages. *Amſterdam,* 1766, 3 *vol. in-12.* v. f.

2597 Jo. Saubertus de ſacrificiis veterum.

Jenæ, *Bircknerus*, 1659, *in-12. fig.*
v. b.

2598 Hiftoria Religionis veterum Perfarum,
eorumque magorum, auctore Th. Hyde.
Oxonii, *e Th. Clarendon.* 1760, *in-4.*
fig. v. m.

2599 Servatii Gallæi differtationes de Sybillis
& Sybillina Oracula, Gr. & Lat. cum
notis variorum. *Amftelodami*, 1688, 2
vol. in-4. fig. v f.

2600 Sibyllina Oracula, Gr. & Lat. cum
notis Jo. Opfopæi. *Parifiis*, 1599, *in-8.*
vel.

2601 Réponfe à l'Hiftoire des Oracles de Fontenelle, par le P. Baltus. *Strasbourg*, 1707,
2 *vol. in-8.* v. b.

2602 Jo. Lomeieri de veterum Gentilium luf-
trationibus fyntagma. *Ultrajecti*, *Halma*,
1681, *in-4.* v. b.

2603 Caroli Pafchalii coronæ. *Lugd. Bat.*
Gelder, 1671, *in-8.* v. b.

2604 Jac. Gutherii de jure manium, feu de
ritu, more, & legibus prifci funeris, libri
tres. *Lipfiæ*, 1671, *in-12.* v. b.

2605 Cérémonies funèbres de toutes les nations, par Muret. *Paris*, *le Petit*, 1675,
in-12. v. b.

2606 Antiquitates facræ veterum Hebræorum,
delineatæ ab Had. Relando. *Traj. Bat.*
Broedelet, 1708, *in-8.* v. b.

2607 Effai fur les Hiéroglyphes des Egyptiens,
trad. de Warburthon, par Léonard des
Malpeines. *Paris*, *Guerin*, 1744, 2 *vol.*
in-8. fig. v. m.

2608

2608 Frid. Sam. de Schmidt , differtatio de Sacerdotibus & Sacrificiis Ægyptiorum. *Tubingæ*, Jo. G. *Cotta*, 1768 , *in*-8. vel.

2609 Frid. Sam. de Schmidt , Opufcula quibus res antiquæ præcipue Ægyptiäcæ explanantur. *Carolfruæ , in Offic. Macklottiana*, 1765 , *in*-12. vel.

2610 Archæologia Græca : or the antiquities of Greece , by John Potter. *London , Knaplock*, 1740 , 2 *vol in*-8. *fig.* v. m.

2611 Dictionnarium Antiquitatum Romanarum & Græcarum , auctore Pet. Danetio. *Amfelodami*, *Roger*, 1701 , *in*-4. v. b.

2612 Lexicon Antiquitatum Romanarum , auct. Sam. Pitifco. *Leovardiæ , Halma*, 1713 , 2 *vol. in-fol.* v. b.

2613 Dictionnaire des Antiquités Romaines, trad. de Sam. Pitifcus. *Paris , Delalain*, 1766 , 3 *vol. in*-8. v. éc.

2614 Thefaurus Antiquitatum Romanarum congeftus ab Alb. Henr. de Sallengre. *Hagæ Comit. du Sauzet*, 1716 , 3 *vol. in-fol.* v. b.

2615 Jo. Rofini Antiquitates Romanæ , cum notis Th. Dempfteri. *Traj. ad Rhen. Vande Water*, 1701 , *in*-4. vél.

2616 Henr. Kippingii Antiquitatum Romanarum libri IV. *Lugduni Bat. Vander Aa*, 1713 , *in*-8. *fig.* vél.

2617 Antiquities of Rome , by Baf. Kennett. *London , Knapton*, 1737 , *in*-8. *fig.* v. b.

2618 La Religion des anciens Romains , par du Choul. *Duffeldorp , Smiffen*, 1731 , *in*-4. *fig.* v. f.

R

2619 Diſſertation ſur les attributs de Venus, par M. l'Abbé de la Chau. *Paris, Prault,* 1776, *in-*4. br. avec la figure de la Venus Anadyomene, ancienne épreuve, avant la coquille & le cadre.

2620 Du Culte des Dieux Fétiches. 1760, *in-*12. v. porph.

2621 Recueil d'Antiquités dans les Gaules, par M. de la Sauvagere. *Paris, Hériſſant,* 1770, *in-*4. fig. v. éc.

2622 Elias Schedius de Diis Germanis ſyngrammata quatuor. *Amſterodami, Lud. Elzevirius,* 1648, *in-*8. v. m.

2623 La Religion des Gaulois, tirée des plus pures ſources de l'antiquité, par Dom Jacq. Martin. *Paris, Saugrain,* 1727, 2 *vol. in-*4. *fig.* v. b.

2624 Gloſſarium Antiquitatum Britannicarum, auct. G. Baxter. accedunt Ed. Luidii, de fluviorum, montium, &c. in Britannia nominibus adverſaria. *Londini, Woodward,* 1733, *in-*8. v. f.

2625 Inſcriptiones antiquæ totius orbis Romani, in corpus redactæ, ſtudio Jac. Gruteri, ex recenſione Jo. Georg. Grævii. *Amſtelodami, Halma,* 1707, 4 *vol. in-fol.* v. b. Ch. Mag.

2626 Marmora Oxonienſia. *Oxonii, e Typ. Clarendon.* 1763, *in-fol. fig.* m. r. dent.

2627 Inſcriptiones antiquæ, in Aſia Minori & Græcia collectæ, edidit Rich. Chandler. *Oxonii, e Typ. Clarendon.* 1774, *in-fol.* br.

2628 Inſcriptionum antiquarum ſylloge, à

Guil. Fleetwood. *Londini, G. Graves*, 1691, *in-*8. vel.

2629 De antiquis marmoribus Blasii Caryophili opusculum. *Traj. ad Rhen. Besseling*, 1743. — Ejusdem de Thermis Herculanis dissertatio epistolaris. *Traj. ad Rhen.* 1743, *in-*4. v. m.

2630 Nummorum antiquorum scriniis Bodleianis reconditorum, catalogus, opera Fr. Wise. *Oxonii, e Th. Sheldon.* 1750, *in-fol. fig.* br. en cart.

2631 Recueil de Médailles de peuples & de villes, par M. Pellerin. *Paris, Guerin*, 1763, 8 *vol. in-*4. v. éc.

2632 Les Ruines des plus beaux monumens de la Grece, par M. le Roy. *Paris, Guerin*, 1758, *in fol. fig.* vél. verd.

2633 Les Ruines de Palmyre, par Rob. Wood, &c. *Londres*, 1753; *in-fol. fig.* v. m.

2634 Les Ruines de Balbec, autrement dite Heliopolis, par Rob. Wood, Botra, &c. *Londres*, 1757, *in-fol. fig.* br. en cart.

2635 Ruins of the palace of the Emperor Diocletian, at Spalatro, by R. Adam. 1764, *in-fol fig.* br. en cart.

2636 Ionian antiquities, published by R. Chandler. *London, Spilsbury*, 1769, *in-fol. fig.* br. en cart.

2637 Le Antichita Romane opera di Giambattista Piranesi. *In Roma, Bouchard*, 1756, 4 *vol. in-fol. fig.* br. en cart.

2638 Antiquæ urbis splendor. *Romæ*, 1612, *in-*4. *obl. fig.* v. f.

2639 A compleat history of the ancient amphitheatres, and in particular that of Verona, by the marquis Scipio Maffei, made english by Alex. Gordon. *London*, 1730, *in-8. fig.* m. r. dent.

2640 Recueil de statues antiques, au nombre de cent, dessinées par François Perrier. *La Haye*, *in-fol.* v. ec.

2641 Museo Capitolino, contenente immagini d'uomini illustri. *Roma*, 1741, 2 *vol. in-fol.* v. m.,

2642 Delle antiche statue Greche e Romane che nell antisala della libreria di san Marco &c. si trovano. *In Venezia*, 1740, *in-fol. fig.* m. r.

2643 Recueil des marbres (statues) antiques qui se trouvent dans la galerie de Dresde. *Dresde*, 1733, *in-fol. fig.* rel. en cart.

2644 Traité des pierres gravées, par P. J. Mariette. *Paris*, 1750, 2 *vol. in-fol.* m. verd.

2645 Pierres antiques gravées par B. Picart, expliquées par le Baron de Stosch. *Amsterdam*, *Picart*, 1724, *in-fol.* Gr. Pap. v. m. Anciennes épreuves.

2646 Images des Héros de l'antiquité, dessinées par Canini, & gravées par B. Picart. *Amsterdam*, 1731, *in-4. fig.* m. r.

3647 Terræ Musei regii Dresdensis, quos digessit, descripsit, &c. Christ. Gottlieb Ludwig. accedunt terrarum sigillatarum figuræ. *Lipsiæ*, *Gleditschius*, 1749, *in-fol.* br.

2648 Museum Florentinum, exhibens insigniora vetustatis monumenta quæ Florentiæ sunt, cum observationibus Ant. Fr. Gorii.

Florentiæ, Neſtenus, 1731 , 10 *vol. in-fol. fig.* velin.

Hiſtoire Littéraire.

2649 Polydori Vergilii de rerum inventoribus libri VIII. *Amſtelodami , Dan. Elzevirius ,* 1671 , *in-*12. v. b.

2650 Dan. Georg. Morhofii Polyhiſtor , litterarius, philoſophicus, &c. ex recenſione Jo. Alb. Fabricii. *Lubecæ , Boeckmannus ,* 1747 , 2 *vol. in-*4. v. ec.

2651 Hiſtoire de l'imprimerie , par Proſper Marchand. *La Haye ,* 1740 , *in-*4. v. m.

2652 Jo. Dan. Schoepflini vindiciæ typographicæ. *Argentorati , Baver ,* 1760 , *in-*4. br.

2653 Hiſtoire de l'Académie Françoiſe , par Peliſſon. *Amſterdam , Bernard ,* 1717 , *in-* 12. v. b.

2654 Hiſtoire de l'Académie Royale des Inſcriptions & Belles-Lettres. *Paris , de l'Imprimerie Royale ,* 1736 , 32 *vol. in-*4. v. m.

2655 Regiæ Scientiarum Academiæ Hiſtoria , auct. Jo. Bapt. du Hamel. *Pariſiis , Deleſpine ,* 1701 , *in-*4. v. m.

2656 Hiſtoire de l'Acad. Royale des Sciences. *Amſterdam , Kuyper ,* 1706 , années 1699— 1748. 82 *vol. in-*12. *fig.* v. b.

2657 Académie des Sciences , années 1750— 1755. *Paris , de l'Imprimerie Royale,* 1754 , 6 *vol. in-*4. v. b. — Savans étrangers. *Paris ,* 1750 , 2 *vol. in-*4. v. b.

2658 Collection de pieces académiques , miſes

en ordre par M. Berryat. *Dijon, Desventes,* 1754, 9 *vol. in*-4. *fig.* v. m.

2659 Commentarii Societatis regiæ scientiarum Gottingensis. *Gottingæ,* 1752, 4 *vol. in*-4. br.

2660 Histoire de l'Acad. Royale des Sciences & des Belles - Lettres de Berlin, année 1745 — 1757. *Berlin, Haude,* 1746, 13 *vol. in*-4. v. m.

2661 Miscellanea Berolinensia. *Berolini, Haude,* 1749, 5 *vol. in*-4. v. b.

2662 Eloges des Académiciens de Berlin, par Formey. *Berlin, Bourdeaux,* 1757, 2 *vol. in*-12. v. m.

2663 Academiæ naturæ curiosorum Historia conscripta ab And. El. Buchnero. *Halæ Magd. Gebaverus,* 1755, *in*-4. br.

2664 A new abridgment of the philosophical transactions, by Baddam. *London, Nourse,* 1745, 10 *vol. in*-8. *fig.* v. m.

2665 Histoire de l'Université de Paris, par Crevier. *Paris, Desaint,* 1761, 7 *vol. in*-12. v. m.

2666 Theophili Georgii, lexicon librorum omnium Europæ. *Ligsiæ, Georgi,* 1742, *in-fol.* br.

2667 Bibliographie instructive, par M. G. Fr. de Bure le jeune. *Paris, de Bure le jeune,* 1763, 9 *vol. in*-8. v. m.

2668 Dictionnaire typographique, par Osmont. *Paris, Lacombe,* 1768, 2 *vol. in*-8. v. m.

2669 Photii Myriobiblon, sive bibliotheca librorum quos legit & censuit, gr. & lat.

ex recenfione Andr. Schotti. *Rothomagi*, 1653, *in-fol.* v. f.

2670 Jugemens des Savans, par Ad. Baillet. *Amfterdam*, 1725, 8 *tom. rel. en* 4 *vol. in-4.* en cart.

2671 Jo. Alb. Fabricii Bibliotheca Græca. *Hamburgi*, 1718, 14 *vol. in-4.* v. f.

2672 Joan. Alb. Fabricii Bibliotheca Latina, novum fupplementum.*Hamburgi, Schillerus*, 1712 & 1721, 3 *vol. in-8.* v. b.

2673 Jo. Alb. Fabricii Bibliotheca Latina. edente Jo. Aug. Ernefti. *Lipfiæ, Weid-manni Hæredes*, 1773, 3 *vol. in-8.* vel.

2674 J. Alb. Fabricii Bibliographia antiquaria. *Hamburgi, Bohn*, 1760, *in-4*, p. de truie.

2675 Hiftoire Littéraire de la France, par des Religieux Bénédictins. *Paris, Ofmont*, 1733, 12 *vol. in-4.* v. b.

2676 La France Littéraire. *Paris, veuve Du-chefne*, 1769, 2 *vol. in-8.* v. m.

2677 Hiftoire critique de la République des Lettres. *Utrecht, Poolfum*, 1712, 15 *vol. in-12.* v. m. Manque le tome 10.

2678 Mémoires fecrets de la République des Lettres, par le Marquis d'Argens. *La Haye, Neaulme*, 1743, 6 *vol. in-12.* v. m.

2679 Mémoires de la République des Lettres. *Londres, Adamfohn*, 1777, 8 *vol. in-12.* v. m.

2680 L'Europe Savante. *La Haye*, 1718, 12 *vol. in-12.* v. m.

2681 Acta eruditorum ab anno 1682, ad annum 1727. *Lipfiæ, Groffius*, 1682. — Supple-menta. *Lipfiæ, Groffius*, 1692, 8 *vol.* —

Indices generales. *Lipfiæ*, 1693, 56 *vol·* *in-4.* fig. v. b. Il manque l'année 1717.

2682 Hiftoire des Ouvrages des Savans, par Bayle, Bafnage & Beauval. *Rotterdam*, 1687, 41 *vol. in-12.* v. m.

2683 Nouvelles de la République des Lettres, par Bayle. *Amfterdam, Mortier*, 1715, 40 *vol. in-12.* v. b.

2684 Bibliotheque raifonnée des Ouvrages des Savans de l'Europe. *Amfterdam, Wetftein*, 1728, 52 *vol. in-12.* rel. & br.

2685 Bibliotheque univerfelle, par le Clerc. *Amfterdam*, 1702, 25 *vol. in-12.* v. b. Il manque les tomes 13, 15 & 26.

2686 Bibliotheque choifie, par J. le Clerc. *Amfterdam, Schelte*, 1712, 27 *vol. in-12.* v. b.

2687 Bibliotheque ancienne & moderne, par le Clerc. *La Haye, Huffon*, 1726, 29 *vol. in-12.* v. m.

2688 Journal Littéraire. *La Haye, Johnfon*, 1715, 18 *vol. in-12.* v. m.

2689 Nouvelle Bibliotheque, ou Hiftoire Littéraire des principaux écrits qui fe publient. *La Haye, Paupie*, 1738, 19 *vol. in-12.* v. m. Manque le fixieme vol.

2690 L'efprit des Journaliftes de Trévoux. *Paris, de Hanfy*, 1771, 4 *vol. in-12.* v. m

2691 Bibliotheque Germanique. *Amfterdam*, Humbert, 1720, 21 *vol. in-12.* v. b.

2692 Mémoires Littéraires de la Grande Bretagne, par Mich. de la Roche. *La Haye, Vaillant*, 1720, 8 *vol. in-12.* v. m.

2693 Bibliotheque Angloife, par de la Roche. *Amfterdam, de Coup*, 1729, 15 *vol. in*-12. v. b.

2694 Bibliotheque Britannique. *La Haye, de Hondt*, 1733, 22 *vol. in*-12. v. m.

2695 Journal Britannique, par Maty. *La Haye, Scheurleer*, 1750, 18 *vol. in*-12. v. m.

2696 Jo. Alb. Fabricii delectus argumentorum & fyllabus fcriptorum qui veritatem Religionis Chriftianæ afferuerunt. *Hamburgi, Felginer*, 1725, *in*-4. v. m.

2697 Scriptorum Ecclefiafticorum Hiftoria Litteraria, authore Guil. Cave. *Oxonii, e Th. Sheld.* 1743, 2 *vol. in-fol.* v. m.

2698 Dictionnaire hiftorique des Auteurs Eccléfiaftiques. *Lyon, veuve Beffiat*, 1767, 2 *vol. in*-8. v. m.

2699 Bibliotheque hiftorique de la France. par Fevret de Fontette. *Paris, Hériffant*, 1768, 5 *vol. in-fol.* v. m.

2700 Theatrum fati, five notitia fcriptorum de Providentia, fortuna & fato, auct. Pet. Frid. Arpe. *Roterodami, Fritfch*, 1712, *in*-8. rel. en cart.

2701 Catalogue de la Bibliotheque de M. Burette, par Gab. Martin. *Paris*, 1748, 2 *vol. in*-12. v. m.

Vies des Hommes illuftres.

2702 Diogenis Laertii de vitis, &c. clarorum philofophorum, Gr. & Lat. cum notis Ægid. Menagii. *Amftelodami, Wetftenius*, 1692, 2 tom. rel. en 1 *vol. in*-4. v. m.

2703 Diogenis Laertii de vitis , dogmatibus , &c. clarorùm philofophorum libri X,
Gr. & Lat. edente Paul. Dan. Longolio.
Curiæ Regnitianæ , Puttnerus, 1739, 2
vol. in-8. vél.

2704 Les Vies des plus illuftres Philofophes de
l'antiquité , trad. du Grec de Diogene Laerce.
Amfterdam , Schneider, 1758, 3 *vol. in-*
12. *fig.* v. m.

2705 Plutarchi Chæronenfis opera omnia Gr.
& Lat. cum notis Jo. Rualdi. *Lut. Parif.*
Typ. Reg. 1624, 2 *vol. in-fol.* v. m.

2706 Plutarchi de Ifide & Ofiride liber , Gr.
& Angl. recenfuit Sam. Squire. *Cantabrigiæ ,*
Typ. Academicis, in-8. v. b.

2707 Plutarchi liber de fera numinis vin-
dicta , Gr. & Lat. recenfuit Dan. Witten-
bach. *Lugd. Bat. Luchtmans* , 1772, *in-*
8. v. m.

2708 Plutarchi & Marcelli Sidetæ fragmenta,
Græce , recenfuit Jo. G. Schneider. *Argen-*
torati , Stein , 1775 , in-8. br. — Longi
Paftoralia de Daphnide & Chloe , Gr. recenfuit Lud. Dutens. *Parifiis , Didot* , 1776,
in-12. br.

2709 Les Vies des Hommes Illuftres, & les
Œuvres morales de Plutarque , trad. par
Jacq. Amyot. *Paris , Vafcofan* , 1567,
14 *vol. in-8.* m. viol. l. r.

2710 Les Vies des Hommes Illuftres de Plutarque , trad. par Dacier. *Amfterdam , Cha-*
telain , 1734, 9 *vol. in-*12. v. b.

2711 Œuvres morales de Plutarque , trad. par

M. l'Abbé Ricard. *Paris, veuve Desaint.*
1783 , 10 *vol. in-*12. v. m.

2712 The lives of several ancient and illus-
trious men , omitted by Plutarch. by Th.
Rowe. *London , Grey,* 1728, *in-*8. v. b.

2713 Traité de Plutarque , sur la maniere de
discerner un flateur d'avec un ami , trad.
par M. du Theil. *Paris, de l'Imp. Royale,*
1772, *in-*8. br.

2714 Réflexions sur les Hommes Illustres de
Plutarque. *Paris, Regnard,* 1764, 4 *vol.*
*in-*12. v. m.

2715 Cornelii Nepotis vitæ excellentium imperatorum, cum notis varior. curante Aug.
Van Staveren. *Lugd. Bat. Sam. Luchtmans,*
1734, *in-*8. v. f.

2716 Cornelii Nepotis excellentium Imperatorum vitæ. *Londini , Brindley ,* 1744,
*in-*12. v. f. l. r.

2717 Cornelius Nepos, de vita excellentium
Imperatorum, ex recognitione Steph. And.
Phi ippe. *Lut. Paris. David,* 1745, *in-*12.
v. m.

2718 Histoire des sept Sages, par de Larrey.
La Haye, Van Duren, 1721, 2 *vol. in-*8.
v. m.

2719 Eunapius Sardianus de vitis Philosophorum, Gr. & Lat. stud. H. Commelini. *Co-*
loniæ Allobrogum , Stoer , 1616 , *in-*8.
v. m.

2720 The History of the life of Marcus Tullius
Cicero, by Conyers Middleton. *Dublin ,*
Smith, 1741, 2 *vol. in-*8. v. m.

2721 Philostrate de la vie d'Apollonius Thya-

neen, trad. par Bl. de Vigenere. *Paris, l'Angelier*, 1611, in-4. v. m.

2722 La Vie d'Apollonius de Tyane, par Phi-
loftrate, avec les commentaires de Ch.
Blount, trad. en François. *Berlin, Decker*,
1774, 4 *vol. in-*12. v. f.

2723 Procli philof. Platonici vita, fcriptore
Marino. *Hamburgi, Neumannus*, 1700,
*in-*4. v. f.

2724 Hiftoire fecrete des femmes galantes de
l'antiquité. *Amfterdam, Chatelain*, 1745,
6 *vol. in-*12. v. m.

2725 La Vie de Mahomed, par Boulainvilliers.
Londres, 1730, *in* 8. v. m.

2726 La Vie de Mahomet, par J. Gagnier.
Amfterdam, Wetftein, 1732, 2 *vol. in-*
12. v. f.

2727 Hiftoire de la Vie de Mahomet, par
Turpin. *Paris, Coftard*, 1773, 2 *vol. in-*
12. v. m. — Hiftoire de l'Alcoran, par
Turpin. *Paris, de Hanfy*, 1775, 2 *vol.*
in- 12. v. m.

2728 Œuvres de Brantome. *La Haye*, 1740,
15 *vol. in-*12. v. m.

2729 Les Vies des Hommes Illuftres de la
France, par d'Auvigni. *Paris, Knapen*,
1769, 26 *vol. in-*12. v. m.

2730 Vies des Hommes Illuftres comparés
les uns avec les autres. *Paris, Prault*, 1756,
2 vol. *in-*12. v. b.

2731 Les Hommes Illuftres qui ont paru en
France pendant ce fiecle, par Perrault. *Pa-*
ris, Dezallier, 1696, *in-fol.* fig. v. b. avec
les portraits d'Arnauld & de Pafcal.

2732 Les Hommes Illuftres qui ont paru en France pendant le XVIIe fiecle , par Perrault. *La Haye , de Hondt* , 1736, 2 *tom. rel.* en 1 *vol. in*-12. v. f.

2733 Mémoires fur la Vie & les Ouvrages de M. Turgot. *Philadelphie* , 1782 , *in*-8. v. m.

2734 La Vie de Laurent de Médicis. *Paris , Nyon*, 1761, *in* 12. v. m. — Vie de Phil. Strozzi, par Requier. *Paris, Lambert,* 1762, *in*-12. v. m.

2735 Biographia Britannica : or, the lives of the moft eminent perfons who have flourished in Great Britain and Ireland. *London , Innyf ,* 1747, 7 *vol. in-fol.* v. m.

2736 The British Plutarch , being a felect collection of the lives of the moft eminent men of Great Britain and Ireland. *London , Dilly ,* 1762, 6 *vol. in*-12. fig. v. m.

2737 Lives of the amirals , and other eminent British Seamen. by J. Campbell. *Dublin , Eving,* 1748, 4 *vol. in* 8. v. m.

2738 Memoirs of feveral ladies of Great Britain , who have been celebrated for their writings, &c. by G. Ballard. *Oxford, Jackfon,* 1752, *in*-4. v. m.

2739 Portraits des Hommes Illuftres de Dannemarck. 1746 , 2 *tom. rel. en* 1 *vol. in*-4. v. f.

2740 Bibliotheque Univerfelle des Hiftoriens ; contenant leurs vies , &c. par L. El. du Pin. *Amfterdam , Chatelain,* 1708 , *in*-4. v. b.

2741 Hiftoire Littéraire des Troubadours , par

l'Abbé Millot. *Paris*, *Durand*, 1774, 3 *vol.* *in-*12. v. m.

2742 La Vie de P. Abaillard & celle d'Héloïse, son épouse. *Paris*, *Barrois*, 1728, 2 *vol.* *in-*12. v. m.

2743 Vie d'Erasme, par de Burigny. *Paris*, *de Bure*, 1757, 2 *vol. in-*12. v. m.

2744 La Vie & les sentimens de Lucilio Vanini. *Rotterdam*, *Fritsch*, 1717, *in-*12. v. m.

2745 Histoire de Bayle & de ses ouvrages. *Amsterdam*, *Desbordes*, 1716, *in-*12. v. b.
— La Vie de Bayle, par des Maizeaux. *La Haye*, *Gosse*, 1732, 2 *vol. in-*12. v. b.

2746 La Vie de B. de Spinosa, par Jean Colerus. *La Haye*, *Johnson*, 1706, *in-*12. v. b.

2747 Mémoires pour servir à l'Histoire de la vie & des ouvrages de Fontenelle, par Trublet. *Paris*, *Desaint*, 1761, *in-*12. v. m.

2748 An historical account of the life and writings of John Toland. *London*, *Roberts*, 1722, *in-*8. v. b.

2749 The life of Harriot Stuart. *London*, *Payne*, 1751, 2 *vol. in-*12. v. b.

2750 The life of John Buncle, containing various observations and reflexions made in several parts of the world. *London*, *Noon*, 1756, *in-*8. v. m.

2751 Entretiens sur les vies & sur les ouvrages des plus excellens Peintres, par Félibien. *Amsterdam*, *Roger*, 1706, 5 *vol.* *in-*12. v. b.

2752 Abrégé de la vie des plus fameux Peintres, par M. d'Argenville. *Paris, De Bure,*
1745, *3 vol. in-4.* v. m.

2753 The life of Benvenuto Cellini : a Florentine
artiſt, by Th. Nugent. *London, Davies,*
1771, 2 *vol. in-8.* v. m.

Extraits hiſtoriques, &c.

2754 Cl. Æliani varia hiſtoria, Gr. & Lat.
cum notis Jac. Perizonii. *Lugd. Bat. du
Vivié,* 1701, 2 *vol. in-8.* vel.

2755 Cl. Æliani varia hiſtoria, Gr. & Lat.
cum notis variorum, cura Abrah. Gronovii.
Lugd Bat. Luchtmans, 1731, *in-4.* vél.

2756 Hiſtoires diverſes d'Elien, trad. avec des
remarques, par M. Dacier. *Paris, Moutard,*
1772, *in-8.* v. m.

2757 Valerii Maximi dictorum factorumque
memorabilium libri IX. *Amſtelodami, Janſſonius,* 1625, *in* 18. m. r.

2758 Valerius Maximus de dictis factisque
memorabilibus veterum, cum notis varior.
ex recenſione A. Thyſii. *Lugd. Bat. ex
offic. Hackiana,* 1670, *in-8.* v. m.

2759 Valerii Maximi libri IX factorum dic-
torumque memorabilium, cum notis varior.
curant. Abr. Torrenio. *Leidæ, Sam. Luchtmans,* 1726, *in* 4. v. b.

2760 Valere Maxime, trad. en François. *Paris,
Brunet,* 1713, 2 *vol. in-12.* v. m.

2761 Dictionarium hiſtoricum, per Nic.
Lloydium. *Londini, Tooke,* 1686, *in-fol.*
vél.

2762 Dictionnaire hiſtorique, par Louis Mo-

rery, revu par Drouet. *Paris*, 1759, 10 *vol.*
in-fol. v. m.

2763 Dictionnaire hiftorique portatif. *Amfter-*
dam, *Rey*, 1769, 4 *vol. in-8.* peau de
truie.

2764 Dictionnaire hiftorique & critique, par
Pierre Bayle. *Rotterdam*, *Bohm*, 1720,
4 *vol. in-fol.* v. b.

2765 Extrait du Dictionnaire de Bayle. *Berlin*,
Voff, 1765, 2 *vol. in-8.* v. m.

2766 Extrait de Bayle. *Londres*, 1755, 8 *vol.*
in-12. v. m.

2767 Remarques critiques fur le Dictionnaire
de Bayle, par Jolly. *Paris*, *Ganeau*, 1752,
in-fol. v. f.

2768 Dictionnaire hiftorique, par Profper Marchand. *La Haye*, 1758, *in-fol.* v. m.

2769 Dictionnaire hiftorique, par Jacq. G.
de Chaufepié. *Amfterd. Chatelain*, 1750,
4 *vol. in-fol.* v. m.

2770 Dictionnaire hiftorique des Femmes célèbres. *Paris*, *Cellot*, 1769, 2 *vol. in-8.*
v. m.

2771 Hiftoires prodigieufes les plus mémorables qui aient été obfervées, depuis la
Nativité de Jéfus-Chrift, extraites des Auteurs Grecs, &c. par P. Boaiftuau, *Paris*,
Groulleau, 1560, *in-4.* v. f.

2772 Hiftoires prodigieufes, extraites des Auteurs Grecs & Latins, par Boaiftuau, &c.
Paris, *Cavellat*, 1508, 3 *vol. in-18.* v. f.

2773 Hiftoires tragiques, extraites de Bandel,
par Boifteau. *Rouen*, *de Launay*, 1603,
7 *vol. in-18.* v. f.

2774

2774 Les Annales de la Bienfaisance. *Paris*, *Lacombe*, 1772, 3 *vol. in*-12. v. m.

2775 Les Imposteurs insignes. *Amsterdam*, *Mortier*, 1696, *in*-12. fig. v. b.

2776 Derniers sentimens des plus illustres personnages condamnés à mort. *Paris*, *Moutard*, 1775, 2 *vol. in*-12. v. m.

2777 Histoire générale des Larrons. *Paris*, *Baragues*, 1631, *in*-8. v. m.

FIN.

S

CATALOGUE

DES LIVRES ALLEMANDS.

THÉOLOGIE.

1 LA Bible de Martin Luther. *Hambourg*, 1538, *in* 8. m. n.

2 La Bible de Martin Luther. *Basle*, 1753, *in*-8. vél.

3 Physique sacrée, par Scheuchzer. *Zurick*, 1721, *in*-4. br.

4 Introduction à la morale de l'Ecriture Sainte, par Mosheim. *Leipsic*, 1772, *in*-4. br.

5 L'Ordre Divin, par Jean-Pierre Sussmilch. *Berlin*, 1761, 2 *vol. in*-8. vél.

6 Réflexions d'un Italien sur l'Eglise. *Freybourg*, 1768, *in*-8. vél.

7 Apologie de la Religion Chrétienne, par Frédéric-Samuel Boch. *Leipsic*, 1768, 2 *vol. in*-8. vél.

8 Mischnah, ou le texte du Talmud, par Jacob Rabe. *Onolsbach*, 1760, 3 *vol. in*-4. br.

JURISPRUDENCE.

9 Dictionnaire de Jurisprudence, par Thomas Heimen. *Leipsic*, 1738, *in-4*. rel. en peau.

10 Projet d'un Code de Loix civiles & criminelles, par J. Claproth. *Francfort*, 1776, 2 *vol. in-4*. br.

11 L'esprit des Loix de l'Allemagne, par Heuman. *Nuremberg*, 1761, *in-8*. v. m.

12 Bibliotheque du Droit Public d'Allemagne, par Laurent Bilderbeck. *Francfort*, 1738, *in-4*. br.

SCIENCES ET ARTS.

13 Histoire philosophique, par Busching. *Berlin*, 1772, 2 *vol. in-12*. br.

14 Dictionnaire philosophique de George Valch, *Leipsic*, 1740, *in-8*. v.

15 Songe philosophique, par Iselin. *Zurick*. 1762, 2 *vol. in-12*. v. m.

16 Œuvres morales & philosophiques de Jean-Henri Justi. *Berlin*, 1760, 3 *vol. in-8*. v. m.

17 Réflexions morales par Bodmer. *Zurick*, 1757, *in-12*. v. f.

18 Lectures morales , par Antoine Klaufign. *Dreſde* , 1776 , 4 *vol. in*-12. br.

19 Le Compagnon ou le Moraliſte Hebdomadaire. *Halle* , 1764 , 2 *vol. in*-8. br.

20 Dictionnaire économique par George·Henri Zinck. *Leipſic* , 1744 , 2 *vol. in*-8. **v. m.**

21 Économie phyſique. *Stutgart* , 1752 , 2 *vol. in*-12. **v. m.**

22 De la Légiſlation , par J. Claproth. *Francfort* , 1773 , *in*-4. br.

23 Recueil de Leipſic ſur l'Economie & la Finance. *Leipſic* , 1746 , 2 *vol. in*-8. br.

24 Traité de Politique & de Finance , par Juſti. *Leipſic* , 1761 , 2 *vol. in*-8. **v. m.**

25 De la Navigation , des Manufactures , des Arts , des Finances , par Gabriel Fredersdorf. *Breſlau* , 1751 , *in*-4. br.

26 Traité de Politique , de la culture des Terres , des Bâtimens , des Manufactures , du Commerce , par Juſti. *Leipſic* , 1760 , 2 *vol. in*-4. **v. m.**

27 Traité des Finances , par Henri Zincken. *Leipſic* , 1751 , 4 *vol. in*-12. br.

28 Connoiſſance , ou Science de la Finance , par Jean-Henri Juſti. *Leipſic* , 1755 , 2 *vol. in*-8. br.

29 Phyſique de Kruger. *Halle* , 1750 , 3 *vol. in*-12. fig. br.

30 La Magie naturelle , de Jean-Bab. Porta. *Sullebach* , 1680 , 2 *vol. in*-12 br.

31 Amuſemens phyſiques , par C. Milius. *Berlin* , 1751 , 3 *vol. in*-8. **v. m.**

32 Recueil de Phyſique & Arts , principalement

de la Haute-Saxe, par Chriſt. Grundig.
Schneiberg, 1750, 3 *vol. in-*8. br.

33 Economie expérimentale complette ſur les
trois regnes de la Nature, par Gottlieb
d'Eckart. *Jena*, 1754, *in-*4.

34 Hiſtoire naturelle de Pline. *Roſtock*, 1764,
2 *vol. in-*4. br.

35 Recherches ſur l'hiſtoire naturelle, par la
Société de Dantzig. *Dantzig*, 1747, 3 *vol.*
*in-*4. br.

36 Catéchiſme de la Nature, par J. F.
Martinet. *Leipſic*, 1782, 4 *vol. in-*8. br.

37 Merveilles de la Nature & de l'Art, ainſi
qu'en Médecine, par J. Chriſt. Kundman.
Leipſic, 1737, *in-fol.* v. m.

38 Deſcription de toutes les Mines de l'Europe, par Erneſt Bruckman. *Brunſwick*,
1727, *in-fol.* en peau.

39 Art des Mines Métalliques, par Jean Geoffroi
Jugels. *Leipſic*, 1766, 2 *vol. in-*8. br.

40 L'Art de meſurer & borner les Mines.
Dreſde, 1749, *in-*4. v. m.

41 Traité des Mines, par Agricola. *Baſle*,
1621, *in-fol.* fig. br.

42 Commentaires de J. Agricola, par J. Popp.
Leipſic, 1639, 2 *vol. in-*4. br.

43 Mines du Hartz, par Henning Calvaer.
Brunſwick, 1765, *in-fol.* br.

44 Des Mines de Saxe, par Zimmerman, &
Métallurgie de Jugel. *Dreſde*, 1746, *in-*4.
v. m.

45 Deſcription hiſtorique des Mines de Mans-
feld, par Albert Biering. *Leipſic*, 1734,
in-fol. br.

46 Traité des Mouffettes. — Defcription du Fichtelberg, par Zacharie Théobald, avec le traité des Phofphores de Lehman, — Traité des Filons, par Schneberg. — Métallurgie de Kiesling. — Minéralogie de Kreftfchmar, *in-*4. fig. v. m.

47 Principes de Métallurgie & de Chimie, par Wallers. *Leipfic*, 1770, *in-*8. vél.

48 Corps de droit & fyftême de Métallurgie, par Abraham Schoenberg. *Francfort*, 1698, *in-fol.* parch.

49 Métallurgie, par J. Mathefius. *Nuremberg*, 1578, *in-fol.* fig. parch.

50 Métallurgie, par Balthafar Roefsler. *Drefde*, 1700, *in-fol.* fig. br.

51 Métallurgie, par André Cramer. *Stockolm*, 1746, *in-*8. fig. v. m.

52 Métallurgie, par Henning Calvar. *Brunfwick*, 1763, *in-fol.* v. m.

53 Dictionnaire minéralogique, par Jean Hubners. *Brunfwick*, 1746, *in-*4. rel. en peau.

54 Minéralogie, par Melzer. *Schneberg*, 1648, *in-*4. br.

55 Minéralogie de Loehneiff. *Leipfic*, 1690, *in-*4. v.

56 Traité de Minéralogie, par Chriftophe Hertvig. *Drefde*, 1734, *in-fol.* parch.

57 Minéralogie & Métallurgie, par J. Lazare Ercker. *Francfort*, 1736, *in-fol.* rel. en peau.

58 Minéralogie d'André Schluter. *Brunfwick*, 1738, *in-fol.* v. m.

59 Traité de Minéralogie, de Géométrie, par Augufte Beyer. *Schneberg*, 1749, *in-fol.* br.

60 Traité de Minéralogie & Métallurgie, par

Lehmann. *Kœnigsberg*, 1761, *in*-4. v. m.

61 Réflexions fur quelques parties de la Minéralogie, par Lehmann. 2 *vol. in*-12. fig. v. m.

62 Amufemens minéralogiques. *Leipfic*, 1768,
6 *vol. in*-8. br.

63 Géographie minéralogique de Saxe de Jean-
Frédéric-Guillaume Charpentier. *Leipfic*,
1778, *in*-4. fig. br.

64 Minéralogie, par la Société Académique
de Freiberg. *Leipfic*, 1772, *in*-4. br.

65 Minéralogie de la Silefie, par George-
Antoine Volkman. *Francfort*, 1720, *in*-4.
fig. v. m.

66 Preuves du déluge, par Buttner. *Leipfic*,
1710, *in*-4. fig. v. m.

67 Recherches fur les changemens arrivés fur
le globe & fur les animaux, & productions
de la mer, trouvées fur les montagnes, par
Lazare Moro. *Leipfic*, 1751, *in*-8. v. m.

68 Traité des Foffiles, des Végétations marines
& des Pierres gravées, par Erneft Hebenf-
treit. *Leipfic*, 1743, *in-fol.* fig. br.

69 Recherches fur la Mer, par Conrad Loehe.
Altorf, *in*-4. v. m.

70 Traité de la Culture Economique des Forêts,
par Charles de Carlovitz. *Leipfic*, 1713,
in-fol. fig. parch.

71 Traité de la Culture économique des Forêts,
par Charles de Carlovitz. *Leipfic*, 1732,
in-fol. fig. p.

72 Hiftoire naturelle des animaux, par Abraham Mercklein. *Nuremberg*, 1751, *in*-12.
fig. v. m.

73 Traité des Animaux, par Guillaume-Fré-

déric de Gleichen. *Nuremberg*, 1778, *in-4.*
fig. v.

74 Théologie des Testacés, par Christian
Lessers. *Leipsic*, 1744, *in-8.* fig. br.

75 Recueil d'Histoire naturelle, de Médecine
& de Littérature de Breslau. *Leipsic*, 24 *vol.*
in-4. br.

76 Histoire naturelle de la Suisse, par Scheuchzer. *Zurick*, 1746, 2 *vol. in-4.* fig.
v. m.

77 Description historique & naturelle des choses
remarquables dans le Pays de Basle. *Basle*,
1748, 8 *vol. in-8.* br.

78 Histoire naturelle de la Hesse inférieure,
par Pierre Volfart. *Cassel*, 1719, *in-fol.* en
feuilles.

79 Curiosités naturelles de la Basse-Saxe, par
Milius. *Francfort*, 1720, *in-4.* fig. v. m.

80 Histoire naturelle de la Misnie, par Vei-
land. *Leipsic*, 1699, *in-4.* br.

81 Essai d'une Histoire naturelle de Norwege,
par Eric Pontoppidan. *Copenhague*, 1753,
2 *vol. in 8.* fig.

82 Musæum Valentini. *Francfort*, 1704, 3
vol. in fol. fig. br.

83 Magasin de Hambourg, recueil sur l'Histoire
naturelle. *Hambourg*, 1748, 27 *vol. in-8.*
rel. & br.

84 Dictionnaire de Médecine, où l'on trouve
tous les termes de l'Art en Grec, Latin &
Allemand, & les remedes qui conviennent
aux maladies, par Jacob Voyts & Hebens-
treit. *Leipsic*, 1751, *in-4.*

85 Parnassus Medicinalis illustratus, ou Zoo-

logie & Jardin Botanique, Minéralogie &
Ecole de Salerne, par J. J. Becher. *Spire*,
1643, *in-fol.* v. m.

86 Obſervations de Médecine, par Frédéric-
Caſimir Medicus. *Zurick*, 1764, 2 *vol. in-8.*
v. m.

87 Lettres ſur l'inoculation. *Altona*, 1765,
2 *vol. in-*12. br.

88 Introduction à la Chimie, & recherches
ſur la Pharmacie, Métallurgie & Alchimie,
par Jérôme Ludolf. *Erfort*, 1752, *in-*8. br.

89 Chimie de Glauber. *Leipſic*, 1715, *in-*4.
parch.

90 Théâtre chimique, par François Roth-Schol-
zen. *Nuremberg*, 1728, 3 *vol. in-8.* br.

91 Chimie de Neuman. *Zullichau*, 1749, 5
*vol. in-*4. fig. v. m.

92 Chimie de Neuman. *Zullichau*, 1755,
2 *vol. in-*4. fig. v. m.

93 Recherches chimiques, par J. Henri Pott.
Potsdam, 1746, *in-*4. v. m.

94 Recherches chimiques de Pott. *Berlin*,
1757, *in-*4. parch.

95 Remarques Phyſico-Chimiques du Docteur
Eller, avec la réfutation de Henri Pott.
—Traité de l'origine des métaux, des pierres
précieuſes, &c. *Berlin*, 1756, *in-*4. v. m.

96 Chimie théorique & pratique, par J.
Chretien Zimmermann. *Dreſde*, 1755, 2
*vol. in-*4. v. m.

97 Traité de Chimie, par Jean-Henri Juſti.
Berlin, 1760, 2 *vol. in-8.* br.

98 Opérations de Chimie. *Nuremberg*, 1705,
4 *vol. in-*4. br.

99 Procédés chimiques, concernant la Médecine, par Jérôme Ludolf. *Erfort*, 1746, *in-4.* br.

100 Collection de 1500 Procédés chimiques, par Joachim Becher. *Halle*, 1726, *in-4.* rel. en peau.

101 626 Expériences chimiques, par une Société. *Berlin*, 1753, *in* 12. br.

102 Dictionnaire des Sciences & Arts, par Jablonski. *Leipsic*, 1748, *in-4.* v. m.

103 Remarques sur quelques matieres qui peuvent servir aux progrès des Sciences utiles, par Louis Neuenhan. *Leipsic*, 1754, 4 *vol.* *in-8.* br.

104 L'Art de la Verrerie, par Jean Kunkel. *Nuremberg*, 1744, *in-4.* v. m.

105 L'art de ménager le bois, par J. Chretien Lehman. *Leipsic*, 1754, *in-4.* v. m.

106 Dictionnaire des Artistes, ou description des ouvrages des Peintres, Sculpteurs, Architectes, Graveurs, &c. *Zurick*, 1763, *in* 4. v. m.

107 Réflexions sur la Peinture. *Leipsic*, 1762, 2 *vol. in-*12. v. m.

BELLES-LETTRES.

108 Dictionnaire Allemand & Latin, par J. Léonard Frisch. *Berlin*, 1741, *in-4.* v. m.

109 Poésies du Dante. *Leipzic*, 1767, 3 *vol.* *in-*12. v.

110 Poéfies de Gunthers. *Leipzic*, 1746, 2 *vol. in-*12. v.

111 Herman, ou l'Allemagne délivrée, Poëme, par Chrift. Otten. *Leipzic*, 1751, *in-*4. v. m.

112 Murner aux Enfers, Poëme héroi-comique, de Zacharie. *Roflock*, 1757, *in-*4. v.

113 Théâtre de Gottsched. *Leipzic*, 1746, 6 *vol. in-*12. velin.

114 Théâtre de Gellert. *Leipzic*, 1750, 3 *vol. in-*8. v. m.

115 Théâtre de Schlegel. *Leipzic*, 1761, 2 *vol. in-*8. v. m.

116 Comédies de Pétrafch. *Nuremberg*, 1765, 2 *vol. in-*8. vel.

117 Dictionnaire de Mythologie, par Benjamin Hederich. *Leipzic*, 1741, *in-*4. rel. en peau.

118 Le Bienfaiteur. *Magdebourg*, 1772, 3 *vol. in-*12. br.

119 Le Monde comme il va. *Halle*, 1754, 2 *vol. in-*12. v. m.

HISTOIRE.

120 GÉOGRAPHIE de Strabon. *Nuremberg*, 1775, 4 *vol. in-*8. br.

121 Archontologia Cofmica, ou Defcription de tous les Royaumes, Républiques, par Louis Géofroid. *Francfort*, 1638, *in-fol.* v.

122 Cofmographie, par Happelius. *Ulm*, 1708, 3 *vol. in-*4. fig. parch.

123 Dictionnaire géographique & des Sciences,

par Jean Hubners, 1737, *in-4.* rel. en peau.

124 Dictionnaire Historique & Géographique, par Christophe Beck & Jean Buxtorf. *Basle,* 1742, 6 *vol. in-fol.* v. m.

125 Topographie de l'Italie, par Mérian. *Francfort,* 1688, *in-fol.* br.

126 Topographie de la France. *Francfort sur le Mein,* 1655, 4 *vol. in-fol.* parch.

127 Topographie de l'Alsace, par Mathieu Merian. *Francfort,* 1644, *in-fol.* mar.

128 Topographie des Cantons Suisses, par Merian. 1642, *in-fol.* br.

129 Topographie du Duché de Virtemberg & du Margraviat de Bade, par Mérian. *Francfort,* 1643, *in-fol.* parch.

130 Topographie de la Franconie, par Merian. *Francfort,* 1648, *in-fol.* br.

131 Topographie des Duchés de Brunswick & de Lunebourg, par Merian. *Francfort,* 1654, *in-fol.* parch.

132 Topographie de la Hesse & pays voisins. *Francfort,* 1655, *in-fol.* fig. parch.

133 Topographie du Bas Palatinat du Rhin, par Merian. 1645, *in-fol.* parch.

134 Topographie de la Styrie, de la Carinthie, de la Carniole, du Tyrol, &c. par Merian. *Francfort,* 1649, *in-fol.* parch.

135 Topographie de la Haute Saxe, de la Thuringe, Misnie, Lusace, &c. par Merian. *Francfort,* 1650, *in-fol.* mar.

136 Topographie de la Silésie, par Nicolas Henel. *Leipzic,* 1704, 2 *vol. in-4.* br.

137 Nouveaux Voyages en Allemagne, Bohême,

Hongrie, Italie, &c. par J. Georges Keisler. *Hannover*, 1751, 2 *vol. in-*4. v. m.

138 Voyages de Pierre Osbeck aux Indes & à la Chine. *Rostock*, 1765, *in-*8. fig. v. m.

139 Recueil de Voyages nouveaux & remarquables, par terre & par mer, avec celui de la Baye d'Hudson, par Ellis. *Goetingue*, 1750, 3 *vol. in-*8. br.

140 Voyage de Russie, par Pallas. *Saint-Pétersbourg*, 1771, 3 *vol. in-*4. br.

141 Voyage de Russie dans l'année 1772, par Jean Georgi. *Saint-Pétersbourg*, 1775, 2 *vol. in-*4. br.

142 Voyage en Sibérie, par Gmelin. *Gottingue*, 1751, 4 *vol. in-*8, fig. v. m.

143 Essais d'une Histoire universelle, par Charles-René Hausens. *Magdebourg*, 1771, 5 *vol. in-*8. vél.

144 Chronique historique, ou description de ce qui s'est passé de plus remarquable depuis le commencement du monde jusqu'à l'année 1619, par Louis Geoffroi. *Francfort*, 1642, *in-fol.* fig. br.

145 Histoire des Confédérations, depuis 1288, jusqu'en 1586. 1768, 3 *vol. in-*8. vel.

146 Théâtre de l'Europe, ou description de ce qui s'est passé de plus remarquable en Europe, sur-tout depuis 1617 jusqu'en 1629. *Francfort*, 1662, 19 *vol. in-fol.* fig. v. b.

147 Histoire Politique du 18e siecle, par Charles René Hausens. *Ratisbonne*, 1763, 2 *vol. in-*12. br.

148 La Thuringe Sacrée, ou Histoire des plus célèbres Monasteres de la Thuringe, leur

antiquité , &c. par Samuel Reyer. *Francfort* , 1737 , *in-fol.* fig. vél.

149 Histoire des Allemands, par Jacob Mascou. *Leipsic* , 1726, 2 *vol. in-4.* v.

150 Histoire de l'Empire , par Simon Frederich Hahns. *Leipsic* , 1721 , *in-4.* v.

151 Histoire de l'Empire, par Henri Binau. *Leipsic*, 1728, 4 *vol. in-4.* vel.

152 Vie & faits mémorables de Frederich I, Empereur Romain , par Henri Binau. *Leipsic*, 1722 , *in-4.* vél.

153 Chronique de la Misnie, par Pierre Albinus. *Dresde* , 1589 , *in-fol.* br.

154 Histoire de Baviere. *Munich* , *in-4.* vel.

155 Abrégé de l'Histoire de Bohême , par François-Martin Pelzer. *Prague* , 1779 , 2 *vol. in-8.* br.

156 Description des Villes principales de la Bohême, de la Moravie & de la Silésie, par Mathieu Mérian. *Francfort* , 1650, *in-fol.* mar. noir.

157 Description des principales Villes des Provinces-Unies, par Gaspar Mérian. *Francfort*, 1659 , *in-fol.*

158 Histoire des Suisses , par Jacob Lauffer. *Zurich*, 1736 , 20 *vol. in-8.* br.

159 Histoire de Dannemarck , traduite du Danois en Allemand, par Holberg. *Leipsic*, 1757 , 2 *vol. in-4.* br.

160 Description de la Suede , par Dalins. *Greifvald* , 1756 , *in-4.* br.

161 Assemblage, ou Recueil de matériaux pour l'Histoire de Russie. *Saint - Pétersbourg* , 1732 , 9 *vol. in-8.* vél.

162 Defcription de toutes les Nations de la Ruffie, leurs ufages, mœurs, &c. *Saint-Pétersbourg*, 1770, in-4. fig. v.

163 Defcription de la Laponie, par J. Scheffer. *Leipfic*, 1675, in-4. v. m.

164 Le Prince de Cantemir, ou defcription de la Moldavie. *Francfort*, 1771, in-8. vélin.

165 Hiftoire des Arts de l'Antiquité, par Vinckelman. *Drefde*, 1764, 2 vol. in-4. v. f.

166 Hiftoire de la Littérature, par Leffing. *Brunfvick*, 1773, 2 vol. in-8. v. m.

167 Lettres fur la Littérature Moderne. 1761, 9 vol. in-12. v.

168 Mémoires de l'Académie des Sciences de Suede. *Hambourg*, 1749, 43 vol. in-8. dont il manque les num. 28, 29, 30.

169 Actes Littéraires de la Suede, publiés à Upfal. *Stockolm*, 4 vol. in-4.

170 Le Patriote, Journal Hebdomadaire. *Hambourg*, 1747, 6 vol. in-8. v. m.

171 L'Homme, Journal Hebdomadaire & Moral. *Halle*, 1751, 3 vol. in-8. v.

172 Journal Allemand en profe & en vers. *Brême*, 1750, 9 vol. in 12, v.

173 Journal de Luface. *Leipfic*, 1753, 4 vol. in-12.

174 Journal Œconomique de Leipfic. 1754, 6 vol. in-12.

175 L'Obfervateur du Nord. *Leipfic*, 1760, 2 vol. in-12. v.

176 Biographie Suédoife, par Louis Schloezer. *Altona*, 1760, 2 vol. in-8. vél.

177 Vie du Comte Zinzendorf, par Aug⸱ Gottlieb. *Spangenberg*, 7 *vol. in*-12.

178 Dictionnaire des Savans de toutes les Nations, par Chrétien Jocher. *Leipsic*, 1750, 4 *vol. in*-4. **v. m.**

179 Premier Supplément au dictionnaire de l'Europe, par Théophile Georgi. *Leipsic*, 1750, *in-fol.* br.

F I N

Lu & approuvé, à Paris, ce 24 Octobre 1789. *Signé*, MERIGOT jeune, *Adjoint*.

De l'Imprimerie de CHARDON, 1789.